嶽麓書院藏秦簡

文字編

肆—柒

陳松長 謝偉斌 周俊卿等 編

上海辭書出版社

前言

早在2017年編輯出版《嶽麓書院藏秦簡（壹—叁）文字編》時，我們就曾與出版社商量，隨着嶽麓秦簡的整理進展，繼續編撰後續各卷的文字編以供學界參考。2022年，《嶽麓書院藏秦簡（柒）》正式出版，是為嶽麓秦簡的最後一卷，標誌着嶽麓秦簡的整理出版工作已全部完成，也為我們編撰《嶽麓書院藏秦簡（肆—柒）文字編》提供條件和可能。

其實，在每卷嶽麓秦簡整理出版的過程中，整理小組成員中都有專人負責字頭的搜集和分類編排，一直在為文字編的編輯出版作準備。現在提交的這部書稿，也可以説是自2017年以來，整理小組成員不斷努力、認真編排，向學界提供的一份《嶽麓書院藏秦簡》（肆—柒）的文字整理報告。

嶽麓秦簡從第肆卷到第柒卷的内容都是秦代法律文獻中的律令文本，其中除第肆卷分兩組公佈亡律、田律、金布律、繇律、奔警律等19種律文之外，其他主要是有關秦令的令文。但由於大多數令文歸屬並不明確，其簡文到底是律還是令並不容易確定。故我們給這些律令文獻分卷的主要依據是簡的形制和文字的字體差異，同時盡量參考簡牘卷册復原的可能性，再根據律令條文的内容屬讀來編排順序。因此，我們給嶽麓秦簡第肆卷以後的各卷内容分別定名『秦律令（壹）』『秦律令（貳）』『秦律令（叁）』和『秦律令（肆）』，以分別對應《嶽麓書院藏秦簡》第肆、伍、陸、柒卷。

儘管嶽麓秦簡上述四卷的内容都是秦律令文獻，但每卷簡文的書體並不相同，有規範整飭者，有古拙厚重者，亦有靈動秀逸者，可以説是風格各異、各擅勝場，而這就讓同一個字頭下的文字形體具有豐富性、多樣性的特點。但由於這些律令文獻抄寫的具體時間先後無法確定，故我們在字頭排序時多只能根據其字頭在卷中出現的先後來確定其次序，而這並不代表其字體書寫的時間先後。

本書的編選主要遵循以下三個原則：一是窮盡性原則，即盡量搜集所有字頭，全部按《説文解字》的體例進行編排；二是完整性原則，即盡量選擇比較完整的字頭，凡僅存筆畫或文字無法確認者，概不收入；三是保真性原則，即全部選用紅外綫圖像，力求字形筆畫的清晰保真，或有筆畫不清晰者，亦不填不補，以確保其文字形體的原始面貌。

本書所有字頭都剪裁自《嶽麓書院藏秦簡》第肆至柒卷的紅外綫圖版。圖版最初都作了去背景的消影處理，但後來發現消影處理的效果並不理想，故在不影響文字形體清晰的情況下，統一添加同一色調的底紋。這雖然不是原簡的背景色，但相對比較版式統一而更便於觀覽。

參加本書編輯的有謝偉斌、周俊卿、李蓉、陳守琪、陳鳳、郝婧嫻、繆璿、張瀛兮等同學，其中謝偉斌、周俊卿、李蓉三位在讀博士負責全書的文字編排和審圖，其他五位在讀碩士負責文字的摳圖和消影處理，最後由謝偉斌負責全書的匯總統稿和編校。可以説，本書的編撰是各位同學共同努力、通力合作的成果。對每個同學來説，這既是一次難得的學術歷練，也是各位同學在攻讀碩士或博士學位期間所取得的科研成果之一。

本書在編撰過程中得到上海辭書出版社的大力支持，特別是責任編輯趙航的高度負責和傾心參與，在很大程度上保證了本書的編撰品質和學術水準，在此謹致衷心的感謝！

陳松長

二〇二三年七月十日記於長沙

凡例

一、本書資料來源，以公佈的《嶽麓書院藏秦簡》第肆至柒卷為基礎，取紅外綫掃描原件，經過重新整理編輯合成。彙編文字以筆畫清晰、形體特徵鮮明為録入原則，字形殘泐不堪、字跡模糊者不予收入。彙編之字嚴格按照紅外綫圖版掃描原件，經過電腦處理，對開裂的文字進行拼合，不添不改，盡量保持字形原貌。

二、本書包括正文和附録兩部分。正文部分由單字、未識字、合文、符號等組成，其中符號僅選録每類有代表性的對象。附録包括拼音檢索表、筆畫檢索表。

三、本書按《説文解字》部首分卷，共分為十四卷，收録已識或可以隸定的文字，字頭排列以《説文》為序，不見於《説文》的新附字則附於相應部首之後並標注星號（*）。凡《説文》所載之字，均以楷體字為字頭，字頭下一欄出《説文》小篆字形。若《説文》無則空缺，以示區別。

四、本書單字每一字頭為《説文》隸定字，每一字形下的説解包括該字頭所屬卷數、組別、簡號和辭例。同一字頭下，原則上統一按照《嶽麓書院藏秦簡》第肆至柒卷的卷數、組別和簡號先後順序排列（J字頭簡排至數位簡後，部分根據圖片長短略有調整）。未識字和合文、符號，亦均按其所屬簡號先後順序排列。

五、本書辭例一律從《嶽麓書院藏秦簡》第肆至柒卷中所出釋文，間採各家考證之説。辭例繁體竪排，同時盡可能採用通行字體。異體字、假借字以及原簡字跡清晰而未能釋出者，皆依原字形隸定。

六、本書辭例多為二至四字，其中部分人名、地名、官名、無法組詞或者簡文僅存一字者，辭例為一字。部分律名、罪名等辭例為五字以上。

七、本書附録中拼音檢索表按字頭讀音為準編製，筆畫檢索表的筆畫計算和筆畫順序參考《漢語大字典》編排。

目録

第一卷　一部

一	 肆一 0169 一等	 肆一 1940 一盾	 肆一 1960 一兩	 肆一 1977 一盾
	 肆一 1979 一盾	 肆一 1984 一甲	 肆一 1988 一甲	 肆一 1990 一甲
	 肆一 1990 一盾	 肆一 2036 一兩	 肆一 2036 一甲	 肆一 2042 一甲
	 肆一 2057 一盾	 肆一 2057 一甲	 肆一 2072 一甲	 肆一 2090 一盾
	 肆一 2094 一人	 肆一 2150-1 一盾	 肆一 2158+1958 一盾	 肆二 0118 一室
	 肆二 0792 一甲	 肆二 0993 一甲	 肆二 1228 一宿	 肆二 1233 一兩
	 肆二 1233 一人	 肆二 1243 一甲	 肆二 1246+1395 一甲	 肆二 1252 人一

	 肆二 1267 歲一興	 肆二 1282 一盾	 肆二 1285 一辦	 肆二 1286 一錢
	 肆二 1287 一石	 肆二 1289 一盾	 肆二 1290 一甲	 肆二 1290 一盾
	 肆二 1290 一盾	 肆二 1292 一甲	 肆二 1293 一甲	 肆二 1293 一盾
	 肆二 1298 一甲	 肆二 1299 一更	 肆二 1302 一甲	 肆二 1305 一日
	 肆二 1314 一甲	 肆二 1351 一甲	 肆二 1355 一甲	 肆二 1355 一盾
	 肆二 1373 一人	 肆二 1377 一甲	 肆二 1398 一盾	 肆二 1400 一甲
	 肆二 1403 一甲	 肆二 1409 一甲	 肆二 1410 一甲	 肆二 1428 一甲
	 肆二 J14 一甲	 肆二 J28 一牛	 肆二 J28 一婢	 肆二 J28 一奴

 肆—二—J42 —典	 肆—二—J45 —甲	 肆—二—J46 —甲	 肆—二—J57 —甲
 肆—三—0324 —甲	 肆—三—0529 —甲	 肆—三—0634 —歲	 肆—三—0663 —盾
 肆—三—0663 —甲	 肆—三—2148 —人	 伍—一—0857 +0871+0866 —日	 伍—一—0897 —人
 伍—一—0961 —等	 伍—一—0968 —牒	 伍—一—1004 廿—	 伍—一—1005 —等
 伍—一—1012 —兩	 伍—一—1012 —人	 伍—一—1012 —人	 伍—一—1027 —人
 伍—一—1112 —等	 伍—一—1112 —人	 伍—一—1119 —人	 伍—一—1122 —等
 伍—一—1126 —甲	 伍—一—1128+C4—1—11 十—	 伍—一—1128+C4—1—11 —等	 伍—一—1132 —甲
 伍—一—1189+C4—1—9 —人	 伍—一—2053+2050 —人	 伍—一—2097 亦取—	 伍—一—2097 —郡

 伍二1162 一甲	 伍二1166 乙廿一	 伍二1596 一人	 伍二1602-1+1602-2 廿一
 伍二1620 十一	 伍二1621 一甲	 伍二1621 一甲	 伍二1621 一盾
 伍二1667 一甲	 伍二1698 一牒	 伍二1698 一事	 伍二1707 一編
 伍二1708 一甲	 伍二1718 一寸	 伍二1718 一牘	 伍二1729 一寸
 伍二1729 一寸	 伍二1729 一行	 伍二1730 一等	 伍二1730 乙廿一
 伍二1731 一章	 伍二1731 一行	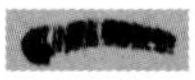 伍二1739 甲十一	 伍二1760 一甲
 伍二1772 十一	 伍二1772 一甲	 伍二1805 一甲	 伍二1805 一日
 伍二1805 一盾	 伍二1814 寸一	 伍二1848 寸一	 伍二1848 寸一

 伍 二 1849 一人	 伍 二 1852 一寸	 伍 二 1852 一甲	 伍 二 1852 各一
 伍 二 1855 廿一	 伍 二 1876 一甲	 伍 二 1877 一甲	 伍 二 1889 一人
 伍 二 1889 一甲	 伍 二 1906 一軺車	 伍 二 1914 各一攻	 伍 二 1923 一等
 伍 二 1923 廿一	 伍 二 1928 一人	 伍 二 2013 一甲	 伍 二 2013 一歲
 伍 二 J52 廿一	 伍 三 0059 一盾	 伍 三 1182 一日	 伍 三 1738 一人
 伍 三 1738 一人	 伍 三 1764 一物	 伍 三 1764 一等	 伍 三 1766 一人
 伍 三 1806 一等	 伍 三 1850 一衣	 伍 三 1865 一歲	 伍 三 1873 一人
 伍 三 1873 一人	 伍 三 1874 一甲	 伍 三 1884 一月	 伍 三 1925 一甲

	伍三 1926 卌—		陸一 1154 —盾		陸一 1154 —甲		陸一 1307 —等
	陸一 1310 —甲		陸一 1432 —人		陸一 1445+1441-2 同獄—鞫		陸一 1446 —甲
	陸一 1449 卅—		陸一 1451 —人		陸一 1451 —人		陸一 1451 —兩
	陸一 1452+C5-9-1 十—		陸一 1477 —物		陸一 1594 十—月		陸一 1595 —甲
	陸一 J23 —盾		陸一 J29+J64-3 —等		陸二 0115 卌—		陸二 0127 —甲
	陸二 0128 —盾		陸二 0130 —到		陸二 0176 與—尉		陸二 0176 —尉
	陸二 0572 —甲		陸二 1938 —甲		陸二 2024 —縣		陸二 2056 —人
	陸二 2099 廿—		陸二 2120+2139 —甲		陸二 2162 —盾		陸二 J73-3+J03 —甲

 陸三 0028 罪一人	 陸三 0028 一人	 陸三 0146 一	 陸三 0179 廿一
 陸三 0769 一甲	 陸三 1407 一甲	 陸三 1510 一人	 陸三 2052 一甲
 陸三 2052 一盾	 陸三 2068–1+2069 一甲	 陸三 2104 一人	 陸四 1160 一甲
 陸四 1175 一甲	 陸四 1176 一甲	 陸四 1180 一日	 陸四 1180 一日
 陸四 1611 一日	 陸四 1611 一日	 陸四 1676 同獄一鞫	 陸四 1720 一等
 陸四 1807 一十一	 陸四 1807 一十一	 陸四 1807 卌一人	 陸四 1890 一甲
 陸四 1893 一甲	 陸四 C8–5–2+1726 一甲	 陸四 C8–5–2+1726 一日	 陸四 C8–5–2+1726 一盾
 陸五 1693 一甲	 柒一 0360 一級	 柒一 0364 共遣一	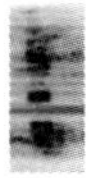 柒一 0373 一

 柒一 0378 —級—	 柒一 0463 —人—	 柒一 0492 —歲—	 柒一 0501 —廿—
 柒一 0504 —廿—	 柒一 0563 —虎—	 柒一 0580 —級—	 柒一 0581 —級—
 柒一 0584 —十—	 柒一 0653 —虎狗—	 柒一 0674 —甲—	 柒一 0676 —劍—
 柒一 0676 —十—	 柒一 0683 —甲—	 柒一 1083 —牒—	 柒一 2028 —甲—
 柒一 C8-6-1+C8-2-4 —盾—	 柒一 0480+C10.4-5-4 —甲—	 柒二 0753+1072-2 —甲—	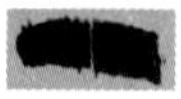 柒二 0870 —甲—
 柒二 0870 —盾—	 柒二 0875 —廡—	 柒二 1147 —甲—	 柒二 1147 —盾—
 柒二 1631 —人—	 柒二 1634 —攻—	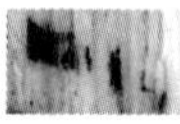 柒二 1635 —囚—	 柒二 1635 —廡—
 柒二 2138+C8-8-1 —等—			

元

 肆三 0479 元年

天

 伍一 1001-1+1020 天下

吏

 肆一 0797 吏治

 肆一 1940 鄉部吏

 肆一 2057 鄉部吏

 肆一 2090 鄉部吏

 肆一 2090 吏數

 肆一 2117 自出吏

 肆一 2122 吏弗能審

 肆二 0093 吏

 肆二 0795 為吏

 肆二 0990 吏弗為質

 肆二 0994 士吏

 肆二 1224 官吏

 肆二 1225 將吏

 肆二 1227 置吏律

 肆二 1227 郡免除吏

 肆二 1245 有秩吏

 肆二 1249 士吏

 肆二 1257 士吏

 肆二 1261 桎杵吏

 肆二 1268 免吏

 肆二 1272 置吏律

 肆二 1272 有秩吏

 肆二 1274 吏歸休

 肆二 1277 吏有

肆二 1283 吏代償

肆二 1289 吏循行

肆二 1291 士吏

肆二 1292 士吏

肆二 1302 為吏

肆二 1313 吏

肆二 1351 吏主者

肆二 1352 為吏

肆二 1352 為吏

肆二 1352 置吏

肆二 1355 吏主者

肆二 1355 發吏

肆二 1367 佐吏

肆二 1369 置將吏

肆二 1369 所主將吏

肆二 1370 吏僕

肆二 1370 吏僕

肆二 1378 佐吏

肆二 1392 吏

肆二 1392 吏留

肆二 1396 置吏律

肆二 1400 吏

肆二 1409 士吏

肆二 1410 吏

肆二 J43 軍吏

肆二 J45 官吏

肆二 J46 士吏

肆三 0324 吏主遣者

肆三 0353 為吏

肆三 0524 令吏

肆三 0525 士吏

肆三 0544 鄉嗇吏

 肆三 0559 有秩吏	 肆三 0638 吏	 肆三 0665 吏	 伍一 0857 +0871+0866 吏歸久
 伍一 0895 新地吏	 伍一 0899 下劾吏	 伍一 1007 都吏	 伍一 1007 諸它吏
 伍一 1009 吏上奏	 伍一 1010 新地吏	 伍一 1010 新地吏	 伍一 1014 吏遣杂者
 伍一 1018 其吏	 伍一 1033 吏令者	 伍一 1037 學書吏	 伍一 1112 吏
 伍一 1129 吏治	 伍二 1086 自言吏	 伍二 1142 乘車吏	 伍二 1168+1192 吏及黔首
 伍二 1171 吏已請	 伍二 1174 吏有	 伍二 1685 故吏	 伍二 1692 疇吏
 伍二 1696 諸吏	 伍二 1696 舍吏	 伍二 1696 吏徒	 伍二 1696 吏具
 伍二 1728 吏三問	 伍二 1728 吏官	 伍二 1728 占吏	 伍二 1736 庸吏

	 伍二 1737 吏上請	 伍二 1789+1804 為吏	 伍二 1794+1856-1 節吏	 伍二 1797 居吏
	 伍二 1847 告吏	 伍二 1864 將吏	 伍二 1880 二千石吏	 伍二 1903 吏
	 伍二 1903 吏歲歸	 伍二 1914 新地吏	 伍三 1670 吏僕	 伍三 1694 吏
	 伍三 1761 吏	 伍三 1765 毋害吏	 伍三 1768 官嗇夫吏	 伍三 1768 遣吏
	 伍三 1802 吏毋害	 伍三 1857 賊吏	 伍三 1865 如吏	 伍三 1865 新地吏
	 伍三 1869 吏官長	 伍三 1884 吏	 伍三 1912 吏徒	 伍三 1986 官吏
	 伍三 J38 新地吏	 伍三 J38 都吏	 陸一 0880 故吏	 陸一 1311 吏
	 陸一 1357 諸吏	 陸一 1433 諸吏	 陸一 1444 將吏	 陸一 1446 吏主者

 陸一 1452+C5–9–1 將吏	 陸一 1452+C5–9–1 士吏	 陸一 1456 吏	 陸一 1457 吏入
 陸一 1458 諸吏	 陸一 1463 吏弗輒	 陸一 1477 吏徒	 陸一 1678 吏事
 陸一 1970 吏主者	 陸一 J62–2 將吏	 陸二 0113 吏	 陸二 0122–1+0122–2 有吏徒
 陸二 0128 吏主者	 陸二 0176 縣吏	 陸二 1938 吏主者	 陸二 2015 將吏
 陸二 2023 及吏坐者	 陸二 2128 令吏	 陸二 2131 以下吏	 陸二 2146 吏主者
 陸二 2162 官吏	 陸二 J73–3+J03 吏主者	 陸三 0133 故吏	 陸三 0136 吏
 陸三 0136 部吏	 陸三 0155 除吏	 陸三 0180 之庸吏	 陸三 1948 吏徒官
 陸三 1993 吏所	 陸三 1995 弗言吏	 陸三 2103 吏具	 陸三 2103 舍吏

	 陸三 2103 諸吏	 陸三 2119+2110 自言吏	 陸四 1159 新地吏	 陸四 1159 郡吏
	 陸四 1176 吏	 陸四 1176 吏	 陸四 1184 疑吏	 陸四 1611 吏主者
	 陸四 1720 其吏	 陸四 1720 以免去吏	 陸四 1721 惡吏	 陸四 1788 善吏
	 陸四 1798 欲為吏	 陸四 1799 吏者	 陸四 1799 及吏	 陸四 1807 為吏
	 陸四 1866+J71−3 諸吏	 陸四 1866+J71−3 吏者	 柒一 0330 為吏	 柒一 0333 使吏
	 柒一 0371 守吏	 柒一 0375 新地吏	 柒一 0382 為吏	 柒一 0389 為吏
	 柒一 0389 所為吏	 柒一 0484 令吏	 柒一 0492 新地吏	 柒一 0548 吏徒
	 柒一 0644 有秩吏	 柒一 0682 吏解爵	 柒一 0683 及吏	 柒一 0689 吏卒

柒一 0879 有言於吏

柒一 0879 其令吏

柒一 1046 令吏

柒一 1049 新地吏

柒二 1048 及吏

柒二 1048 新地吏

柒二 1051-1 吏自佐

柒二 1072 吏貲

柒二 1090 吏

柒二 1138 吏智

柒二 1624 吏卒史

柒二 1624 故吏

柒二 1630 詷告吏

柒二 2046 新地吏

柒二 2046 新地吏

柒二 2095 吏事

柒二 2138+C8-8-1 以免去吏

丄部

丄

肆一 0168-1 以上

肆一 0170 以上

肆一 0187 以上

肆一 1966 以上

上

肆一 2012 以上

肆一 2033 以上

肆一 2057 以上

肆一 2106 上雒

	 肆一 2106 上雒	 肆一 2132 上	 肆二 0118 以上	 肆二 1228 以上
	 肆二 1229 以上	 肆二 1236 以上	 肆二 1244 以上	 肆二 1244 以上
	 肆二 1258 以上	 肆二 1259 以上	 肆二 1279 以上	 肆二 1288 以上
	 肆二 1299 以上	 肆二 1302 以上	 肆二 1305 以上	 肆二 1352 以上
	 肆二 1373 以上	 肆二 1389 以上	 肆二 1398 以上	 肆二 1403 及上
	 肆二 1414–1 上爵	 肆二 J43 以上	 肆三 0055 泰上皇	 肆三 0099 各上
	 肆三 0518 以上	 肆三 0520 上牒	 肆三 0520 上攻	 肆三 0523 各上
	 肆三 0559 以上	 肆三 0561 上計	 肆三 0587 泰上皇	 肆三 0592 上攻

 肆三 0668 上奪爵者	 肆三 0805 上計	 肆三 0813 上計	 肆三 0813 上志
 伍一 0857 +0871+0866 以上	 伍一 0964 上之	 伍一 0964 偕上	 伍一 0968 上其
 伍一 0968 上寂者	 伍一 1006 上奏當	 伍一 1007 而上	 伍一 1009 上奏
 伍一 1018 以上	 伍一 1034 而當上	 伍一 1036 以上	 伍一 1037 以上
 伍一 1125 上之	 伍一 1189+C4–1–9 弗上	 伍一 1189+C4–1–9 當上	 伍一 1189+C4–1–9 上之
 伍一 1189+C4–1–9 上一人	 伍一 2108 壹以上	 伍一 2168 匿弗上	 伍一 2168 上央
 伍二 1661 上屬所	 伍二 1162 上應署	 伍二 1621 以上	 伍二 1661 上屬所
 伍二 1692 以上	 伍二 1722 江其上	 伍二 1731 上對	 伍二 1737 復上

 伍二 1758 以上	 伍二 1785 偕上	 伍二 1794+1856-1 上書	 伍二 1805 以上
 伍二 1848 上對	 伍二 1876 急用者上	 伍二 1907 所上	 伍二 1914 以上
 伍二 J27 上書	 伍三 1143 以上	 伍三 1662 而上	 伍三 1694 以上
 伍三 1763 以上	 伍三 1764 以上	 伍三 1809 上書	 伍三 1812 上書
 伍三 1850 以上	 伍三 1850 以上	 伍三 1850 上書	 伍三 1854 上其廷
 伍三 1857 上其奏	 伍三 1865 以上	 伍三 1874 以上	 伍三 1884 以上
 伍三 1886 以上	 伍三 1896 以上	 伍三 1925 上居所	 伍三 1986 以上
 陸一 1446 以上	 陸一 1461 當上奏	 陸一 1486-1+1486-2 以上	 陸一 1595 以上

 陸一 J29+J64–3 以上	 陸二 1938 尼宮𡠥上	 陸二 1942 為上	 陸二 2157 居祠上
 陸二 2164 人上	 陸三 0104 以上	 陸三 0179 為上計	 陸三 1379 上丞相
 陸三 1407 弗上	 陸三 1510 上一人	 陸三 1510 上之	 陸三 1510 當上
 陸三 1510 弗上	 陸三 1948 上屬	 陸三 1993 上書	 陸三 1994 以上
 陸四 1159 以上	 陸四 1175 上應署	 陸四 1610 其上	 陸四 1675 皆上
 陸四 1675 上年	 陸四 1781 輒上	 陸四 1781 輒上	 陸四 1866+J71–3 上丞相
 柒一 0333 上書	 柒一 0347 以上	 柒一 0364 上書	 柒一 0370 後上之
 柒一 0370 上薄	 柒一 0371 以上	 柒一 0374 上信	 柒一 0379 上丞相

 柒一 0383 上黨	 柒一 0449 以上	 柒一 0484 以上	 柒一 0491 以上
 柒一 0501 以上	 柒一 0506 歲上	 柒一 0556 上廬江	 柒一 0562 以上
 柒一 0568 上內史	 柒一 0654 以上者	 柒一 0661 上南陽	 柒一 0662 上式
 柒一 0682 以上	 柒一 0683 以上	 柒一 0707+C3–5–2 上	 柒一 0750+C10.1–2–2 上
 柒一 0872 以上	 柒一 1040 弗上	 柒一 1046 以上	 柒一 J21 以上
 柒二 0339 上之	 柒二 0340 上公車	 柒二 1050+1050（2） 上央	 柒二 1073–2+1070（0） 以上
 柒二 1078 弗上	 柒二 1096–1 耐以上	 柒二 1624 尉以上	 柒二 1624 以上
 柒二 1627 以上	 柒二 1633 以上	 柒二 1633 上書	 柒二 1636+C7.1–9–4 各上

 柒二 1972 所上書

 柒二 2020 以上

 柒二 2079 弗上

 柒二 2115 上

 柒二 2115 上書

帝

 肆三 0561 皇帝

 陸二 0176 皇帝

旁

 肆二 1297 池官旁

 肆二 1373 旁里

 伍二 1162 旁見

 伍二 1613 旁縣

 伍二 1613 旁縣

 伍二 1683 旁縣

 伍二 1683 旁

 伍二 1696 市旁

 伍二 1782 旁錢

 伍三 1768 旁金布令

 伍三 1899 旁金布令

 陸四 1175 旁見

 柒二 1632 水旁

下

 肆一 1928 以下

 肆一 1928 以下

 肆一 1988 以下

 肆一 2035 以下

	 肆一 2041 以下	 肆一 2088 以下	 肆二 0912 以下	 肆二 1229 以下
	 肆二 1235 以下	 肆二 1246+1395 以下	 肆二 1247 以下	 肆二 1267 以下
	 肆二 1287 以下	 肆二 1293 下爵	 肆二 1295 以下	 肆二 1314 以下
	 肆二 1353 以下	 肆二 1373 以下	 肆二 1414–1 下爵	 肆三 0624 下邽廟者
	 伍一 0899 下劾	 伍一 0963 下劾	 伍一 1001–1+1020 天下	 伍二 1142 以下
	 伍二 1689 以下	 伍二 1712 下曰	 伍二 1848 毋下	 伍二 1877 以下
	 伍二 1928 以下	 伍二 1928 以下	 伍三 0107 以下	 伍三 1150 千石下
	 伍三 1802 以下	 伍三 1806 以下	 伍三 1873 以下	 陸一 1447 令初下

亓部

陸一 1458
毋下

陸一 1459
以下

陸一 1461
以下

陸一 1594
御史下

陸一 1622
下制書

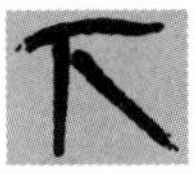
陸一 J62-2
以下

陸二 0114
以下

陸二
0122-1+0122-2
毋下

陸二 0176
以下

陸二 2024
以下

陸二 2131
以下

陸二 2131
以下吏

陸三 0133
以下

陸四
1866+J71-3
以下

陸四 1872
以下

陸四 1900
新律令下

柒一 0449
以下

柒一 0451-2
毋下

柒一 0492
以下

柒一 0654
以下

柒一 J21
以下

柒二 0462-2
以下

柒二 1077
各下

柒二 1097
下移

柒二 2020
以下

柒二 2079
且下

齋	𩰫	 伍三 1170+1172 齋者	 陸二 2093 皆齋		
祀	祀	 陸二 0116 祠祀			
祠	祠	 伍三 1170+1172 祠未闋	 伍三 1170+1172 祠所	 伍三 1170+1172 所給祠	 陸二 0116 大祠
		 陸二 2154 及它祠令	 陸二 2157 居祠上		
祝	祝	 陸二 2127 泰祝			
禁	禁	 肆二 1279 及禁	 肆三 0558 不禁	 伍一 1025 禁	 伍一 1104 禁苑
		 伍二 1782 禁毋	 伍二 1888 故有禁	 陸一 1186 禁令	 陸一 1918 不禁
		 陸一 1956 出禁	 陸一 1970 禁其闌	 柒一 0562 禁御之	

三部

三	 肆一 0170 三月	 肆一 2008 三月	 肆一 2016 三月	 肆一 2033 三月
	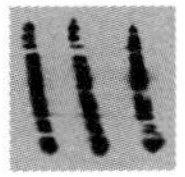 肆一 2035 三月	 肆一 2035 三月	 肆二 1227 盡三月	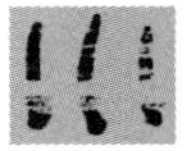 肆二 1241 三尺券
	 肆二 1258 三月	 肆三 0630 十三年	 伍一 1035 三	 伍一 1935 十三
	 伍二 1099 三月	 伍二 1099 十三年	 伍二 1157 十三	 伍二 1162 丙三
	 伍二 1680 十三	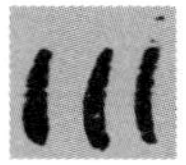 伍二 1728 三閏	 伍二 1729 三行	 伍二 1805 三日
	 伍二 1805 三日	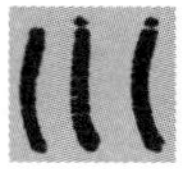 伍二 1876 廿三	 伍三 1177+C10-3-10 三月	 伍三 1865 不盈三
	 伍三 1883 廿三	 陸一 1438 三月	 陸一 1458 三百	 陸一 J67-1+J76-12+J71-1+J64-1+J66-6 三百

	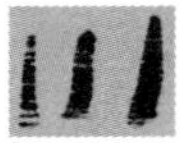 陸 二 0120 三  陸 二 2092 三  陸 三 0125 十三  陸 三 J08 廿三
	 陸 四 1176 三日  柒 一 0364 三百里  柒 一 0384 三石  柒 一 0446 六十三
	 柒 一 0449 十三歲  柒 一 0657 三歲  柒 一 1046 三  柒 一 J21 三人
	 柒 二 0878-2 三

王部

王 王	 肆 三 0519 昭襄王
皇 皇	 肆 二 1301 皇帝  肆 二 1302 皇帝  肆 三 0055 泰上皇  肆 三 0561 皇帝
	 陸 二 0176 皇帝

王部

環

肆二 0798 署而環

肆二 J57 環者

伍一 1023 環之

伍一 1024 弗環

伍二 1909 環之

陸三 0027 環之

陸三 0135 環之

柒一 0463 皆環

柒一 0480+C10.4-5-4 □環

瑕

伍一 1021 疵瑕

理

柒一 0879 理律令

琅

伍一 1935 琅邪

柒一 0404 琅邪

柒一 0689 琅邪

現*

肆二 0118 莫現

气部

气	气	 柒二1059 气鞫			

士部

士	士	 肆一0782 士五	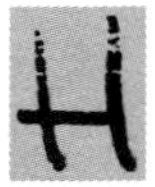 肆一1975 士五	 肆一2085 士五	 肆二0994 士吏
		 肆二1234 士五	 肆二1247 士五	 肆二1249 士吏	 肆二1257 士吏
		 肆二1259 公士	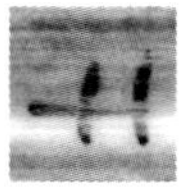 肆二1273 士五	 肆二1291 公士	 肆二1291 士吏
		 肆二1292 士吏	 肆二1405 士五	 肆二1409 士吏	 肆二J46 士吏
		 肆三0525 士吏	 肆三0525 善士	 伍一0898 士五	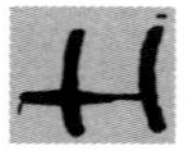 陸一1452+C5−9−1 士吏

柒二 0896 鄣士

丨部

中 中

肆一 0186 徵中

肆一 0782 中官

肆一 1975 中府

肆一 1975 中車府

肆一 1990 中縣

肆一 2065 徵中蠻夷

肆一 2085 中官

肆一 2107 中縣道官

肆二 0798 署報書中

肆二 1257 邑中事

肆二 1285 中辨券

肆二 1297 官中

肆二 1399 錢銗中

肆二 1403 券中辨

肆二 J43 中尉

肆三 0944 里中

伍一 0965 官畛中

伍一 1019 在謓中

伍二 1769 此令中

伍二 1814 不中

伍三 1704 畛中

伍三 1809 中詔

伍三 1857 中詔

陸一 1475 咸陽中

陸一 J67-1+J76-12+J71-1+J64-1+J66-6 陽中

陸二 2049 中食所

柒一 0194-1 中縣署

柒一 0402 不中

柒一 0689 中縣

柒二 0340 中者

柒二 1081 界中

柒二 1093 部中

柒二 1137 中官

屮部

屯 屯

柒一 0372 屯戍

艸部

莊 莊

柒一 0548 莊道

柒一 0556 莊道

柒一 0556 莊道

柒一 0556 莊道

柒一 0584 莊道

苦		 肆一 1996 苦	 伍一 0921 苦作	 伍二 1171 苦卒	 伍三 1812 以苦之
荆		 伍一 0960 荆	 伍一 1028 荆	 陸一 1463 破荆軍	 柒一 0487 破荆軍
兹		 伍一 1165 兹愛			
蒼		 伍一 1001–1+1020 蒼梧	 伍一 1104 蒼梧		
苗		 肆二 1306 治苗時			
蔡		 伍三 1954 蔡薪	 伍三 1954 蔡薪		
薄		 伍三 1854 薄之	 柒一 0370 上薄	 柒一 0379 薄言	 柒一 0370 上薄
苑		 肆二 1255 奴苑	 伍一 1104 禁苑	 柒二 0461–1+0461–2 禁苑	

蘂		 陸二 2162 歆除蘂	 陸二 2167 給蘂		
若	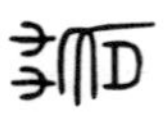	 肆一 2045 若詷告	 肆二 1228 若盜	 肆二 1256 若羣司寇	 肆二 1256 若冗以免
		 肆二 1261 若奪衣寇	 肆二 J28 若一婢	 肆二 J28 若一牛	 肆二 J57 若移
		 肆三 0680 若史	 伍一 0897 若城旦舂	 伍一 1013 若告之	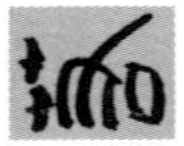 伍一 1018 若有敬
		 伍一 1112 若署	 伍一 2053+2050 若城旦舂	 伍二 1161 若丞	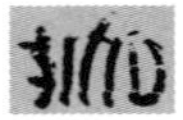 伍二 1161 若丞
		 伍二 1161 若丞印	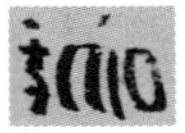 伍二 1621 父若母	 伍二 1686 若輿	 伍二 1722 請若
		 伍二 1758 若耐	 伍二 1759 若詷告	 伍二 1894 若有	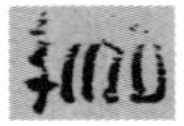 伍三 1149+C4-3-7 若有
		 伍三 1677 若目	 伍三 1802 若宦嗇夫	 伍三 1812 若毋辠	 伍三 1873 戍若

芻

薪

字頭				
	 伍三 1873 若詷告	 伍三 1924 若益	 陸一 0196 辠若曰	 陸二 2032 令若丞
	 陸二 2032 令若	 陸二 2049 令若丞	 陸二 2056 若丞	 陸三 0770 若與
	 柒一 0348 若	 柒一 0348 若城旦	 柒一 0403 若丁狀者	 柒一 0492 若戍
	 柒一 0569 令若丞	 柒一 1049 若除作	 柒二 0397+0390 若為	 柒二 0868 若為不
	 柒二 1120 若詷告	 柒二 1147 若詷告	 柒二 1630 若詷告	
芻	 肆二 1230 入芻	 肆二 1274 芻槀	 肆二 1287 出芻	
薪	 肆一 2011 鬼薪	 肆二 0912 鬼薪	 肆三 0635 鬼薪	 伍一 0897 鬼薪
	 伍一 1109 鬼薪	 伍一 2053+2050 鬼薪	 伍三 1779 薪采	 陸一 1451 鬼薪

陸一 J29+J64-3
鬼薪

⿱艹丞

肆二 1277
侍⿱艹丞

折

陸一 1433
□折

柒一 0345
折伎

葦

伍三 1954
賣葦

伍三 1954
以葦

葆

伍一 1033
葆職

草

陸二 2146
草中有

蓄

柒三 J15
蓄馬

春

肆三 0317
春秋

肆三 0318
春秋

藏*

肆二 1281
藏縣廷

肆二 1372
善藏

菽*

肆二 1284
買菽

菌*

伍一 2156
菌淳濕

伍二 1906
同舍者菌

蓐部

蓐

柒一 1042
蓐之

茻部

莫

肆一 2037
莫占

肆一 2090
莫占

肆二 1257
莫告

伍一 0873+1102
莫告

伍一 1122
莫告

柒一 0449
莫養食

柒一 0480+C10.4–5–4
莫告

葬

茻				
	 肆二1225 已葬	 肆二1238 歸葬	 肆二1238 已葬	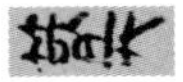 肆二J46 已葬
	 伍三1690 已葬	 伍三1884 已葬	 柒二0340 已葬	

第二卷 川部

小	川	 肆 一 1941 小未傳	 肆 一 1996 小年未盈	 肆 一 2091 老小	 肆 二 1232 小敖童
		 肆 二 1246+1395 小誤	 肆 二 1259 小爵	 肆 二 1259 小爵	 肆 二 1286 小物
		 肆 二 1384 小童	 肆 二 1396 小佐	 肆 二 1396 小爵	 伍 三 1885 小縣
		 伍 三 1904 為小	 陸 四 1788 小官	 柒 一 0450 弟小	 柒 一 0661 小簪裹
		 柒 二 2125 它小物			
少	少	 肆 一 1975 少府	 肆 一 1990 少長	 肆 一 2057 少長	 肆 二 1267 徒隸少
		 肆 二 1355 少員	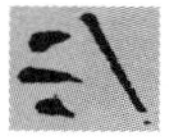 肆 二 1370 隸臣少	 肆 三 0358 多少	 伍 一 0898 少人所

	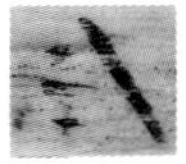 伍一 0910 有少	 伍二 1146 故少	 伍二 1605+1617 少及多	 伍二 1723 少及多
	 伍二 1815 少及多	 陸一 J33+J62−1 多少	 陸三 0156 故少	 陸三 1995 故少
	 陸四 1721 多少			

八部

八

八	 肆一 1965 十八	 肆一 1984 十八	 肆一 2037 十八	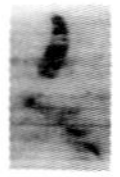 肆一 2040 十八
	 肆一 2091 八歲	 肆一 2129 八歲	 肆二 1264 八錢	 肆二 1367 十八
	 肆二 1371 八更	 伍一 0918 八歲	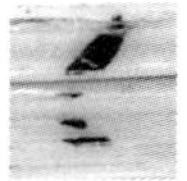 伍一 1015 十八	 伍一 1103 十八
	 伍一 1935 八歲	 伍二 1178 甲八	 伍二 1718 寸八	 伍二 1877 乙八

分		 伍二 1964 廷已八	 伍三 1899 十八	 伍三 1904 廿八	 陸一 1446 八分日
		 陸二 0130 八分日	 陸二 2093 八	 陸四 1803 十八	 陸四 1872 乙八
		 柒一 0370 八月	 柒一 0394 十八	 柒一 0486 及八更	 柒一 0683 十八
		 柒二 2138+C8–8–1 卅八			
		 肆二 1369 分善	 肆三 0529 分飲食	 伍一 1024 不分異	 伍二 1718 九分
		 伍二 1814 十分	 伍二 1848 十分	 伍二 1848 十五分	 陸一 1446 八分日
		 陸二 0130 八分日	 柒一 0644 分曹		
尚		 伍一 1003 尚抱負	 柒二 1074 尚稱		

公		 肆二 1273 公士	 肆二 1273 公卒	 肆二 1291 公士	 肆二 1367 公卒
		 肆二 1405 公卒	 柒一 0347 公乘	 柒一 0347 公大夫	 柒一 0414＋0361 公車司馬
		 柒一 0562 公大夫	 柒二 0340 公車司馬	 柒二 0340 公車司馬	 柒二 1624 公大夫
必		 肆一 0797 必謹訊	 肆二 1241 必身輿	 肆二 1295 必先	 肆二 1402 必獄治
		 肆二 1405 必里相誰	 肆二 1409 必輿	 肆二 J43 必取	 肆三 0318 必以
		 肆三 0630 必券書吏	 伍一 0901 必	 伍一 1036 必請之	 伍一 1189+C4–1–9 必謹以
		 伍二 1099 必叁辨券	 伍二 1712 必章□	 伍三 1768 必遣	 伍三 1896 必請之
		 伍三 1912 必謹薄	 伍三 J22 必具	 陸一 0196 皆必	 陸一 1127–2 必先

		 陸一 1449 必先	 陸一 1971 必具	 陸三 1510 必謹	 柒一 0364 必使
		 柒二 1097 必傳			

釆部

審		 肆一 0180 不能審	 肆一 2036 其不審	 肆一 2122 弗能審	 伍二 1602–1+1602–2 不審
		 伍二 1606+1619 不審	 伍二 1712 鞫審	 陸一 1462 不審	
悉		 肆二 1269 先悉	 陸一 1447 各悉		

半部

半		 肆二 1263 半馬	 肆二 1384 半歲	 伍二 1729 半寸	 伍二 1729 半寸

伍二 1805 半日

柒一 0501 半其約

柒一 0684 旦半

牛部

牛

肆二 0990 牛

肆二 1226 牛

肆二 1232 車牛

肆二 1244 牛

肆二 1263 半牛

肆二 1269 車牛

肆二 1269 車牛

肆二 1269 車牛

肆二 1294 車牛

肆二 1301 馬牛羊

肆二 1393 食牛

肆二 1393 將牛者

肆二 1415 馬牛

肆二 J28 一牛

肆二 J42 牛

伍一 0962 牛羊

伍一 0962 牛羊

伍一 2108 牛羊

伍二 1906 牛車

伍三 1691 牛羊

陸四 1870-1+1870-2 車牛

柒一 0154 部牛

柒一 0550 犀牛

字頭	字形
牡	 肆二 1279 牡馬  肆二 1378 牡馬
特	 肆一 1975 特庫
犨	 陸四 1866+J71-3 犨害郡
牢	 肆二 1378 牢監
犀	 柒一 0550 犀牛
物	 肆一 2072 物故  肆二 1286 小物  伍一 0895 它物  伍一 1006 物故  伍一 1109 此物  伍二 1098 它物  伍二 1167 它物  伍二 1597 它物  伍二 1603-1+1603-3 它物  伍二 1732 它物  伍二 1815 它物  伍二 1879 此物

伍二 1880 衣服物

伍三 1764 此一物

伍三 1924 物故

陸一 1450 物臧

陸一 1457 諸物

陸一 1476 某物

陸一 1477 此一物

陸二 2162 可食物

陸三 0181 它物

陸三 1937 它物

陸三 2051 它物

陸三 2100+2159 它物

陸四 1187 所坐物

柒一 0147+0342 物宜適者

柒一 0490 它物

柒一 0585 坐此物

柒一 0673 它物

柒一 0683 物直千錢

柒一 C4.1-2-1 坐它物

柒二 1063 材物

柒二 2125 小物

犛部

氂

氂

肆三 0749 氂卒

吿部

告

吿

肆一 1980 告子

肆一 1980 告殺

肆一 1984 不告

肆一 1990 不告

肆一 1991 弗告

肆一 2045 詷告

肆二 0798 皆告

肆二 0798 弗告

肆二 0798 告而弗署

肆二 0798 弗告

肆二 1225 以告將吏

肆二 1226 告盜

肆二 1233 捕告

肆二 1238 告縣

肆二 1240 告其計所官

肆二 1288 告之

肆二 1290 弗告

肆二 1392 已告

肆三 0630 明告

肆三 0638 告作所縣

肆三 0665 告里長

伍一 0873+1102 或告

伍一 0873+1102 莫告

伍一 0961 捕告

伍一 0967 告劾

伍一 1013 捕告

伍一 1013 或告之

伍一 1013 告之

 伍一 1016 捕告	 伍一 1016 告之	 伍一 1027 告辠	 伍一 1122 莫告
 伍一 1123 行有告	 伍一 1123 欲有告	 伍一 1129 逮告劾	 伍一 2108 詗告
 伍二 1086 告治者	 伍二 1098 以告治者	 伍二 1146 以告治者	 伍二 1164 不告
 伍二 1167 告治者	 伍二 1596 捕告	 伍二 1621 弗先告	 伍二 1683 自告
 伍二 1683 書其告	 伍二 1686 弗忍告	 伍二 1697 以告治者	 伍二 1711 以告治者
 伍二 1759 詗告	 伍二 1760 徑告	 伍二 1847 告吏	 伍二 1855 弗告
 伍二 1903 告當行	 伍二 1928 詗告	 伍三 1155 告其縣官	 伍三 1671 告劾
 伍三 1671 告劾	 伍三 1766 弗告	 伍三 1873 詗告	 伍三 1882 後歲告

 伍三 2025 告劾	 伍三 2025 告劾	 伍三 J22 告聞	 伍三 J35+J34 各告
 陸一 1444 告劾	 陸一 1452+C5–9–1 聽告	 陸一 1476 以書告	 陸一 1477 弗告
 陸一 1971 告之	 陸一 1971 告聞	 陸三 0155 偏告	 陸三 0155 弗告
 陸三 0770 弗忍告	 陸三 1943 故告	 陸三 1943 以告	 陸三 1995 以告治者
 陸三 2051 不告	 陸三 2119+2110 不告	 陸三 2119+2110 告治者	 陸三 2119+2110 以告子
 陸五 1753 以告	 柒一 0344 告子	 柒一 0348 告罪人	 柒一 0480+C10.4–5–4 捕告
 柒一 0480+C10.4–5–4 莫告	 柒一 0489 +0488+0368 後告	 柒一 0677 告罪人	 柒二 1065 告治者
 柒二 1080 告榦官	 柒二 1137 告中官	 柒二 1138 捕告	 柒二 1630 告吏

柒二 1687 移其告

口部

口

肆二 1237 甬口

柒二 1065 口舌

柒二 1688 為口

名

伍二 1689 毋敢名

伍二 1728 其名

伍二 1864 郡名

伍二 J49 當聞者名

伍三 1662 名丞相

伍三 2026 名為

陸一 1311 令并名

陸一 1432 獨名

陸一 1455 官名

陸二 2098 書名

陸二 2128 書名

陸四 1160 郡名

陸四 1900 皋名

柒一 0675 其名

柒二 1097 劾者名

吾

伍一 1001-1+1020 自吾以

君		 肆 二 1299 君子	 肆 二 1378 君子	 肆 二 1396 君子	
命		 肆 一 1976 命之	 肆 一 2009 命之	 肆 一 2081 命而得	 肆 一 2086 已命
		 肆 一 2122 命者	 肆 三 0519 命曰		
召	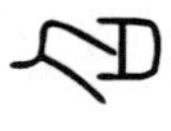	 伍 一 1129 所召	 伍 三 1861 召車馬		
問	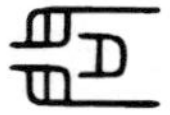	 肆 二 0795 問其人	 肆 二 1258 辟問	 伍 一 1008 問之	 伍 一 2155+C8-1-2 有問
		 伍 二 1679+1673 問議者	 伍 二 1728 問其人	 伍 二 1728 三問	 伍 三 1915 窮問
		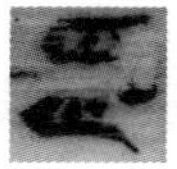 陸 三 0136 問不善	 陸 三 1994 數謙問	 陸 四 1675 問議者	 柒 一 0485 問不從令者
		 柒 二 1642 有問			

唯		 肆三 0672 唯不為	 伍三 1143 唯不當	 伍三 1765 唯勿失	 伍三 1865 唯不盈
		 伍三 1869 唯毋論	 伍三 1869 唯謁	 陸一 1944 唯毋	 陸三 0135 唯收罪毄
		 柒一 0485 唯大嗇夫			
和	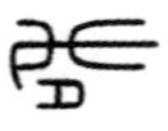	 肆二 1415 與和市	 陸一 1456 和之		
咸		 肆一 1973 咸陽	 伍一 2059 咸陽	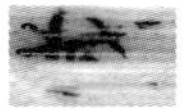 伍三 1150 咸陽	 伍二 1875 咸陽
		 伍三 1690 咸陽	 陸一 1475 咸陽	 陸一 1475 咸陽	 陸一 1475 咸陽
		 陸一 1475 咸	 陸二 2098 咸陽	 柒一 0364 咸陽	 柒一 0480+C10.4-5-4 咸
		 柒二 0340 咸陽			

右	 肆｜2132 右司空	 肆‖1252 右在	 肆‖1398 右肩	 伍‖1722 以右若左
	 陸｜1450 右符	 陸｜J67-2+J66-2+J72-4+J65-1+J66-4+J76-1+J66-1+J64-2 右符	 柒｜0447 右郤	
各	 肆｜1965 各與	 肆｜2041 各與	 肆‖1240 各以	 肆‖1249 各‖甲
	 肆‖1257 各‖甲	 肆‖1267 各旬	 肆‖1282 各｜甲	 肆‖1282 各｜盾
	 肆‖1285 各抶｜辦	 肆‖1286 各嬰其賈	 肆‖1286 各｜錢	 肆‖1292 各｜甲
	 肆‖1293 各｜甲	 肆‖1293 各｜盾	 肆‖1295 各請其守	 肆‖1296 各有
	 肆‖1298 各｜甲	 肆‖1306 各‖旬	 肆‖1313 各‖甲	 肆‖1353 各‖甲
	 肆‖1355 各｜甲	 肆‖1355 各｜盾	 肆‖1369 各啞走	 肆‖1398 各｜盾

 肆二1400 各二甲	 肆二1400 各一甲	 肆二1410 各一甲	 肆二1428 各二甲
 肆二1428 各一甲	 肆二J45 各一甲	 肆二J46 各二甲	 肆二J46 各一甲
 肆三0324 各二甲	 肆三0523 各上	 肆三0558 各請	 肆三0624 各謹
 肆三0663 各一盾	 肆三0717 各二甲	 伍一0831 各二甲	 伍一0967 各二甲
 伍一0968 各牒書	 伍一1007 各令	 伍一1009 各署	 伍一1132 各一甲
 伍一2168 各二甲	 伍二1683 各移	 伍二1685 各復	 伍二1685 各以
 伍二1707 各約為	 伍二1708 各一甲	 伍二1712 各與	 伍二1889 各二甲
 伍二1889 各一甲	 伍二1914 各一攻	 伍二2013 各一甲	 伍三0059 各一盾

 伍〣 1182 各以	 伍〣 1768 各〢甲	 伍〣 1885 各〢人	 伍〣 1925 各〡甲
 伍〣 J35+J34 各告	 陸〡 1154 各〡甲	 陸〡 1154 各〡盾	 陸〡 1447 各悉
 陸〡 1484 各〢甲	 陸〡 1508 眥各〢	 陸〡 1595 眥各〡甲	 陸〡 1918 各盡以
 陸〡 1970 各〢甲	 陸〢 0113 各〢甲	 陸〢 0128 各〡甲	 陸〢 1938 各〡甲
 陸〢 2056 各盔縣界	 陸〢 2127 各〢甲	 陸〢 2128 各任	 陸〢 2145 各以
 陸〢 2146 各〢甲	 陸〢 2162 各〡盾	 陸〢 2162 各先	 陸〣 0769 眥各〡甲
 陸〣 2052 各〡甲	 陸四 1152–1 各課	 陸四 1153 各〢甲	 陸四 1176 各〢甲
 陸四 1176 各〡甲	 陸四 1611 各〡甲	 柒〡 0347 各〢劍	 柒〡 0389 各得

 柒一 0492 各二歲
 柒一 0568 各二甲
 柒一 0578 各自識
 柒一 0676 各一劍

 柒一 0683 各以
 柒一 0863 各戍
 柒二 0870 各一甲
 柒二 0876 各為之

 柒二 0969 各與
 柒二 1077 各下
 柒二 1147 各一盾
 柒二 1147 各一甲

 柒二 1634 各一攻

喙

 柒一 0673 喙
 柒一 0673 喙

吅部

嚴

 柒二 1057 嚴道
 柒二 1626 嚴道

㗊部

哭

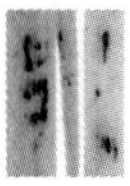
伍二 1706+1784 哭臨

走部

走

肆二 1369 亟走

伍三 1924 走乘

趨

肆三 0525 趨發

趣

陸四 1159 趣追

越

陸二 2023 越宮垣

起

肆二 1271 其起

柒一 0374 起居

趙

肆三 0749 趙軍

伍一 1029 趙將軍

止部

止

字形	出處	辭例
	肆一 1997	左止
	肆一 2129	左止
	肆二 1227	止之
	肆三 0319	請止
	伍二 1616	止
	伍二 1731	所當止
	伍二 1758	止辤者
	伍二 2151	左止
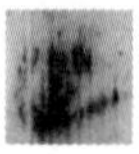	陸三 0106	止

前

字形	出處	辭例
	肆一 1988	備前
	肆一 2071	其前毄日
	肆二 1285	丞前
	肆二 1398	丞前
	肆三 0479	以前
	伍一 1006	其已前
	伍一 1027	其前夫子
	伍一 1107	前夫
	伍一 1128+C4-1-11	前令
	伍二 1099	前此令
	伍二 1722	前對
	伍二 1722	前奏
	伍二 1737	與前
	伍二 1794+1856-1	其前
	伍三 1779	前令
	陸一 J37	已前

陸一 J67–1+J76–12+J71–1+J64–1+J66–6
前令

柒一 0376
前令

柒一 0448–1+0448–2
丞前

柒一 0580
繚前冗日

柒二 1090
前令

歸

肆二 0914
二歲壹歸

肆二 1238
歸葬

肆二 1238
歸葬

肆二 1306
歸田

肆二 1372
不歸

肆三 0016
罷歸

肆三 0944
歸里中

伍一 0857+0871+0866
吏歸

伍三 1690
歸而已葬

伍三 1869
官長歸

伍三 1881
歸旬

伍三 J41
遣歸

柒一 0372
罷歸

柒一 0446
歸田

柒一 0483
當歸

柒一 0501
冗日歸

柒一 0548
歸休

柒一 0750+C10.1–2–2
輒歸之

癶部

登	登	 伍一 1001-2 登相山			

步部

步	步	 陸二 0122-1+0122-2 百步			
歲	歲	 肆一 0914 二歲	 肆一 1940 卒歲	 肆一 1960 □歲以上	 肆一 1965 十八歲
		 肆一 1984 十八歲	 肆一 1989 卒歲	 肆一 1989 卒歲	 肆一 1996 十四歲
		 肆一 2091 八歲	 肆一 2091 十歲	 肆一 2129 六歲	 肆一 2158+1958 卒歲
		 肆二 1236 十五歲	 肆二 1241 歲興繇徒	 肆二 1259 十八歲	 肆二 1267 閏時歲
		 肆二 1367 十八歲	 肆二 1372 卒歲	 肆二 1377 十四歲	 肆二 1384 半歲

 肆二 1420 歲繇	 肆三 0518 五歲	 肆三 0559 二歲	 肆三 0634 一歲
 伍一 0918 八歲	 伍一 0968 歲月日	 伍一 0998+C10-4-13 十四歲	 伍一 1003 十四歲
 伍一 1010 四歲	 伍一 1018 六歲	 伍一 1037 十五歲	 伍一 1125 數歲
 伍一 1935 八歲	 伍二 1669 四歲	 伍二 1914 二歲	 伍二 1914 二歲
 伍二 1964 一歲	 伍三 1865 一歲	 伍三 1873 四歲	 伍三 1882 後歲告
 伍三 1915 歲計	 伍三 1926 二歲	 伍三 J38 四歲	 陸四 1159 四歲
 陸四 1159 四歲	 陸一 1486-1+1486-2 四歲	 陸四 1720 四歲	 陸四 1810 四歲
 陸二 1942 四歲	 陸二 1999 二歲	 柒一 0446 六十三歲	 柒一 0449 十三歲

 柒一 0491 六十歲
 柒一 0491 十七歲
 柒一 0492 一歲
 柒一 0492 各二歲

 柒一 0501 六歲
 柒一 0506 歲
 柒一 0653 除一歲
 柒一 0657 三歲

 柒一 0683 十八歲
 柒一 0872 五十歲
 柒一 0919 三歲
 柒二 1625 歲

 柒二 2138+C8-8-1 四歲

此部

此

 肆一 2111 此律
 肆三 0525 此令
 伍一 0916 此令
 伍一 1008 以此

 伍一 1011 此等
 伍一 1013 此令
 伍一 1015 此令
 伍一 1109 此物

 伍一 1128+C4-1-11 此令
 伍一 1165 如此
 伍一 2108 此令
 伍一 2166+2169 此等令

 伍二 1099 此令	 伍二 1166 此令	 伍二 1666 此令	 伍二 1712 以此
 伍二 1722 此以	 伍二 1879 此物	 伍二 1887 此令	 伍二 1905 此令
 伍二 2151 以此	 伍三 1764 此令	 伍三 1764 此一物	 伍三 1787 如此
 伍三 1886 此令	 陸一 1477 此令	 陸一 1477 此一物	 陸二 0175 此令
 陸三 0026 如此	 陸三 0136 此令	 陸三 1943 如此	 陸四 1721 有為此
 陸四 1788 如此	 陸四 1808 如此	 柒一 0585 此物	 柒一 0598 此物
 柒一 0644 以此	 柒一 0733 此令	 柒一 J61 此令	 柒二 1090 皆以此
 柒二 2020 此物			

正部

正

伍一1018　正月

伍一1029　叚正夫言

伍二1914　正

乏

肆二0992　事乏者

伍三1915　以留乏發徵律論

是部

是

肆一2089　是坐之

辵部

適

柒一0404　適者

過

肆一0169　過六百

肆一2012　過五日

肆二1240　毋過

肆二1244　過六百

 肆 二 1264 毋過	 肆 二 1274 過縣	 肆 二 1304 過五日	 肆 二 1351 過旬
 肆 二 1353 過二月	 肆 二 J14 過五日	 肆 二 J14 過十日	 肆 三 0531 毋過
 伍 一 1189+C4–1–9 毋過	 伍 一 C10–3–2–1 過誤狀	 伍 二 1166 過百日	 伍 二 1685 未過
 伍 二 1707 而過	 伍 二 1707 毋過	 伍 二 1722 過廿牒	 伍 二 1729 毋過
 伍 二 1731 毋過	 伍 二 1731 毋過	 伍 二 1805 過三日	 伍 二 1814 過十分
 伍 二 1848 過程	 伍 二 1851 過四千	 伍 二 1891 過六旬	 伍 二 1909 過六旬
 伍 三 1663 過十日	 伍 三 1690 過所	 伍 三 1812 過辠	 伍 三 1865 過
 伍 三 1925 過百里	 伍 三 1925 過廿里	 伍 三 1986 毋過	 陸 二 0130 過五日

		 陸二 0176 過縣	 陸二 0176 毋過	 陸二 2024 毋過	 陸二 2032 毋過
		 陸二 2032 毋過	 陸二 2049 毋過	 陸二 2099 毋過縣	 陸二 2131 毋過
		 陸二 2131 毋過	 陸三 0027 未過	 陸三 0133 未過	 陸三 1510 毋過
		 陸四 1152-1 過縣廷	 柒一 0347 毋過	 柒一 0347 毋過	 柒一 0491 年過六十
		 柒一 0676 毋過	 柒一 0676 過令者	 柒一 0733 毋過	 柒一 J21 毋過
		 柒一 J21 年過卌五			
還		 肆一 1985 後還者	 肆一 2010 後還者	 肆一 2089 後還者	 肆三 0669 不還
		 伍一 0899 償還	 伍三 1677 還之	 陸一 1445+1441-2 相還	 陸四 1895 相還

陸 五 1644+1648+1653 徵還

遇

伍 三 1177+C10–3–10 遇水雨

通

伍 二 1789+1804 内史通

柒 一 0548 不通

柒 一 0556 不通

送

肆 二 1257 傳送

肆 二 1394 傳送

伍 一 1105 送道之出

伍 一 1124 送道亡

伍 一 1124 送道者亡

伍 三 0119 傳送

伍 三 0119 傳送

伍 二 1875 送到官

陸 四 1160 次傳送行

遺

肆 二 1225 遺往

肆 二 1238 遺歸葬

肆 二 1262 遺者

肆 二 1304 亟遺

肆 三 0324 遺者

肆 三 0326 乃遺

肆 三 0587 遺司寇

肆 三 0635 遺就食

		 伍一 1014 吏遣殺者	 伍二 J27 所遣	 伍三 1768 遣吏	 伍三 1768 必遣
		 伍三 1787 遣獄史	 伍三 1802 遣令史	 伍三 1857 所遣	 伍三 J41 遣歸
		 陸二 0114 官遣	 陸二 0175 遣賜遲	 陸二 2152 遣賜	 陸四 1159 弗遣
		 陸四 1180 弗遣	 陸四 1810 泰史遣	 柒一 0364 共遣	 柒一 0448-1+0448-2 遣戍
		 柒一 0491 勿遣	 柒一 0656 遣戍	 柒一 0750+C10.1-2-2 皆遣令	 柒一 0863 遣戍
		 柒二 0385+1637 遣識者	 柒二 0869 遣識者		
逮	𨒈	 伍一 1129 有逮告劾	 伍一 1129 大夫逮	 陸一 1438 相逮	 陸一 1971 其逮告闌
遲		 陸二 0175 遣賜遲	 陸二 2152 遣賜遲		

避	避	 伍三 1869 避事	 伍三 1869 所避	 陸四 1799 避為吏	
連	連	 伍二 1698 連屬			
逋	逋	 肆一 1946 坐逋	 肆一 1992 而逋	 肆一 2072 逋傳	 肆一 2080 其逋
		 肆一 2080 毋逋毆	 肆一 2080 捨逋事	 肆二 1228 而逋	 肆二 1228 而逋
		 陸一 1446 匿逋			
遺	遺	 伍二 1847 遺治獄者	 陸三 0148 遺者		
追	追	 肆二 1271 追之	 伍三 1912 追逐	 陸四 1159 趣追	 柒一 0661 追羣盜
逐	逐	 伍二 1685 逐之	 伍三 1912 追逐	 陸三 0134 逐之	

近

伍一 0963 道近易具

伍一 1029 得近人

伍二 1683 就近

伍三 1182 遠近

柒二 1632 所近

遠

肆二 0990 鄉遠都市

肆二 1240 遠其

伍一 1109 遠窮山

伍二 1613 遠其旁縣

伍二 1683 遠都官

伍三 1182 遠近

伍三 1704 遠

伍三 1874 步遠

陸四 1866+J71-3 遠犨害郡

柒一 0556 遠莊道者

柒一 0584 遠莊道者

柒二 0396 相去遠

道

肆一 1962 縣道官

肆一 1962 縣道官

肆一 1973 縣道官

肆一 1982 縣道官

肆一 1990 道

肆一 1992 縣道官

肆一 1998 道官

肆一 2090 道

肆一 2096 縣道官

肆一 2107 郡縣道者

肆一 2111 官道畍中

肆一 2122 縣道嗇夫

肆二 1253
縣道

肆二 1255
田道

肆二 1371
郵道

肆二 1371
駝道

伍一 0963
道近

伍一 0965
縣道

伍一 1021
縣道

伍一 1105
送道

伍一 1124
送道者亡

伍一 1124
送道亡

伍二 1166
縣道

伍二 1596
捕道

伍二 1596
道徼外

伍二 11900792
及道

伍二 1908
道故塞

伍三 1182
道里

伍三 1874
行衝道

陸一 1356
道里

陸一
1452+C5–9–1
縣道

陸二 2015
道入

陸二 2162
縣道

陸二 2162
縣道

陸四
1144+1188
失道

柒一 0383
道當戍東

柒一
0448–1+0448–2
縣道

柒一 0548
莊道

柒一 0548
水道

柒一 0556
莊道

柒一 0556
莊道

柒一 0556
水道

柒一 0556
莊道

柒一 0689
道當戍東

	 柒二 0399 郡縣道	 柒二 0877 郡縣道	 柒二 1626 嚴道	

彳部

德	𢕟	 肆一 2149 壞德			
徑	𢓊	 伍二 1760 徑告			
復	𢔢	 肆一 0170 復屬	 肆一 1945 復為	 肆一 1962 復付	 肆一 1976 復為司寇
		 肆一 1997 復為城旦	 肆一 1997 復亡	 肆一 2008 皆復炊謳	 肆一 2009 復為
		 肆一 2033 復付其官	 肆一 2035 復亡	 肆一 2085 復屬	 肆一 2045 復詣
		 肆一 2123 復付	 肆二 1232 人復復子	 肆二 1235 無復	 肆二 1267 復子

		 肆二 1267 無復	 肆二 1267 不復	 肆二 1276 復治	 肆二 1276 復畀之
		 肆二 1293 或復	 肆二 1295 復子	 肆二 1418 復用	 肆三 0352 復用
		 肆三 0466 復同	 肆三 0681 復用	 伍二 1685 各復	 伍二 1731 復與
		 伍二 1737 復上	 伍三 1690 復之	 陸三 0133 各復	 陸三 0136 復申
		 陸三 1380 勿復	 柒一 0598 復書	 柒一 0682 而當復	 柒二 1077 復治
往	徃	 肆二 0349 往來	 肆二 1225 遣往	 伍三 1787 往捕	 伍三 1802 往捕
		 柒一 0548 往來			
彼		 伍一 1014 彼陳去敵律			

徵

 肆一0186 徵中	 肆一0186 故徵	 肆一0187 徵中	 肆一1959 故徵
 肆一2065 徵外	 肆一2065 徵中	 肆二1253 故徵	 肆二1290 故徵
 肆二1290 故徵	 肆二1404 故徵	 肆二1417 故徵	 肆二1423 故徵
 肆三J44 故徵	 伍一1124 故徵	 伍二1596 徵外	 伍二1596 徵外
 伍二1606+1619 徵外	 伍二1792 徵外	 伍二1792 徵外	 伍二2013 故徵
 伍二2013 故徵	 伍二2151 徵外	 陸一1956 故徵	 陸四1152-1 署徵
 柒一0367 故徵	 柒一0383 故徵	 柒一0481 故徵	 柒一0490 故徵
 柒一0492 故徵	 柒一0689 故徵		

循	循	 肆二 1289 循行	 肆二 1289 貲一循	 陸二 0131 循行	 陸二 2147 循行
		 柒二 1093 循行			
徐	徐	 伍三 1912 疾徐			
後	後	 肆一 1985 後九月	 肆一 1997 後復亡	 肆一 2035 後復亡	 肆一 2089 後九月
		 肆二 0792 後有	 肆二 1282 毋後	 肆二 1353 其後	 肆二 1354 後得
		 肆二 1355 後年	 肆二 J43 後時	 伍一 0965 後办	 伍一 0999 以後
		 伍一 1011 已後	 伍一 1025 後夫	 伍一 1027 後夫	 伍一 1108 後夫
		 伍一 1108 後夫	 伍三 1882 後歲	 陸一 1310 後盈	 陸一 1431 而後

陸一 1433 聞令後

陸一 1934 後令

陸一 J40+J73-5 後有

陸四 1808 先後

柒一 0302 今而後

柒一 0370 後上之

柒一 0661 未置後

柒一 0710 及拜後

柒二 1059 若後

柒二 1688 後令曰

得

肆一 0185 而得

肆一 0186 其得

肆一 0186 其得

肆一 1932 而得

肆一 1940 弗能得

肆一 1959 其得

肆一 1976 不得

肆一 1982 毋得

肆一 1989 而得

肆一 1989 而得

肆一 1997 亡而得者

肆一 2009 亡而得

肆一 2009 不得

肆一 2016 自出

肆一 2033 得及自出

肆一 2035 而得

肆一 2072 不得

肆一 2087 不得

肆一 2117 亡而得

肆二 0994 弗得

 肆二 1224 弗得	 肆二 1279 毋得	 肆二 1282 不可得	 肆二 1289 弗得
 肆二 1354 不得	 肆二 1354 後得	 肆二 1354 弗得	 肆二 1378 不得
 肆二 1384 得以	 肆二 1393 不得	 肆二 1400 弗得	 肆二 1410 弗得
 肆二 1428 弗得	 肆三 0591 當得	 肆三 0634 得爵	 肆三 0663 弗得
 伍一 0898 毋得	 伍一 0965 不得	 伍一 1019 未得	 伍一 1021 得輒以
 伍一 1027 不得	 伍一 1029 得近人	 伍一 1107 毋得	 伍一 1109 毋得去
 伍一 1129 得與議者	 伍二 0833 得	 伍二 1620 弗得	 伍二 1621 弗得
 伍二 1685 不得	 伍二 1695 得	 伍二 1708 弗得	 伍二 1789+1804 獨得

 伍二 1847 而得	 伍二 1848 毋得	 伍二 1880 得賣	 伍二 1894 而得
 伍二 1906 得與	 伍二 1906 得傳	 伍二 1909 得以	 伍二 1909 不得
 伍二 1910 得之	 伍二 2151 而得	 伍三 1091 弗得	 伍三 1677 扁得
 伍三 1704 得作	 伍三 1780 弗得	 伍三 1812 得之	 伍三 1912 不得
 伍三 1919 令得	 伍三 1920 得乘	 伍三 1921 弗得	 伍三 1924 令得
 伍三 J35+J34 其得	 陸一 1431 得及	 陸一 1446 弗得	 陸一 1475 得治
 陸一 1918 當得	 陸一 1970 而弗得	 陸一 J23 自得之	 陸二 2023 弗得
 陸二 2092 得毆	 陸二 2092 弗得	 陸三 0133 不得	 陸三 0155 得之

律

 陸三 0156 而得	 陸三 0769 不得	 陸三 0769 弗得	 陸三 2052 弗得
 柒一 0347 得帶劍者	 柒一 0490 令得	 柒一 0506 上得	 柒一 0562 乃得
 柒一 0563 能得	 柒一 0653 得虎狗一	 柒一 0654 不得	 柒一 0654 不得
 柒一 0673 毋得	 柒一 0675 毋得	 柒一 0676 毋得	 柒一 J21 不得
 柒二 0341 承得	 柒二 0385+1637 得及	 柒二 0869 得	 柒二 1056 毋得
 柒二 1082 皆毋得	 柒二 1147 弗得	 柒二 1623 有得	 柒二 1641-1 毋得
 柒二 1972 有而得	 柒二 2063 毋得去		
 肆一 1930 舍匿罪人律	 肆一 1945 將陽闌亡律	 肆一 1990 以律	 肆一 1991-b 亡律

 肆一 2010 如律	 肆一 2012 舍罪人律	 肆一 2031 用此律	 肆一 2044 亡律
 肆一 2048 亡律	 肆一 2054 亡律	 肆一 2060 自出律	 肆一 2089 如律
 肆一 2107 犯律者	 肆一 2111 如此律	 肆二 0994 田律	 肆二 1227 置吏律
 肆二 1232 繇律	 肆二 1252 奔敬律	 肆二 1256 傅律	 肆二 1265 關市律
 肆二 1266 内史襍律	 肆二 1267 戍律	 肆二 1274 田律	 肆二 1276 田律
 肆二 1277 田律	 肆二 1286 金布律	 肆二 1287 金布律	 肆二 1289 金布律
 肆二 1295 繇律	 肆二 1296 内史襍律	 肆二 1351 不質律	 肆二 1354 索律
 肆二 1370 倉律	 肆二 1377 行書律	 肆二 1385 具律	 肆二 1396 置吏律

 肆 二 1397 尉卒律	 肆 二 1403 不如律	 肆 二 1417 行書律	 肆 二 J30 如律然
 肆 三 0680 律令	 伍 一 0961 論律	 伍 一 1008 律令	 伍 一 1009 律令
 伍 一 1009 律令	 伍 一 1014 論律	 伍 一 1036 律曰	 伍 一 1124 論律
 伍 二 0833 盜律	 伍 二 0833 盜律	 伍 二 1087 内史律	 伍 二 1099 廷律
 伍 二 1620 律論	 伍 二 1695 盜律	 伍 二 1708 論律	 伍 二 1711 盜律
 伍 二 1712 律令	 伍 二 1712 律令	 伍 二 1723 不直律	 伍 二 1792 賞毋律
 伍 二 1888 律令	 伍 三 1806 論律	 伍 三 1809 用灋律	 伍 三 1915 論律
 伍 三 1922 自爵律	 陸 一 1186 與律相繆	 陸 一 1310 律曰	 陸 一 1431 律論

	 陸一 1456 律論	 陸一 1484 辠人律	 陸一 J37 不應律	 陸二 0114 律論
	 陸二 2152 律論	 陸三 0104 它如律令	 陸三 0123 不直律	 陸三 0179 如律
	 陸三 0769 律論	 陸三 1993 律論	 陸三 2052 犯律者	 陸三 2052 律論
	 陸四 1115 如律令	 陸四 1239 不從律	 陸四 1900 新律令	 陸五 1748 論律
	 柒一 0384 它如律令	 柒一 0485 如律	 柒一 0598 它如律令	 柒一 0677 如律令
	 柒二 1056 如律令	 柒二 1101 律令	 柒二 1629 律令	 柒二 1630 如律
	 柒二 2125 律令			
御 	 肆一 1975 御府	 肆三 0520 御史	 肆三 0698 御史	 伍一 0998+C10-4-13 御史

 伍一 1003 御史	 伍一 1009 御史	 伍一 1028 御史	 伍一 1125 御史
 伍一 2059 御史	 伍一 2059 御史	 伍一 2059 御史掾	 伍一 2097 御史
 伍二 1161 御史	 伍二 1174 御史	 伍二 1613 御史	 伍二 1689 御史
 伍二 1914 御史	 伍三 1779 司御偕者	 伍三 1779 司御者	 伍三 2141 御史
 伍三 J35+J34 御史	 陸一 0779 御史	 陸一 0779 御	 陸一 1438 御史
 陸一 1459 御史	 陸一 1459 御史	 陸一 1461 御史官	 陸一 1594 御史
 陸一 1918 御史	 陸二 2092 御史	 陸二 2163 御史	 陸三 1993 御史請
 陸四 1866+J71-3 上御史	 陸四 1866+J71-3 御史	 陸四 1872 御史	 柒一 0336 司御者

徒*

柒一 0346 御史

柒一 0370 御史

柒一 0402 司御

柒一 0506 御史

柒一 0562 御之

柒一 0578 司御

柒一 0662 御史

柒一 1046 御史

柒二 2095 御史

肆一 2132 官徒

肆二 1241 繇徒

肆二 1248 用徒數

肆二 1267 徒隸

肆二 1269 牛及徒

肆二 1269 車牛徒

肆二 1273 積徒數

肆二 1354 吏徒

肆三 0319 徒隸

肆三 0652 徒隸

肆三 0749 長輓粟徒

肆三 0813 徒隸

伍一 1112 官徒隸

伍二 1696 吏徒

伍三 1170+1172 徒隸

伍三 1671 除徒

伍三 1704 徒隸

伍三 1704 徒隸

伍三 1764 吏徒

伍三 1912 吏徒

徒*

 伍 三 J35+J34 泰倉徒	 伍 三 J35+J34 它官徒	 陸 一 1444 徒出繇	 陸 一 1477 吏徒
 陸 二 0122–1+0122–2 吏徒	 陸 二 2162 吏徒	 陸 三 2103 吏徒	 陸 四 1153 助徒
 陸 四 1612 助徒稷者	 陸 四 1800 毋徒以田	 陸 四 1870–1+1870–2 它徒賞	 陸 四 1870–1+1870–2 田徒
 陸 五 1657 吏與徒	 柒 一 0548 徒	 柒 一 0548 吏徒	 柒 一 0584 船徒
 柒 二 0461–1+0461–2 吏將徒	 柒 二 0869 徒隸		
 肆 二 1245 免徒	 肆 二 1247 免徒	 肆 二 1300 徙賣它縣者	 肆 二 1386 行繇數徙
 肆 二 1397 徙除	 伍 二 1661 徙官	 伍 三 1181 移徙它縣	 陸 三 1948 徙官
 陸 四 1798 徙除	 陸 四 1871 徙之	 柒 一 0548 徙官	 柒 二 1056 偕徙

	柒二 1688 徒輪

廴部

廷 

	肆二 1258 縣廷		肆二 1403 縣廷		肆三 0544 縣廷		伍一 1131 廷内史郡
	伍二 1099 廷律		伍二 1116 廷卒令		伍二 1157 廷甲		伍二 1166 廷卒
	伍二 1602–1+1602–2 廷卒		伍二 1616 廷甲		伍二 1620 廷甲		伍二 1685 廷甲
	伍二 1699–1 廷卒		伍二 1706+1784 廷卒		伍二 1708 廷甲		伍二 1713 廷卒
	伍二 1727 廷卒		伍二 1727 廷卒		伍二 1730 廷卒		伍二 1736 廷甲
	伍二 1737 廷卒		伍二 1739 廷卒		伍二 1759 廷己		伍二 1785 廷卒

 伍二 1855 廷卒	 伍二 1889 廷甲	 伍二 1901 廷甲	 伍二 1927 廷卒
 伍二 J52 廷甲	 伍三 1854 上其廷	 伍三 1899 廷史	 伍三 1917 廷史
 伍三 1924 廷史	 伍三 1925 縣廷	 伍三 1925 上廷	 陸一 J67-3+J70-2+J71-2+J66-3+J74-1 廷內史郡
 陸三 1994 獻廷	 陸四 1682 廷戊	 陸四 1859 廷丙	 陸四 1900 都官廷
 柒二 1625 移廷者	 柒二 1636+C7.1-9-4 各上其廷		

 部

延

 陸四 1858 延陵

 部

行

肆一 1989
有行其笞

肆二 1231
勿行

肆二 1236
行粟

肆二 1241
以券行之

肆二 1241
先行

肆二 1242
以閒時行

肆二 1242
行月

肆二 1242
當行

肆二 1250
行書律

肆二 1250
不輒行

肆二 1271
行之

肆二 1276
已行

肆二 1377
行書律

肆二 1377
行縣官

肆二 1386
行繇數

肆二 1390
聽行者

肆二 1394
日行

肆二 1417
行書律

肆二 1417
以郵行之

肆二 1425
行年日月

肆三 J47
壹行

伍一 0918
恐行死

伍一 1003
𩲃能行

伍一 1008
行事

伍一 1009
行事

伍一 1009
行事

伍一 1014
事已行

伍一 1017
行訞律

伍一 1123
行有告

伍一 2155+C8–1–2
行其官者

伍一 2155+C8–1–2
案行

伍二 1142
不行郡縣

 伍二 1162 以郵行	 伍二 1166 乃行	 伍二 1171 請行	 伍二 1173 以郵行
 伍二 1616 毋行	 伍二 1718 五行	 伍二 1729 三行	 伍二 1729 一行
 伍二 1730 行其	 伍二 1731 一行	 伍二 1758 案行	 伍二 1758 行事
 伍二 1794+1856-1 已行	 伍二 1805 行書	 伍二 1848 二行	 伍二 1903 當行
 伍二 1909 雖已行	 伍三 1177+C10-3-10 不行	 伍三 1662 循行	 伍三 1663 行縣官
 伍三 1857 行覆治	 陸一 1462 不行	 陸一 1476 行之	 陸一 1476 行左符者
 陸一 1476 行報書	 陸二 0114 以行制書	 陸二 0131 行至	 陸二 0131 循行
 陸二 2032 行所宿	 陸二 2131 縣行所	 陸二 2147 鹽循行之	 陸三 0027 雖已行

陸四 1160 送行者

陸四 1175 以郵行

陸四 1781 以郵行

柒一 0335 行事

柒一 0371 行尉事

柒一 0380 行戍

柒一 0394 勿行

柒一 0403 不可行

柒一 0484 行尉事

柒一 0556 而行

柒一 0584 行水道

柒一 0585 輒行之

柒一 0585 譽未行

柒一 0675 行尉事

術

肆二 1289 市衛術者

街

柒二 1093 街佐

衛

肆二 1289 市衛術者

伍三 1861 行衛道

伍三 1874 行衛道

陸二 2145 衛

衙

陸二 2145 衙

衜*

- 伍一 1165 衜黔首
- 伍一 1189+C4-1-9 衜之
- 陸三 0026 衜黔首

齒部

齒

- 肆二 1229 齒未盈
- 肆二 1398 丈齒
- 肆二 1404 黔齒

足部

足

- 肆二 1249 力不足
- 肆二 1260 不足
- 肆二 1267 不足治
- 肆二 1273 言不足
- 肆二 1296 期足
- 肆二 1355 力足
- 肆二 1370 不足以
- 肆二 1383 足以
- 肆二 1423 足以
- 肆三 0326 不足
- 肆三 0558 不足
- 伍二 1674 不足

踐

- 肆三 0326 踐更者

冊部

扁

伍三 1677
扁得

陸二 1938
扁幅

第三卷

㗊部

嚣

肆三 0680 嚣園

器

肆二 1401 叚之器

肆三 0521 羣鐵器

肆三 0521 它器

伍二 1879 器兵

陸二 0131 器者

陸二 0132 食官器

陸二 0132 更器

柒一 0147+0342 器費

柒一 0404 寺御器

舌部

舌

柒二 1065 口舌

㕯部

商

商	
 肆一2106 商	 肆一2106 商

句部

句

句	
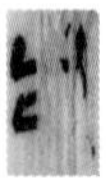 伍一1036 宛句	

笱

笱	
 伍二1686 笱	 陸三0770 笱若

十部

十

十			
 肆一0187 十四歲	 肆一1965 十八歲	 肆一1984 十八歲	 肆一1996 十四歲
 肆一2037 十八	 肆一2040 十八歲	 肆一2091 十歲	 肆二0792 十日
 肆二0792 十日	 肆二1236 十五歲	 肆二1287 十五斤	 肆二1287 十六錢

 肆二 1353 十日	 肆二 1377 十四歲	 肆二 J14 十日	 肆三 0630 十三年
 伍一 0865 十七	 伍一 0966 十九	 伍一 0998+C10-4-13 十四	 伍一 0999 十六
 伍一 1003 十四	 伍一 1025 十二月	 伍一 1037 十五歲	 伍一 1103 十八
 伍一 1111 十五	 伍一 1128+C4-1-11 十一	 伍一 1935 十三	 伍一 2097 十郡
 伍二 1099 十三年	 伍二 1157 十三	 伍二 1620 十一	 伍二 1674 十二
 伍二 1680 十三	 伍二 1706+1784 十七	 伍二 1727 十六	 伍二 1736 十九
 伍二 1814 十分	 伍二 1848 十五	 伍二 1889 十	 伍二 1901 十四
 伍二 1903 五十里	 伍三 1663 十日	 伍三 1899 十八	 陸一 1357 十四

		陸一 1452+C5-9-1 十一		陸一 J23 十六		陸一 1594 十一月		陸一 1970 十六
		陸一 J62-2 十二		陸二 0176 五十人		陸二 2024 十人		陸二 2144 十六
		陸二 2152 十六		陸三 0104 十七		陸三 0125 十三		陸三 2104 十
		陸四 1893 十日		柒一 0370 十二月		柒一 0394 十八		柒一 0402 十九年
		柒一 0449 十三歲		柒一 0485 十九		柒一 0579 十六		柒一 0662 十一
		柒一 0676 十一		柒一 0683 十八歲		柒一 0872 五十歲		柒一 C8-6-1+C8-2-4 十二
		柒一 J61 十六						
丈 		肆二 1266 六丈		肆二 1398 丈齒				

千	千	 肆 三 0316 —二千石官	 肆 三 0351 —二千石官	 肆 三 0465 —二千石官	 肆 三 0522 —二千石官
		 肆 三 0617 —二千石官	 肆 三 0690 —二千石官	 肆 三 1131 —二千石官	 肆 三 J70+J71+J67 —二千石官
		 伍 一 1027 —二千	 伍 一 1119 —二千	 伍 一 1119 千二百	 伍 一 1131 —二千石
		 伍 二 1161 千石	 伍 二 1174 —二千石	 伍 一 1189+C4-1-9 千户	 伍 二 1851 四千
		 伍 二 1851 四千	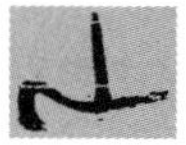 伍 二 1880 —二千石	 伍 三 1150 千石	 伍 三 1850 千錢
		 伍 三 1986 五千	 陸 一 1463 千餘人	 陸 三 1510 千户	 柒 一 0376 千錢
		 柒 一 0489 +0488 +0368 千石	 柒 一 0683 千錢		
博	博	 伍 一 1129 博士	 伍 一 1130 博士		

廿

廿				
廿	 肆一 1988 廿二錢	 肆一 2057 廿人	 肆一 2089 廿年	 肆二 0792 廿日
	 肆二 1402 百廿錢	 肆二 1421 廿人	 肆二 J14 廿日	 伍一 0910 廿五
	 伍一 1004 廿一	 伍一 1029 廿四人	 伍一 1104 廿七	 伍一 2168 廿
	 伍二 1166 廿一	 伍二 1602-1+1602-2 廿一	 伍二 1708 廿	 伍二 1713 乙廿
	 伍二 1722 廿牒	 伍二 1729 廿六	 伍二 1731 廿二	 伍二 1759 廿七
	 伍二 1855 廿一	 伍二 1876 廿三	 伍二 1923 廿一	 伍二 1927 廿七
	 伍三 1883 廿三	 陸一 1438 廿七年	 陸一 J40+J73-5 廿	 陸二 0145 廿二
	 陸二 2024 廿人	 陸二 2099 廿一	 陸二 2131 廿人	 陸三 0179 廿一

	 陸 三 J08 廿三	 陸 四 1811 廿二	 陸 四 1859 廿九年	 陸 四 1859 丙廿七
	 陸 四 1893 廿日	 柒 一 0403 廿	 柒 一 0487 廿人	 柒 一 0501 廿一
	 柒 一 0504 廿一	 柒 一 0569 廿日	 柒 一 0571 廿年	 柒 二 1076 廿七
	 柒 二 1148-1+1148-2 廿四	 柒 二 1634 廿九	 柒 三 0687 廿四年	 柒 三 0552 廿六年
	 柒 三 0552 廿三歲			
卌*	 伍 三 1913 卌六	 伍 三 1926 卌一	 陸 二 0115 卌一	 柒 一 J21 卌五

卅部

卅	 肆 二 0060 卅錢	 肆 二 0349 卅日	 肆 二 0914 卅日	 肆 二 1278 卅日

肆二 1373 卌户

伍一 0964 卌六

伍二 1790 卌四

伍二 1888 卌二

伍二 J49 卌七

伍三 1921 甲卌

伍三 2126 甲卌

陸四 1900 卌二

柒一 0577 卌

柒一 0606 卌五

柒二 0340 卌日

柒二 2038 卌

柒二 2138+C8–8–1 卌八

言部

言

肆二 1249 弗言者

肆二 1273 言不足

肆三 0319 東郡守言

肆三 0544 弗言

肆三 0587 内史言

肆三 0698 御史言

伍一 0962 御史言

伍一 0963 言夬

伍一 1011 勿言

伍一 1017 有誨傳言

伍一 1028 御史言

伍一 1036 言

 伍一 1114 泰山守言	 伍一 1129 斯言	 伍一 C10-3-2-1 具言	 伍二 1086 自言
 伍二 1171 御史言	 伍二 1174 輒言	 伍二 1174 言郡守	 伍二 1686 父母言
 伍二 1786 數言	 伍二 J27 有言	 伍二 J27 劾言	 伍三 1690 自言
 伍三 1691 自言	 伍三 1704 居室言	 伍三 1761 其言	 伍三 1809 言事
 伍三 1812 言事	 伍三 1850 言事	 伍三 1954 河間守言	 伍三 J41 自言
 伍三 J41 自言	 陸一 0196 言辠者	 陸一 0779 以書言	 陸一 1438 御史言
 陸一 1448 有言	 陸二 0122-1+0122-2 内史言	 陸二 0132 泰官言	 陸二 2092 言舍所
 陸二 2163 御史言	 陸三 0770 父母言	 陸三 1379 輒劾言	 陸三 1993 有言

	 陸三 1995 弗言	 陸三 2119+2110 自言	 陸四 1612 各言	 陸四 1798 自言
	 陸四 1800 而言	 柒一 0333 言事	 柒一 0346 丞相言	 柒一 0364 言事
	 柒一 0370 以書言	 柒一 0374 都言	 柒一 0376 尉段言	 柒一 0376 鄭言
	 柒一 0379 溥言	 柒一 0404 丞相言	 柒一 0487 急川言	 柒一 0556 書言
	 柒一 0568 戲言	 柒一 0656 段言	 柒一 0661 書言	 柒一 0879 有言
	 柒一 1042 與言	 柒一 C4.1-2-1 丞相言	 柒一 C10.3-1-1 丞相言	 柒二 1630 弗言
	 柒二 1632 而言			
謂 	 肆三 0317 所謂	 伍一 1025 敢謂	 伍二 1710 謾謂	 伍二 1876 勿謂

請

請				
	 肆一 1990 其請	 肆一 2012 其請	 肆二 1242 縣請	 肆二 1295 各請其守
	 肆二 1313 弗請	 肆三 0358 乃請	 肆三 0519 請出	 肆三 0558 御史請
	 伍一 0864 請河	 伍一 0899 請	 伍一 0968 御史請	 伍一 0998+C10-4-13 御史請
	 伍一 1028 請	 伍一 1029 請	 伍一 1033 請寄人瀴	 伍一 1036 請之
	 伍一 1103 自請	 伍一 1129 請之	 伍一 2155+C8-1-2 請之	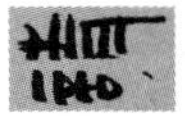 伍一 2166+2169 各請
	 伍二 0833 已為請	 伍二 0833 為請	 伍二 1171 已請	 伍二 1695 為請
	 伍二 1710 弗為請	 伍二 1717 弗為請	 伍二 1722 請若	 伍二 1737 上請
	 伍二 1786 請	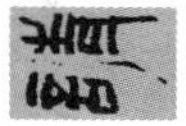 伍二 1793+1801 已為請	 伍二 1794+1856-1 有請	 伍二 1848 請書

 伍二 1855 智請	 伍二 J49 請其	 伍二 J49 請之	 伍三 1704 請
 伍三 1896 請之	 伍三 2141 御史請	 伍三 J35+J34 御史請	 陸一 1127-2 請之
 陸一 1437-1+1437-2 請	 陸一 1441-1 求其請	 陸一 1448 請出	 陸一 1457 請吏
 陸一 1457 其受請者	 陸一 1457 所請	 陸一 1459 請當	 陸一 1678 請
 陸二 0122-1+0122-2 請令縣	 陸二 0131 請室	 陸二 0132 請	 陸三 1993 御史請
 陸四 1676 請亟令	 陸四 1810 臣請	 陸四 1859 臣眛死請	 柒一 0147+0342 請曰
 柒一 0194-1 館請	 柒一 0302 它如請	 柒一 0402 丞相請	 柒一 0476 請之
 柒一 0707+C3-5-2 館請	 柒一 0863 請河	 柒二 0859-1+0859-2 於官請	 柒二 0876 請令

謁		 柒二 1623 諸明告			
		 肆二 1272 有謁	 肆二 1298 謁書	 肆二 1397 謁于尉	 伍一 1018 使私謁
		 伍三 1869 唯謁	 陸二 2000 四謁者令	 陸二 2092 謁者	 陸四 1858 謁移
		 柒一 0333 上謁	 柒一 0378 而謁	 柒一 0501 謁棄	 柒一 0581 謁益
		 柒一 0673 謁居			
許		 肆二 1245 許之	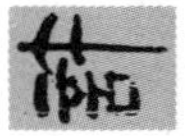 肆二 1247 許之	 肆二 1378 毋許	 肆二 1404 可許者
		 肆二 J28 許之	 肆二 J30 許之		
讎		 伍一 0899 不讎	 伍一 C10–3–2–1 不讎		

諸

 肆一 1931 諸詈者	 肆一 1981 諸當	 肆一 1992 諸當作	 肆二 0798 諸書
 肆二 0992 諸有期	 肆二 1234 諸亡者	 肆二 1244 諸誤	 肆二 1252 諸挾符者
 肆二 1255 諸除有為	 肆二 1296 諸官	 肆二 1402 諸亡	 肆二 1419 諸皋
 肆三 0466 諸故同里	 肆三 0591 諸當	 肆三 0748 諸假	 伍一 0864 諸相與
 伍一 0998+C10-4-13 諸	 伍一 1007 諸它吏	 伍一 1010 諸當廢	 伍一 1034 諸執灋
 伍一 1109 諸隸臣	 伍二 1758 諸有	 伍二 1797 諸當	 伍二 1849 諸已反
 伍三 1691 諸以	 伍三 1787 諸它官	 伍三 1806 諸從者	 伍三 1850 諸上書
 伍三 1854 諸作	 伍三 1857 令諸	 伍三 1917 諸傳	 陸一 1447 諸為

陸一 1451 諸當

陸一 1456 諸與

陸一 1457 諸物

陸一 1458 諸吏

陸一 1459 諸官

陸一 C4.1-1-1 諸所

陸二 1938 諸宮

陸三 2103 諸吏

陸四 1612 及諸

陸五 1748 諸受

柒一 0335 諸

柒一 0490 諸坐課

柒一 0683 諸有貸者

柒一 0710 諸當

柒二 0877 諸傳囚

柒二 1055 諸有

柒二 1687 諸榦官

讀

陸三 1379 讀令

誨

伍一 1017 有誨傳言

譔

肆二 1253 以譔伍之

諭

肆一 2044 諭之

謀

伍二 1792 謀以

伍二 1596 謀反

陸一 1311 謀移

論

肆二 0782 論之

肆三 0668 論之

伍一 0961 論之

伍一 0965 皆以論

伍一 0967 論與同辠

伍一 0999 更論之

伍一 1006 當論者

伍一 1007 論之

伍一 1007 決論

伍一 1014 論之

伍一 1019 論之

伍一 1029 論輸

伍一 1033 論之

伍一 1128+C4-1-11 論之

伍二 0833 以盜律論

伍二 1174 論毄

伍二 1613 論之

伍二 1620 以律論

伍二 1669 勞論

伍二 1723 以其故論

伍二 1723 論之

伍二 1723 論之

伍二 J52 當治論

伍三 1662 論之

 伍三 1671 告劾論	 伍三 1671 論之	 伍三 1677 有論	 伍三 1677 同論
 伍三 2025 論夬	 陸一 1441 以瀘論	 陸一 1444 論之	 陸一 1456 論之
 陸一 1461 以論	 陸一 1461 決論	 陸一 1614 論之	 陸一 1678 論報
 陸一 J37 論失者	 陸一 J40+J73–5 具論	 陸一 J40+J73–5 論之	 陸二 0175 論之
 陸二 2152 論之	 陸三 0123 論之	 陸三 0123 論之	 陸三 0123 論者
 陸三 0148 以盗律論	 陸三 1948 論之	 陸三 1993 當論者	 陸三 1993 論之
 陸三 2052 以論	 陸三 2100+2159 論獄	 陸四 1187 已論	 陸四 1781 當論
 陸四 1895 它論	 陸五 1644 +1648 +1653 論報	 陸五 1748 論之	 柒一 0485 論之

		 柒一 1042 督論	 柒二 0869 它論縣	 柒二 1080 縣已論	
議		 肆三 0549 丞相議	 肆三 0680 議	 伍一 0918 議	 伍一 0918 丞相議
		 伍一 1109 議	 伍一 1129 與議	 伍三 1924 議	 伍三 2141 議許
		 陸一 1464 議曰	 陸二 0130 議	 陸二 2145 議為	 陸四 1675 問議
		 柒一 0548 議	 柒一 0661 議	 柒一 0673 議	 柒一 0689 尉議
識		 柒一 0336 識之	 柒一 0402 以傳時識	 柒一 0402 識者	 柒一 0569 識之
		 柒一 0578 各自識	 柒一 0578 肆識	 柒一 0662 為識式	 柒一 0662 已識
		 柒二 0385+1637 遣識	 柒二 0869 遣識者		

訊

肆一 0797 謹訊

謹

肆一 0797 謹訊

肆二 1292 不謹

肆三 0671 謹禁

伍一 0963 謹案

伍一 1021 謹以

伍一 1026 謹布令

伍一 1103 謹守衛

伍一 1112 謹布令

伍一 1189+C4-1-9 謹以實

伍二 1087 謹布令

伍二 1729 皆謹

伍三 1912 謹簿

陸一 1154 謹布令

陸一 1356 謹以

陸二 0131 謹為職

陸二 1953 謹它時

陸二 2015 不謹

陸三 1510 必謹

柒一 0562 其謹

柒一 0569 不謹

柒一 0578 謹先

柒二 1631 謹封印

信

柒一 0374 上信

詔		 伍一 0899 受制詔	 伍一 1003 制詔	 伍一 1125 制詔	 伍三 1809 受詔
		 伍三 1809 中詔	 伍三 1857 受詔	 伍三 J22 詔	 陸一 1459 制詔
		 陸一 1622 詔獄	 陸一 1918 制詔	 陸一 1971 有詔	 陸五 1752 詔獄
		 柒二 1065 受詔			
諜		 肆一 1940 諜之	 肆三 0813 羣諜	 伍一 2059 郡諜	 陸三 1948 諜其留者
		 陸四 1152 諜之	 陸四 1152 各諜	 柒一 0382 坐諜	 柒一 0490 坐諜
		 柒二 1625 諜移			
訢		 陸一 1464 臣訢			

計	 肆 一 1974 計之	 肆 一 1981 計之	 肆 二 1240 計所官者	 肆 二 1240 計所官
	 肆 二 1258 計日	 肆 二 1296 計其官	 肆 二 1355 積計	 肆 二 1362 計所官
	 肆 二 1362 計之	 肆 二 1372 其計	 肆 二 1397 為計	 肆 三 0561 上計
	 肆 三 0805 上計	 肆 三 0813 上計	 伍 一 0968 至計	 伍 一 1024 與會計
	 伍 二 1685 各以計	 伍 三 1915 隨計	 伍 三 1986 計獻	 陸 一 1356 計之
	 陸 二 0117 為計者	 陸 二 2164 為計者	 陸 三 0179 上計	 柒 一 0346 與計偕
	 柒 二 1101 計籍			
詷	 伍 二 1729 詷讙			

謙	謙	 伍二1686 數謙問			
護	護	 陸一1449 調護之			
謝	謝	 肆二1225 謝于將吏			
謳	謳	 肆一2008 炊謳	 肆一2149 謳隸臣妾		
詣	詣	 肆一2045 弗詣	 肆一2045 復詣	 伍一1123 亟傳詣	 伍三J41 皆詣
		 陸一1357 亟詣吏	 陸一1433 詣吏	 柒一0463 皆傳詣	 柒一0585 詣吏者
		 柒二1080 亟傳詣	 柒二1137 輒詣		
謾	謾	 伍二1710 謾謂	 伍二1717 謾謂	 伍二1732 弗謾	

詐		 肆二 1365 詐僞	 陸四 1720 而詐	 陸四 1799 詐免	 陸四 1859 為詐
		 陸四 1866+J71-3 為詐			
誤		 肆二 1246+1395 為書而誤	 肆二 1246+1395 大誤	 伍一 C10-3-2-1 過誤狀	 陸二 0145 次誤
		 柒一 0154 讙誤			
訾		 肆二 1260 訾之	 伍三 1738 為訾者		
讙		 伍二 1729 調讙	 柒一 0154 讙誤		
諆		 伍三 1812 諆求			
訟		 肆三 0609 訟者	 伍二 1099 而訟	 伍二 1099 訟者	 陸二 1942 自訟

讚		 伍一1021 讚訊		
誶		 肆一2057 誶鄉部嗇夫	 肆一2057 令丞誶	 肆一2090 嗇夫誶
訶		 肆一1928 訶告	 肆一2045 訶告	
護		 伍一1019 在護中	 伍一1019 以益護求	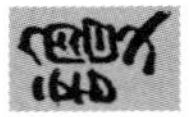 伍一1021 以護
誰		 肆二1405 相誰		
諜		 柒二1687 闌諜		
訞*		 伍一1017 行訞律	 柒二0397+0390 訞言	
訽*		 陸三2014 隶訽	 柒一2028 隶訽詈	

誘*	 伍一 0186 從誘	 伍一 0187 來誘者	 伍二 0187 其從誘者	 陸一 2065 從誘
譜*	 陸三 1993 制所譜	 陸三 1993 譜		

誩部

善	 肆二 1369 分善	 肆二 1372 善藏	 肆二 1393 善攻	 肆三 0525 善士
	 伍一 1125 不善	 伍一 1165 為善	 伍一 2156 稍善	 伍二 1615 善求請
	 伍三 1182 善為期	 陸三 0026 為善	 陸四 1788 善吏	 柒一 0562 非善
	 柒一 0578 善楮	 柒一 0674 善	 柒一 0879 不善	 柒一 0879 善以交
	 柒二 0397+0390 不善	 柒二 0397+0390 不善	 柒二 0868 不善	

音部

章

肆二 1398 章曰

伍二 1162 印章

伍二 1731 一章

陸四 1175 印章

辛部

童

肆一 2072 敖童

肆二 1232 小敖童

肆二 1236 敖童

肆二 1236 敖童

肆二 1294 敖童

肆二 1384 小童

陸四 1859 史學童

妾

肆一 0168 隸臣妾

肆一 1965 隸臣妾

肆一 1965 隸臣妾

肆一 1975 隸妾

肆一 2008 隸臣妾

肆一 2016 隸臣妾

肆一 2016 隸臣妾

肆一 2048 隸臣妾

肆一 2122 隸臣妾

肆二 1370 隸妾

肆二 1370 隸妾

肆二 1393 隸臣妾

肆二 1423 隸臣妾

肆三 0635 隸臣妾

伍一 1005 隸臣妾

伍二 1005 隸臣妾

伍一 1022 隸臣妾

伍一 1025 隸臣妾

伍二 1864 隸臣妾

伍三 1670 隸妾

伍三 1873 隸妾

丵部

對

伍二 1722 前對

伍二 1731 上對

伍二 1848 上對

陸四 1675 與對

菐部

僕

肆一 1992 僕

肆一 2132 僕

肆二 1260 僕

肆二 1264 僕

肆二 1264 令出僕入

肆二 1370 吏僕

肆二 1370 吏僕

伍三 1670 吏僕

𠬝部

丞 

 肆一 2057 令丞辟
 肆二 1224 丞
 肆二 1243 丞
 肆二 1249 縣丞

 肆二 1257 丞
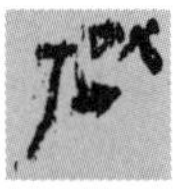 肆二 1285 丞印
 肆二 1285 丞
 肆二 1292 丞

 肆二 1293 丞
 肆二 1313 丞
 肆二 1355 丞
 肆二 1400 丞

 肆二 1410 丞
 肆三 0324 丞
 肆二 0520 丞相
 肆二 J46 丞

 肆三 0529 丞相
 肆三 0558 丞相
 肆三 0663 丞
 伍一 0831 丞

 伍一 0918 丞相
 伍一 0964 郡守丞
 伍一 0998+C10-4-13 丞相
 伍一 1129 丞相

 伍一 1132 令丞
 伍二 1151 丞印
 伍二 1161 丞印
 伍二 1161 若丞

 伍 二 1171 丞相	 伍 二 1174 守丞	 伍 二 1174 尉丞	 伍 二 1613 丞相
 伍 二 1620 令丞	 伍 二 1708 令丞	 伍 二 1889 令丞尉	 伍 二 1914 其丞
 伍 二 1914 守丞	 伍 三 0024 丞	 伍 三 1763 守丞	 伍 三 1780 丞令
 伍 三 1854 丞	 伍 三 2141 丞相	 伍 三 J41 丞相	 陸 一 1154 丞
 陸 一 1446 丞	 陸 一 1459 丞相	 陸 一 1461 丞相	 陸 一 1594 丞相
 陸 一 1918 丞相	 陸 二 0113 丞	 陸 二 0176 丞	 陸 二 2032 令若丞
 陸 二 2032 丞	 陸 二 2049 令若丞	 陸 二 2056 若丞	 陸 二 2127 内史丞
 陸 三 0769 丞弗得	 陸 三 2052 丞	 陸 四 1153 丞	 陸 四 1611 執灋丞

 陸四 1781 丞相	 陸四 1866+J71-3 丞相	 陸四 1872 丞相	 柒一 0346 丞相
 柒一 0370 丞相	 柒一 0379 丞相	 柒一 0382 梓潼丞	 柒一 0402 丞相
 柒一 0404 丞相	 柒一 0448-1+0448-2 丞前	 柒一 0463 丞相	 柒一 0484 尉丞
 柒一 0484 守丞	 柒一 0484 尉丞	 柒一 0484 尉丞	 柒一 0484 守丞
 柒一 0484 尉丞	 柒一 0556 丞相	 柒一 0568 丞相	 柒一 0569 令若丞
 柒一 0661 丞相	 柒一 0662 丞相	 柒一 1046 尉丞守	 柒二 0870 丞
 柒二 1624 丞			

戒

	 肆二 1228 已戒	 肆二 1372 戒其得	 伍一 0898 戒膠	 伍二 1797 盜戒

字頭	篆文				
兵		 陸一 1451 盜戒	 陸二 2157 齋戒	 柒二 1688 戒傳	
		 肆三 0640 糞兵	 伍二 1879 器兵	 陸一 1454 官兵	 陸一 1918 兵事
		 柒一 0562 挾兵曹	 柒一 0654 挾兵	 柒一 0654 挾它兵	 柒一 0676 挾它兵
		 柒一 0676 挾兵			
具		 肆二 1277 郵具	 肆二 1385 具律	 伍一 0963 不具者	 伍一 0963 易具
		 伍一 0998+C10-4-13 城旦舂具	 伍一 1009 具傳	 伍一 2059 不具	 伍二 1696 吏具
		 伍二 1707 令約具	 伍二 1712 具傳	 伍二 1737 不具	 伍二 1794+1856-1 具寫
		 伍三 2025 具傳	 伍三 J22 具以	 陸一 1971 必具	 陸一 J40+J73-5 具論

	陸四 1893 書已具
	柒一 0569 具盈廿日
	柒二 0869 具事
	柒二 1080 具事

共部

共	肆二 1373 共典
	肆三 0081 共令
	肆三 0316 共令
	肆三 0351 共令
	肆三 0465 共令
	肆三 0617 共令
	肆三 0690 共令
	伍一 1023 共作
	伍三 1926 共令
	陸一 J67-3+J70-2+J71-2+J66-3+J74-1 官共令
	陸二 0122-1+0122-2 共園
	陸二 0126 給共令
	陸二 0131 令共縣
	陸二 0132 共縣
	陸二 0176 共
	陸二 0176 共者
	陸二 2005 共令
	陸二 2018 共令
	陸二 2024 而共
	陸二 2032 尉共者
	陸二 2161 共令
	柒一 0364 共遣
	柒一 0365 給共

畀部

異

畀

伍一1024 分異

伍一1024 分異

伍二1613 縣異

伍二1683 縣異

陸二0131 別異

柒一0556 異遠

柒一0548 水道異

𠬝部

罨

肆一1928 罨之

肆一1928 罨皋

肆一1931 諸罨者

肆一1962 罨所

肆一1962 罨者

肆一1990 罨之

肆一2045 皆罨之

肆一2045 罨所

肆一2106 罨郡

肆一2123 罨者

肆二0994 罨之

肆二1226 罨之

肆二1233 罨皋

肆二1288 續罨

肆二1313 左罨

肆二1365 皆罨之

 肆二 1400 署之	 肆二 1425 其署	 肆三 0589 輸署	 伍一 0864 當署
 伍一 0864 別署	 伍一 0864 而署	 伍一 0966 署輸所	 伍一 1105 署輸蜀邑
 伍一 1112 署耐辠	 伍一 1119 署耐辠	 伍一 1123 當署	 伍一 1123 恒署所者
 陸一 1308+C5-2-3+1507 署之	 陸一 1481 署之	 陸一 1486-1+1486-2 署辠	 陸一 1486-1+1486-2 署
 陸三 1943 殺署其子	 陸四 1871 署辠	 柒一 0334 署輸蜀巴	 柒一 0334 署輸所
 柒一 0449 署耐以上	 柒一 0463 恒署所	 柒一 0480+C10.4-5-4 贖署	 柒一 0585 署其郡
 柒一 0585 恒署所	 柒一 0585 署未行	 柒一 0598 家署	 柒一 0598 其毋署
 柒一 0598 當署者	 柒二 0397+0390 有罪署者	 柒二 0850 以署	 柒二 1626 其署者

柒二 1627 自署耐以上

與

肆一 1946 與盜同灋

肆一 1965 各與其疑

肆一 1974 與盜同灋

肆一 1998 與同罪

肆一 2047 與盜同灋

肆一 2057 與鄉部嗇夫同罪

肆二 1236 令與粟事

肆二 1266 有與

肆二 1371 勿與

肆二 1409 必與

肆三 0520 恒與

肆三 0639 毋與

伍一 0864 相與

伍一 0967 論與同辠

伍一 1005 與盜同灋

伍一 1014 與同辠

伍一 1023 相與

伍一 1024 與盜同灋

伍一 1037 與盜同灋

伍一 1107 相與奸者

伍一 1108 所與奸者

伍一 1108 皆與

伍一 1113 與盜同灋

伍二 1086 與盜同灋

伍二 1164 與盜同灋

伍二 1167 與盜同灋

伍二 1603-1+1603-3 與盜同灋

伍二 1710 弗與

興

伍二1731 復與

伍二1789+1804 與内史

伍二1813 與同皋

伍二1855 與同皋

伍三1677 所與

伍三1766 與同皋

伍三1787 與封

伍三1806 與盗同灋

伍三1919 與捕

陸一1448 與同皋

陸一1454 多與

陸一1456 諸與

陸一1456 强與人奸

陸一1483 與盗同灋

陸一1956 與盗出禁

陸二0132 與它官

陸二0176 與一尉共

陸二2127 與卒

陸三0770 若與

陸三1963 弗與

陸三2051 與盗同灋

陸三2119+2110 與盗

柒一0449 與居

柒一0569 與尉

柒一0662 與其官

柒一0675 及與

柒一0675 及與

柒二1630 與盗同灋

肆二0798 興律

肆二1228 興律

肆二1232 興繇

肆二1232 興繇

肆二 1267 歲一興	伍二 1295 興有爵
肆二 1269 乃興	肆二 1376 有興
肆二 1269 興黔首	肆二 1393 盡興
肆二 1294 擅興	伍二 1792 非從興

晨部

農

字頭	出處
農	肆二 1306 歸田農

革部

革

字頭	出處
革	陸一 1956 皮革

勒

字頭	出處
勒	陸四 1160 毋勒；陸四 1160 勒書

輪*

字頭	出處
	柒二 1065 及輪

字頭					
鞫*		 肆一 1976 其獄未鞫	 肆一 2087 鞫	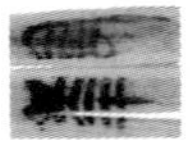 伍二 1707 鞫審	 陸一 1445+1441-2 一鞫
		 陸四 1676 一鞫	 柒二 1059 气鞫		

爪部

字頭	小篆				
為	爲	 肆一 0168 為隸臣妾	 肆一 0797 籓其所為	 肆二 1226 為里人盜	 肆二 1226 而為占貲
		 肆二 1226 黥為城旦	 肆二 1228 當為求盜	 肆二 1229 為人	 肆二 1259 以為
		 肆二 1264 以為	 肆二 1273 為它事	 肆二 1279 為人就載	 肆二 1285 先為
		 肆二 1291 為典	 肆二 1291 為它里	 肆二 1291 為典	 肆二 1299 為除戍
		 肆二 1300 皆為傳	 肆二 1300 為質	 肆二 1404 為期日	 肆二 1411 謹為

 肆三 0317 為事	 肆三 0353 為吏	 肆三 0466 益為門者	 肆三 0559 新為
 肆三 0624 更為	 肆三 0658 可為	 肆三 0658 為傳	 伍一 0897 以為庶人
 伍一 0898 其為	 伍一 0968 為㝡	 伍一 1003 為城旦舂	 伍一 1010 而為
 伍一 1012 不為舍人	 伍一 1018 為官	 伍一 1025 相仁為兄	 伍一 1033 為盜
 伍一 1113 故為	 伍一 1114 耐為	 伍二 0833 為枉事	 伍二 1162 為檢
 伍二 1167 為枉事	 伍二 1596 為閒	 伍二 1669 為私利	 伍二 1707 而為
 伍二 1710 弗為請	 伍二 1711 弗為	 伍二 1717 弗為請	 伍二 1736 為取就
 伍二 1737 以為恒	 伍二 1782 敢為	 伍二 1786 為根	 伍二 1792 來為閒

 伍二 1792 今為令	 伍二 1813 皆為	 伍二 1813 完為	 伍二 1855 完為
 伍二 1877 為亡事	 伍二 1914 為新地吏	 伍二 2151 以為	 伍二 2151 斬為
 伍三 1177+C10-3-10 耐為	 伍三 1182 善為期	 伍三 1670 為吏僕	 伍三 1677 為人捕
 伍三 1738 以為妻	 伍三 1738 為訾者	 伍三 1764 為人	 伍三 1779 為炊
 伍三 1809 為可	 伍三 1865 令為	 伍三 1886 為大	 伍三 1873 為隸妾
 伍三 1882 以為	 伍三 J38 為新地吏	 伍三 J41 為致書	 陸一 1431 不為
 陸一 1158 為膠	 陸一 1158 為敢賣	 陸一 1447 諸為	 陸一 1450 為符官
 陸一 1476 為符	 陸一 1477 敢為人	 陸一 1678 及為	 陸二 0131 謹為職

 陸二 1938 以為恒	 陸二 2015 有弗為	 陸二 2015 辜為	 陸二 2015 匠為者
 陸二 2015 完為	 陸二 2145 諸為	 陸二 2163 以為便	 陸二 2164 為宮室
 陸二 2164 為計者	 陸三 0026 為善	 陸三 0133 免為	 陸三 0133 為庶人
 陸三 1963 弗為	 陸三 2014 黥為	 陸四 1175 為檢令	 陸四 1800 為辤
 陸四 1721 有為此	 陸四 1720 故為它	 陸四 1807 惡為吏	 陸四 1799 避為吏者
 陸五 1644 +1648 +1653 及為	 柒一 0371 為叚守	 柒一 0375 當為	 柒一 0377 為解爵
 柒一 0382 為吏	 柒一 0404 為所以	 柒一 0404 欲為	 柒一 0484 為叚
 柒一 0484 為叚	 柒一 0568 為縣	 柒一 0653 為緹夫	 柒一 0662 為識式

柒一 0684 以為貸

柒一 0733 及為

柒一 1046 為叚尉

柒一 J21 自為除

柒二 0397+0390 若為

柒二 0462-2 以為

柒二 0868 為不善

柒二 0868 若為不

柒二 1048 為新地

柒二 1074 以為勢

柒二 0875 為一廡

柒二 2046 及為

柒二 2046 為新地吏

丮部

埶

陸二 2145 地埶

又部

父

肆一 1980 父母

肆一 1980 父母

肆二 1231 父

肆三 0557 父母

		 伍 一 0918 父母	 伍 一 1025 不同父	 伍 一 1165 父母	 伍 一 1935 父母
		 伍 二 1597 父母	 伍 二 1621 父若母	 伍 三 1884 父母	 伍 三 1884 父母
		 陸 三 0188 父母	 陸 三 0770 父母	 陸 三 1994 父母	 陸 三 2119+2110 父母
		 陸 四 1871 父母	 柒 一 0450 父母	 柒 一 0660 父母	
夫		 伍 一 0963 言夫	 伍 一 1006 奏夫	 伍 一 1007 奏夫	 伍 一 2097 以夫
		 伍 一 2168 上夫	 伍 三 2025 論夫	 陸 四 1187 論夫	 柒 二 1065 毋夫
		 柒 二 1079 夫矣			
及		 肆 一 0170 得及自出	 肆 一 1932 去亡及不會	 肆 一 1980 及奴婢	 肆 一 1980 及告殺

 肆一 1980 奴婢及子	 肆一 1981 及當踐更者	 肆一 1981 及當踐	 肆一 1983 及杖之
 肆一 1984 及典	 肆一 1989 筥及除	 肆一 2016 得及自出	 肆一 2037 及
 肆一 2048 收及	 肆一 2072 及所匿	 肆一 2085 巧及勞	 肆一 2045 及罪人
 肆一 2106 郡及襄武	 肆一 2106 及署郡	 肆一 2132 及人僕	 肆二 0350 人及償
 肆二 0793 及雨不作	 肆二 0798 及弗告	 肆二 0798 及	 肆二 1226 及雖弗見
 肆二 122 吏及佐	 肆二 1227 死亡及故	 肆二 1232 繇及車牛	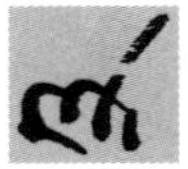 肆二 1232 及興繇
 肆二 1232 及擅傳	 肆二 1234 及諸亡	 肆二 1234 奔書及亡	 肆二 1237 及圜檟
 肆二 1240 及衣數	 肆二 1242 及	 肆二 1246+1395 及為書	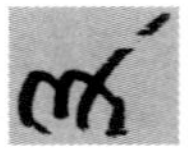 肆二 1248 及

肆二 1255 及都官

肆二 1255 及諸

肆二 1269 及徒

肆二 1269 及其

肆二 1284 及買菽者

肆二 1277 及斧

肆二 1278 及有逋

肆二 1279 及禁

肆二 1279 及為人

肆二 1286 買及賣

肆二 1288 及賈錢

肆二 1288 見及或告

肆二 1291 及

肆二 1294 及毋敢

肆二 1294 及不從車牛

肆二 1304 及留

肆二 1305 及署于牒

肆二 1305 及繇

肆二 1352 為吏及宦

肆二 1352 及使

肆二 1354 及自出

肆二 1371 及冗官者

肆二 1378 及不得

肆二 1392 及吏留

肆二 1397 及典

肆二 1397 及死亡者

肆二 1423 及當戍

肆二 J57 令及責券

肆三 0317 及令

肆三 0325 郡及關外

肆三 0326 責及司寇

肆三 0519 及它物

 肆三 0521 及它器	 肆三 0525 及予者	 肆三 0529 及出者	 肆三 0559 及屬
 肆三 0634 及予	 肆三 0638 償及貸	 肆三 0638 及吏	 肆三 0698 及禾之
 肆三 J44 及當戍	 伍一 0895 及其	 伍一 0895 及有	 伍一 0918 及親所
 伍一 0968 及毄者	 伍一 1003 及毚能行	 伍一 1005 及工	 伍一 1013 及雖弗見
 伍一 1016 及雖弗見	 伍一 1023 及	 伍一 1028 及其子	 伍一 1037 及它物
 伍一 1107 及	 伍一 1113 及	 伍一 1123 及行有告	 伍一 1124 及雖不亡
 伍一 1132 縣官及	 伍二 1142 及乘車吏	 伍二 1167 及其	 伍二 1596 及來
 伍二 1596 及舍者	 伍二 1620 及其	 伍二 1692 及罷	 伍二 1692 及有令

 伍二 1708 及舍者	 伍二 1710 及所智	 伍二 1712 及具署	 伍二 1723 少及多
 伍二 1732 及弗謾	 伍二 1732 及有	 伍二 1758 及壅塞	 伍二 1783 及所智
 伍二 1792 及道	 伍二 1815 及有	 伍二 1862 及	 伍二 1880 及所以
 伍二 1906 及得傳	 伍二 J27 及上書	 伍三 1155 及病	 伍三 1182 及縣官
 伍三 1182 及竊去	 伍三 1670 及女子	 伍三 1763 及其丞	 伍三 1764 及吏徒
 伍三 1809 及上書	 伍三 1865 及	 伍三 1874 及守吏	 伍三 1885 及都官
 伍三 1924 及乘褚	 伍三 J35+J34 及它官	 陸一 1431 得及	 陸一 1433 及已聞
 陸一 1445+1441–2 及皆	 陸一 1452+C5–9–1 及士吏	 陸一 1456 及囚奸	 陸一 1477 及吏徒

	 陸一 1158 及買人	 陸一 1622 及曰詔獄	 陸一 1678 及傅	 陸一 J62–2 及將吏
	 陸二 0132 及簪	 陸二 2015 及主者	 陸二 2023 及吏坐者	 陸二 2092 及謁者
	 陸二 2092 及求之	 陸二 2093 及寺舍	 陸二 2145 及長垣	 陸二 J73–3+J03 及丞
	 陸三 0156 及有	 陸三 1937 及其	 陸三 1963 及有	 陸三 1993 及上書
	 陸三 2052 及其當	 陸三 2121 及其	 陸四 1675 及上年	 陸四 1781 及斷
	 陸四 1800 及亦	 陸四 1808 及有	 陸四 1799 及吏	 陸四 1895 及皆
	 陸五 1644 +1648+1653 及為	 陸五 1703 及書	 柒一 0302 及初	 柒一 0370 及數
	 柒一 0371 及守吏	 柒一 0378 及當為	 柒一 0389 及郡	 柒一 0446 及當戍

柒一 0449 及有罪

柒一 0449 弟及子

柒一 0480+C10.4-5-4 及其

柒一 0484 及行尉事

柒一 0490 及節

柒一 0491 及有

柒一 0569 及予

柒一 0578 及所以

柒一 0683 及吏

柒一 0683 及責

柒一 0684 及操土攻

柒一 0706+0694 及列

柒一 0710 及拜後

柒一 0733 及為

柒一 0750+C10.1-2-2 及罰戍

柒一 1042 及弗智

柒一 1042 及弗

柒二 1056 及皆

柒二 1076 使及

柒二 1080 及具事

柒二 1082 及其

柒二 1138 及遣

柒二 1623 及麗邑

柒二 1625 及奏移

柒二 1635 及令

柒二 C10.4-7-1 及收人

反

肆三 0669 從反者

伍一 1003 反者

伍一 1018 反盗

伍二 1596 周反

伍二 1792
城邑反

伍二 1813
欲反

伍二 1849
城邑反

伍三 1761
反易

陸一 C4.1-1-1
反者

叔

柒二 1053
粟叔

取

肆一 1985
取罪人

肆一 2012
取過五日

肆二 1298
取代者

肆二 1386
各取

肆二 J43
必取

肆三 0640
取省以令

伍一 1105
及取

伍一 2097
取殿一郡

伍二 1099
取婦嫁女

伍二 1736
為取就

陸四 1890
取急用

柒一 0550
盜取

柒一 C1-3-1
取荆

柒二 1632
亟載取

段

肆二 J54
鬻段

伍一 0895
段賃貣

伍一 1113
段賃費

伍二 1164
段

	伍三 1732 段貢 ／ 伍三 1815 段貸 ／ 伍三 1779 段人 ／ 伍三 1867 段代
	伍三 1917 段廷史 ／ 陸一 1463 移甲段 ／ 陸一 1463 段毆 ／ 陸三 2051 段
	陸三 2100+2159 段 ／ 柒一 0371 為段守 ／ 柒一 0374 段守 ／ 柒一 0484 為段
	柒一 0556 段守 ／ 柒一 0661 段尉 ／ 柒一 1046 為段尉
度	柒一 0487 度

𠂇部

卑	肆二 1300 奴卑 ／ 肆二 1301 奴卑 ／ 肆二 J42 奴卑

史部

史

 肆二 0914 均卜史
 肆二 1224 令史
 肆二 1249 尉史
 肆二 1257 尉史

 肆二 1258 獄史
 肆二 1265 令史
 肆二 1266 內史褋律
 肆二 1285 令史

 肆二 1291 尉史
 肆二 1292 尉史
 肆二 1296 內史褋律
 肆二 1313 令史

 肆二 1313 尉史
 肆二 1355 令史
 肆二 1376 尉史
 肆二 1400 令史

 肆二 1428 令史
 肆三 0316 內史
 肆三 0324 令史
 肆三 0351 內史

 肆三 0520 御史
 肆三 0523 史
 肆三 0529 令史
 肆三 0558 御史

 肆三 0559 獄史
 肆三 0559 獄史
 肆三 0587 內史
 肆三 0640 卒史

 肆三 0663 令史
 肆三 0680 令史
 肆三 0698 御史
 肆三 1918 御史

 伍一 0968 御史	 伍一 0998+C10-4-13 御史	 伍一 1003 御史	 伍一 1018 佐史
 伍一 1028 御史	 伍一 1132 令史	 伍一 2059 御史	 伍一 2059 御史
 伍二 1099 内史律	 伍二 1161 卒史	 伍二 1161 御史	 伍二 1613 御史
 伍二 1689 卒史	 伍二 1689 佐史	 伍二 1772 令史	 伍二 2013 獄佐史
 伍三 0024 令史	 伍三 1664 獄史	 伍三 1761 臣史	 伍三 1763 長史
 伍三 1768 令史	 伍三 1779 内史	 伍三 1780 令史	 伍三 1780 内史
 伍三 1787 獄史	 伍三 1802 令史	 伍三 1854 令史	 伍三 1899 卒史
 伍三 1917 廷史	 伍三 1926 内史官	 陸一 1438 御史	 陸一 1461 御史

 陸一 1918 御史	 陸二 0122-1+0122-2 內史	 陸二 2092 御史	 陸二 2127 內史丞
 陸二 2162 令史	 陸二 2163 御史言	 陸三 1993 御史請	 陸四 1872 御史
 陸四 1176 令史	 陸四 1866+J71-3 卒史	 陸四 1807 不入史	 陸四 1810 泰史
 陸四 1859 史學童	 柒一 0370 御史	 柒一 0414＋0361 尉史	 柒一 0501 佐史
 柒一 0501 爵史者	 柒一 0568 內史書	 柒一 0654 令史	 柒一 C10.3-2-3 佐史
 柒二 1050+1050（2） 御史	 柒二 1072 臣史	 柒二 1624 吏卒史	 柒二 1634 卒史
 柒二 2095 御史			

事

 肆一 2072 弗事	 肆二 1236 令與粟事	 肆二 1257 邑中事	 肆二 1273 它事

 肆二 1293 未當事	 肆二 1401 縣官事	 肆三 0317 為事	 肆三 J44 從事
 伍一 1008 比行事	 伍一 1009 比行事	 伍一 1014 事已行	 伍一 1014 事故
 伍一 1114 未可事	 伍一 1165 事父母	 伍一 1165 事兄姊	 伍二 0833 枉事
 伍二 1146 獄事	 伍二 1692 不事從	 伍二 1692 不事	 伍二 1697 枉事
 伍二 1697 獄事	 伍二 1710 獄事	 伍二 1711 枉事	 伍二 1711 枉事
 伍二 1783 獄事	 伍二 1879 給事	 伍三 1170+1172 給事	 伍三 1182 其事
 伍三 1809 言事	 伍三 1850 言事	 伍三 1865 不視事	 伍三 1917 縣官事
 陸一 1918 兵事	 陸二 0120 給事	 陸二 1987 祠大事	 陸二 2163 從事

陸三 0123 事故

陸三 1937 為枉事

陸三 1963 枉事

陸三 1963 獄事

陸四 1160 其事

陸四 1187 田事

陸四 1781 為事

陸四 1721 不事田

柒一 0333 言事

柒一 0336 疇事者

柒一 0364 言事

柒一 0371 行尉事

柒一 0451 老事守

柒一 0484 行尉事

柒一 0675 行尉事

柒一 0675 從事者

柒一 0677 從事

柒一 1042 未習事

柒二 0385+1637 具事

柒二 0461–1+0461–2 有事

柒二 0869 具事

柒二 1078 令其事

柒二 2079 其事

柒二 2115 言事

聿部

肆

柒一 0578 肆識具

聿部

書

 肆二 0798 諸書

 肆二 0798 署報書

 肆二 1225 以書

 肆二 1225 為書

 肆二 1234 奔書

 肆二 1234 奔書

 肆二 1241 書其厚焉

 肆二 1246+1395 為書

 肆二 1271 書有亡者

 肆二 1305 券書

 肆二 1355 券書

 肆二 1372 書其

 肆二 1377 行書律

 肆二 J42 帛書

 肆二 J43 書到

 肆三 0016 以書

 肆三 0523 牒書

 肆三 0640 書署

 伍一 0968 牒書

 伍一 1010 制書

 伍一 1037 學書吏

 伍二 1162 書當

 伍一 1165 牒書

 伍二 1173 恒署書

 伍二 1683 書其告

 伍二 1729 書之

 伍二 1731 書過

 伍二 1731 卻書

 伍二 1759 署書	 伍二 1805 行書	 伍二 1848 請書	 伍三 0107 牒書
 伍三 1761 即為書	 伍三 1809 上書	 伍三 1850 上書	 伍三 1919 書史
 伍三 2141 治書	 伍三 J41 致書	 陸一 1438 留書	 陸一 1476 以書告
 陸一 1678 制書	 陸二 2092 以書	 陸二 2128 來書	 陸三 0026 牒書
 陸三 0105 布大書市	 陸三 1993 上書者	 陸四 1152 郵書	 陸四 1175 書檢
 陸四 1160 書以	 陸四 1160 勒書郡名	 陸四 1187 牒書	 陸五 1752 制書
 陸五 1703 及書	 柒一 0333 上書	 柒一 0364 上書	 柒一 0556 書言
 柒一 0568 內史書	 柒一 0660 書志	 柒一 0661 書言	 柒二 1097 書

柒二 1631
完其書封

柒二 1633
上書

柒二 1633
制書

柒二 1633
書毆

柒二 1972
上書

畫部

畫

陸二 0117
匠書

陸二 2164
畫圖

隶部

隸

肆一 0168
隸臣妾

肆一 0187
隸臣妾

肆一 0782
隸臣

肆一 2008
隸臣妾

肆一 2016
隸臣妾

肆一 2048
隸臣妾

肆一 2085
工隸隱官

肆二 1267
徒隸

肆二 1370
隸妾

肆二 1370
隸臣

肆二 1393
隸臣妾

肆三 0635
隸臣妾

肆三 0652 徒隸

伍一 1005 隸臣妾

伍一 1005 隸臣妾

伍一 1025 隸臣妾

伍一 1033 隸臣

伍一 1109 隸臣

伍二 1596 隸臣

伍三 1177+C10-3-10 隸臣

伍三 1704 徒隸

伍三 1873 隸妾

伍三 1919 隸臣

柒二 0400 隸亡

柒二 0869 隸官

臤部

堅

伍二 1162 堅約之

陸四 1175 堅約之

臣部

臣

肆一 0168 隸臣妾

肆一 0187 隸臣妾

肆一 0782 隸臣

肆一 1965 隸臣妾

臧

肆一 1946
坐通錢財臧

肆一 1947
臧數

肆二 1402
臧不盈

伍一 1113
貴賦之臧

柒二 1072
臣史

陸四 1807
臣聞

陸四 1859
臣眛死請

柒一 0481
臣縮

柒一 0660
隸臣

伍三 1766
臣史

伍三 1919
隸臣

陸一 1464
臣訢

陸三 0133
隸臣

伍一 1033
隸臣

伍二 1596
隸臣

伍二 1928
臣史

伍三 1177+C10–3–10
隸臣

肆二 1423
隸臣妾

肆三 0635
隸臣妾

伍一 1005
隸臣妾

伍一 1022
隸臣妾

肆一 2048
隸臣妾

肆二 1256
隸臣妻

肆二 1362
隸臣

肆二 1393
隸臣妾

肆一 1965
隸臣妾

肆一 1975
隸臣

肆一 2008
隸臣妾

肆一 2016
隸臣妾

 伍二 1851 予臧

 伍三 1854 固臧

 陸一 1450 物臧

 陸二 0132 異臧

 陸三 0098 勿予臧

 陸三 0123 以臧

 陸三 0148 以臧

 柒二 2064-1 即臧

殳部

毄

毄（小篆）

 肆一 0185 毄城旦舂

 肆一 1996 皆毄

 肆一 2080 有毄

 肆一 2091 毄六歲者

 肆一 2091 毄八歲

 肆一 2091 毄十歲

 肆二 0060 毄城旦舂

 伍二 1686 捕毄

 陸一 1448 毄者

 陸一 1456 與毄者

 陸一 1456 主毄者

 陸一 1463 毄治者

 陸三 1994 捕毄

毆

毆（小篆）

 肆一 1980 毆詈

 肆一 1980 毆

 陸三 2014 毆主母

殿

伍一 0831 殿者

伍一 2097 取殿

伍一 2097 為殿

陸二 2015 殿垣

毆

肆一 0169 其自出毆

肆一 1928 其臣史毆

肆一 1976 而自出毆

肆一 2009 自出毆

肆二 1255 利毆

肆二 1286 買及賣毆

肆二 1289 其賣毆

肆二 1289 有賣毆

肆二 1372 相就毆

肆三 0524 久刻毆

肆三 0557 責毆

伍一 1003 嬰兒毆

伍一 1022 白粲毆

伍一 2168 匿之毆

伍二 1696 舍吏毆

伍二 1707 奏毆

伍二 1718 縈卻毆

伍二 1792 非從興毆

伍二 1928 臣史毆

伍二 J27 有言毆

伍三 1677 為人捕毆

伍三 1809 有治毆

伍三 1854 可案毆

陸一 1458 都治毆

陸一 1678 撟制毆

陸二 2092 易得毆

陸三 0135 當收者毆

陸三 0135 罪毆

段

段

陸三 1993
有言毆

陸三 2119+2110
其父母毆

陸四 1788
善吏毆

陸四 1808
而不毆

陸四 1808
甚非毆

陸四 1895
犯令毆

柒一 0367
新地吏毆

柒一 2028
毆笞

柒二 1633
書毆

柒二 1642
當毆

柒一 0376
尉段言

柒一 0579
如段言

殺部

殺

殺

肆一 1980
投殺父母

肆一 1980
投殺

肆一 1980
殺傷

肆一 1980
奴婢殺傷

肆一 1980
告殺

伍一 2156
殺人

陸一 1448
有殺傷

陸三 1943
殺署

柒一 0345
殺者

寸部

字					
寸		 肆二1229 五寸	 肆二1252 五寸符	 肆二1279 五寸	 肆三0531 八寸
		 肆三0531 二寸	 伍二1729 半寸	 伍二1729 一寸	 伍二1729 二寸
		 伍二1814 寸一	 伍二1848 寸一	 柒一0380 七寸者	 柒一0394 七寸者
寺		 肆一0782 寺車府	 肆一1975 寺車府	 伍三1670 寺舍	 陸二2145 寺舍
		 陸二2153 寺舍	 柒一0404 寺御器	 柒一0404 寺御器	
將		 肆一1945 將陽	 肆一1989 將陽	 肆一1996 將司	 肆一1997 將司
		 肆二1225 將吏	 肆二1305 將陽	 肆二1369 置將吏	 肆二1393 將牛者

肆二 1421 當將

肆二 1421 將城旦舂

肆二 1423 不足以將

肆二 1423 隸臣妾將

伍一 0964 將計者

伍一 1124 將吏

伍二 1864 將吏

伍三 1765 謹將

陸一 1462 毋將吏

陸一 J62–2 將吏

陸二 0175 將賜吏

陸二 2015 官嗇將

柒二 0461–1+0461–2 吏將

部

皮

陸一 1956 皮革

陸一 1956 皮革

部

啟

陸一 1464 丞相啟

故

故

 肆一 1959 故徼	 肆一 2072 物故	 肆二 1227 死亡及故	 肆二 1253 署其故
 肆二 1276 其故田宇	 肆二 1290 故徼縣	 肆二 1417 故徼外	 肆二 1423 故徼
 肆二 1423 有故	 肆三 0466 故同里	 肆三 0752 如故	 肆三 J44 故徼
 伍一 0895 故貴賦	 伍一 0960 比故	 伍一 0967 除其故令	 伍一 1013 故黔首
 伍一 1028 比故	 伍一 1029 故趙將軍	 伍一 1113 故為	 伍一 1124 故徼外律
 伍二 1146 故受	 伍二 1605+1617 所治之故	 伍二 1661 故官	 伍二 1685 故吏
 伍二 1697 故受	 伍二 1710 故受	 伍二 1717 故受	 伍二 1723 而故
 伍二 1731 為故	 伍二 1783 故受	 伍二 1792 故塞	 伍二 1815 而故

數

	 伍二 2013 故徼	 伍三 1812 故而	 伍三 1924 物故	 陸一 J29+J64-3 以作暑故
	 陸二 1942 故而	 陸三 0123 事故	 陸三 0133 故吏	 陸三 1943 妻故告
	 陸三 1963 故受	 陸三 2100+2159 以其故	 陸四 1800 固故有	 陸四 1720 故為它
	 柒一 0382 故秩	 柒一 0383 故徼者	 柒一 0491 而嘗戍故	 柒一 0710 故爵
	 柒二 0399 其故	 柒二 0399 故末	 柒二 1624 故吏	
數	 肆一 0169 日錢數	 肆一 2047 錢數	 肆一 2090 吏數者	 肆二 1242 所為日數
	 肆二 1248 塞數	 肆二 1248 用徒數	 肆二 1294 徒數	 肆二 1386 行繇數徒
	 肆三 0466 數里	 伍一 0968 人數	 伍一 1037 錢數	 伍一 1125 數歲

更		 伍二 1686 數謙問	 伍二 1737 同數	 伍二 1906 數者	 伍三 1091 數令
		 伍三 1155 留日數	 伍三 1691 數于傳	 陸一 1445+1441−2 數人	 陸二 2024 數處
		 陸二 2128 名數者	 陸三 1994 數謙問	 陸三 2051 其息之數	 陸三 2119+2110 其息之數
		 陸四 1675 日數	 陸四 1871 數者	 柒一 0370 及數	 柒一 0506 戍數
		 柒一 0684 數署所			
		 肆一 1974 踐更日	 肆二 1235 不更	 肆二 1247 不更	 肆二 1255 不更
		 肆二 1299 月更	 肆二 1299 一更	 肆二 1376 更置	 肆三 0326 踐更者
		 肆三 0587 踐更	 肆三 0624 更為	 伍一 1114 不更	 伍一 0999 更論之

（更）

伍三 0107
不更

陸一 J37
更論

陸二 0130
更盛

陸二 0132
更器

陸二 2024
更駕所

陸二 2032
更駕

陸二 2131
更駕所

柒一 0380
更戍

敵

伍一 1014
彼陳去敵律

赦

伍一 0898
免赦

伍二 1786
赦令

敦

伍一 1124
敦長

陸一 1311
移敦人

陸一 1446
敦長

敗

伍一 2156
壞敗

陸二 0130
臭敗

柒一 0548
敗絶

柒一 0556
敗絶

鼓

柒一 0402
鼓人

攻

肆二 1245
攻令

肆三 0520
上攻

肆三 0592
上攻

肆三 2148
上攻

牧

伍二1914　各一攻

柒二1634　各一攻

牧（篆）

伍一0962　盜牧

敎部

教

敎（篆）

伍三1761　有教

伍三1986　令教

學

肆一2016　學子

肆一2149　虜學炊

伍一1037　學書吏

伍三1774　學佴

陸四1859　史學童

卜部

卜

卜（篆）

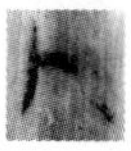
陸二2154　卜祝酎

占

肆一 2090 占者

肆一 2090 莫占

肆二 1226 而為占質

肆二 1262 自占

伍二 1728 占吏

用部

用

肆二 0349 衣用

肆二 0914 衣用

肆二 1237 壹用

肆二 1248 用徒數

肆二 1273 用積徒數

肆二 1289 不用

肆二 1296 不用者

肆二 1296 如用者

肆二 1376 用之

肆三 0352 復用

肆三 0561 皆用

肆三 0681 復用

伍一 1009 其所用

伍二 1166 不用

伍二 1722 用疏者

伍二 1876 急用者

伍二 1905 不用

伍三 1761 不用

伍三 1764 不用

伍三 1886 不用

庸

肆一 1992
庸

肆二 1298
庸代人者

伍一 0918
勿庸

陸三 0189
庸吏

第四卷　目部

相

	 肆三 0525 相責	 肆三 0529 丞相	 肆三 0680 相監	 肆三 0680 相褋監
	 伍一 0864 相與	 伍一 0918 丞相	 伍一 0961 相除	 伍一 0998+C10-4-13 丞相
	 伍一 1001-1+1020 丞相	 伍一 1023 相與	 伍一 1023 亟相與	 伍一 1024 相去
	 伍一 1024 相去	 伍一 1024 身相予	 伍一 1025 相仁	 伍一 1107 相為
	 伍一 1107 相與奸者	 伍一 1129 丞相	 伍二 1613 丞相	 伍三 1766 相伍
	 伍三 2141 丞相	 伍三 J41 丞相	 陸一 1438 相逮	 陸一 1445+1441-2 相遝
	 陸一 1459 丞相	 陸一 1461 丞相	 陸一 1918 丞相	 柒一 0346 丞相言

柒一 0370
丞相

柒一 0377
相為解爵

柒一 0402
丞相

柒一 0404
丞相

柒一 0556
丞相

柒一 0568
丞相

柒一 0661
丞相

督

陸一 1902+C8-1
督治覆

柒一 1042
督論

眛

陸四 1859
眛死請

盱*

柒一 0487
盱廿人

睆*

肆二 1371
睆老

伍二 1692
睆老

伍二 1692
睆老

柒一 0682
年睆老

 部

省

肆三 0640
省以令

盾部

盾

盾

肆一 1940 一盾

肆一 1979 背一盾

肆一 1990 一盾

肆一 2057 一盾

肆一 2090 背一盾

肆一 2158+1958 背一盾

肆二 1246+1395 一盾

肆二 1290 一盾

肆二 1290 背一盾

肆二 1293 一盾

肆二 1355 一盾

肆二 1398 一盾

肆三 0663 一盾

伍二 1621 一盾

伍二 1805 一盾

伍三 0059 一盾

陸一 1154 一盾

陸一 J23 一盾

陸二 2162 一盾

陸三 2052 一盾

陸四 C8-5-2+1726 一盾

柒一 0374 一盾

柒二 1147 一盾

自部

自				
𦣹	 肆一 0170 自出	 肆一 0187 自十四歲	 肆一 0797 自出者	 肆一 1962 罪自
	 肆一 1976 自出	 肆一 2009 自出毆	 肆一 2016 自出	 肆一 2033 自出
	 肆一 2035 自出	 肆一 2039 自出毆	 肆一 2060 自出律	 肆一 2081 自出
	 肆一 2086 自出	 肆一 2087 自出	 肆一 2117 自歸	 肆一 2117 自出
	 肆二 0793 自食	 肆二 1235 自給者	 肆二 1255 自不更	 肆二 1287 自泰庶長
	 肆二 1290 自五日	 肆二 1305 自一日	 肆二 1354 自出	 肆二 1373 自井户
	 肆三 0634 自告	 伍一 0857+0871+0866 自言	 伍一 0857+0871+0866 不自言	 伍一 0899 自今
	 伍一 0962 自今以來	 伍一 1001−1+1020 自吾	 伍一 1005 自出	 伍一 1007 自受

 伍一 1017 自今以來	 伍一 1018 自佐史	 伍一 1103 自請	 伍一 1114 自食
 伍二 1086 自言	 伍二 1605+1617 自今	 伍二 1683 自告	 伍二 1696 自今
 伍二 1786 自今	 伍二 1862 自除	 伍三 1182 自一日	 伍三 1183 自占
 伍三 1671 自爵	 伍三 1690 自言	 伍三 1691 自言	 伍三 1694 自佐
 伍三 1779 自炊	 伍三 1850 皆自	 伍三 1857 自今	 伍三 1922 自爵律
 伍三 J41 自言	 伍三 J41 自言	 陸一 0196 自當	 陸一 1431 自出
 陸一 1444 自爵皐	 陸一 1463 或自	 陸一 1478 自今	 陸一 1594 自今
 陸一 1678 自今	 陸一 1971 自今	 陸一 J23 自得之	 陸二 0132 自今

 陸二 1942 自訟	 陸三 1948 自今	 陸三 2052 自今	 陸三 2103 自今
 陸三 2119+2110 自言吏	 陸四 1184 田自食	 陸四 1721 自溉	 陸四 1788 自便
 陸四 1798 自言	 陸四 1799 自□	 陸五 1751 自告	 柒一 0348 自捕
 柒一 0378 自今	 柒一 0404 自今	 柒一 0490 自今	 柒一 0550 自今
 柒一 0578 各自	 柒一 0673 自食	 柒一 0683 自千錢	 柒一 0710 以自除
 柒一 J21 自為除	 柒一 C10.3-1-1 自今以來	 柒二 0339 自當	 柒二 0859-1+0859-2 自今
 柒二 0869 自	 柒二 1051-1 自佐	 柒二 1055 自今	 柒二 1065 自今
 柒二 1627 自署耐	 柒二 2115 自今		

白部

皆 

 肆一 0186 皆畀主	 肆一 1930 皆以	 肆一 1941 皆不	 肆一 1959 皆畀主
 肆一 1974 皆與盜	 肆一 1981 皆以	 肆一 1996 皆般	 肆一 2008 皆復
 肆一 2042 皆貲	 肆一 2045 皆署	 肆一 2048 皆以	 肆一 2065 皆黥
 肆一 2072 皆贖耐	 肆一 2088 皆與	 肆一 2091 皆畀其主	 肆一 2107 皆毋
 肆一 2107 皆作	 肆一 2132 皆作功	 肆一 2158+1958 皆毋	 肆二 0798 皆告
 肆二 0912 皆校	 肆二 0914 皆二歲	 肆二 1226 皆署之	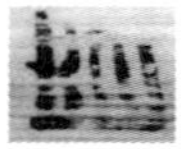 肆二 1231 皆勿行
 肆二 1237 皆壹用	 肆二 1242 皆月券	 肆二 1244 皆為	 肆二 1252 皆奔敬

 肆 三 0520 與上攻皆	 肆 三 0529 皆貲	 肆 三 0557 皆毋	 肆 三 0558 皆亟予之
 肆 三 0561 皆用	 肆 三 0592 皆免之	 肆 三 0665 皆勿	 肆 二 1255 皆縣黔首
 肆 二 1256 皆如	 肆 二 1261 皆貲	 肆 二 1262 皆貲	 肆 二 1270 皆校
 肆 二 1300 皆為傳	 肆 二 1365 皆署之	 肆 二 1369 皆令	 肆 二 1371 皆不
 肆 二 1371 皆為之	 肆 二 1390 皆耐	 肆 二 1411 皆官為鲔	 肆 二 J42 皆以
 肆 三 0019 皆勿令	 肆 三 0318 皆必	 肆 三 0466 皆復	 伍 一 0857 +0871+0866 皆自言
 伍 一 0857 +0871+0866 皆耐	 伍 一 0864 皆別署	 伍 一 0898 皆盜	 伍 一 0961 皆相除
 伍 一 0965 皆以論	 伍 一 0998 +C10-4-13 即皆	 伍 一 1000 皆署之	 伍 一 1014 皆以

	 伍一 1016 皆與	 伍一 1019 皆捕	 伍一 1019 皆捕	 伍一 1022 皆輪
	 伍一 1024 皆與盜同灋	 伍一 1029 皆當	 伍一 1034 皆令	 伍一 1107 皆繫
	 伍一 1108 皆與盜同灋	 伍一 1111 皆許之	 伍一 1112 皆減	 伍一 1113 皆坐
	 伍一 1119 皆先予	 伍一 1120+C4-2-1-7 皆令	 伍一 1122 皆贖耐	 伍一 1123 皆勿聽
	 伍一 1124 皆以	 伍一 2108 皆貲二甲	 伍一 2156 匠辦長皆	 伍一 2168 皆耐
	 伍二 0833 皆耐	 伍二 1140 皆許之	 伍二 1140 皆許之	 伍二 1173 皆以
	 伍二 1596 皆勿賞	 伍二 1613 皆亟治	 伍二 1669 皆列戍	 伍二 1669 而皆
	 伍二 1685 皆當	 伍二 1689 皆毋敢	 伍二 1695 皆耐	 伍二 1696 皆得

 伍 二 1697 皆與盜同灋	 伍 二 1729 皆謹	 伍 二 1731 皆駿之	 伍 二 1737 皆傳
 伍 二 1758 皆耐之	 伍 二 1769 皆為	 伍 二 1786 皆以	 伍 二 1797 皆以
 伍 二 1797 皆以	 伍 二 1813 皆為	 伍 二 1814 皆貲	 伍 二 1862 皆不得
 伍 二 1877 皆封	 伍 二 1879 皆為	 伍 二 1906 皆為	 伍 二 1908 皆共
 伍 二 1914 皆貲	 伍 二 J52 皆毋	 伍 三 0058 皆聽	 伍 三 1091 皆弗得
 伍 三 1663 皆勿食	 伍 三 1671 皆以	 伍 三 1779 皆勿	 伍 三 1806 皆以
 伍 三 1850 皆自	 伍 三 1854 皆日簿	 伍 三 1922 皆以	 伍 三 2025 皆具
 伍 三 J41 皆詣	 陸 一 0196 皆必搽	 陸 一 0198+2189 皆除	 陸 一 0880 皆貲

	陸一 1186 皆以律		陸一 1356 皆以	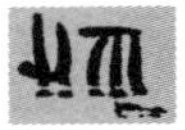	陸一 1432 皆坐		陸一 1438 皆犯令
	陸一 1438 皆不		陸一 1444 皆以		陸一 1445+1441-2 及皆		陸一 1445+1441-2 皆當
	陸一 1448 皆令		陸一 1451 皆以		陸一 1456 皆以		陸一 1457 皆坐
	陸一 1458 皆去		陸一 1622 皆毋敢		陸一 1678 皆不當		陸一 1918 皆亟
	陸一 1929 皆黥		陸一 J37 皆當		陸一 J62-2 皆貲		陸二 0120 皆譴
	陸二 0175 皆以		陸二 1953 皆加		陸二 2015 皆		陸二 2092 皆貲
	陸二 2093 皆齎		陸二 2144 皆黥		陸三 0769 皆以		陸三 1993 皆貲
	陸四 1160 皆勒書		陸四 1675 皆為薄		陸四 1675 皆上		陸四 1676 皆當

 陸四 1676 皆當	 陸四 1720 皆令	 陸四 1788 皆非	 陸四 1871 而皆令
 陸四 1872 皆封	 陸四 1895 皆犯令	 陸四 1895 及皆	 陸四 1900 皆以
 陸五 1748 皆以	 柒一 0336 皆識之	 柒一 0371 皆不存	 柒一 0374 皆癖
 柒一 0380 皆作	 柒一 0447 皆令	 柒一 0449 皆毋	 柒一 0451-2 皆令
 柒一 0463 皆傳詣	 柒一 0570 皆以	 柒一 0585 皆輒	 柒一 0656 日皆
 柒一 0675 皆貲	 柒一 0676 皆毋得	 柒一 0684 皆	 柒一 0689 皆署
 柒一 0706+0694 皆以	 柒一 0710 皆	 柒一 0710 皆不得	 柒一 0750+C10.1-2-2 皆遣令
 柒一 0879 皆管勮	 柒一 J21 亦皆	 柒二 0340 皆以	 柒二 0462-2 皆令

	 柒二 1056 及皆	 柒二 1058 皆貲	 柒二 1079 皆已	 柒二 1082 皆毋得
	 柒二 1090 皆以	 柒二 1097 皆毋敢	 柒二 1627 皆輸	 柒二 1632 皆出置
	 柒二 2095 皆令	 柒二 C4.1-7-2 而皆		
者 	 肆一 0782 亡者	 肆一 1965 十八歲者	 肆一 1990 舍者	 肆一 1992 亡者
	 肆一 1996 十四歲者	 肆一 1997 得者	 肆一 2035 三月者	 肆一 2044 城旦舂者
	 肆一 2045 弗輸者	 肆一 2057 吏主者	 肆一 2083 官者	 肆一 2085 中官者
	 肆一 2091 八歲者	 肆一 2091 刑者	 肆一 2107 犯律者	 肆一 2111 舍者
	 肆一 2123 署者	 肆一 2132 司空者	 肆二 0993 弗居者	 肆二 0994 居田舍者

肆二 1240 所官者

肆二 1250 不急者

肆二 1253 奔敬者

肆二 1260 能入者

肆二 1264 八錢者

肆二 1266 補屬者

肆二 1270 不出者

肆二 1271 不來者

肆二 1279 犯令者

肆二 1293 老者

肆二 1296 不用者

肆二 1296 如用者

肆二 1302 任者

肆二 1354 不得者

肆二 1355 吏主者

肆二 1371 冗官者

肆二 1371 更者

肆二 1376 勝任者

肆二 1286 各一錢者

肆二 1384 犯令者

肆二 1393 將牛者

肆二 1400 居田舍者

肆二 1404 可許者

肆二 J54 假者

肆二 J57 環者

肆三 0319 就食者

肆三 0324 遣者

肆三 0326 踐更者

肆三 0395 敝者

肆三 0518 以上者

肆三 0529 出者

肆三 0558 不禁者

 肆三 0591 貫責者	 肆三 0592 其不能者	 肆三 0624 下邽廟者	 肆三 0634 受賜者
 肆三 0638 入禾者	 肆三 0639 稟月食者	 肆三 0663 從令者	 肆三 0666 夏衣者
 肆三 0668 如令者	 肆三 0680 當賣買者	 伍一 0864 署者	 伍一 0864 署者
 伍一 0897 二人者	 伍一 0918 八歲者	 伍一 0960 收者	 伍一 0961 坐者
 伍一 0968 上宼者	 伍一 0968 不決者	 伍一 0968 及者	 伍一 1003 反者
 伍一 1006 未報者	 伍一 1012 犯令者	 伍一 1013 犯此令者	 伍一 1013 捕告者
 伍一 1014 遺許者	 伍一 1025 犯令者	 伍一 1028 嫁者	 伍一 1033 犯令者
 伍一 1033 吏令者	 伍一 1109 收者	 伍一 1123 恒署所者	 伍一 1125 有辠者

 伍一 2108 宦者	 伍二 1099 訟者	 伍二 1613 從令者	 伍二 1616 除人者
 伍二 1164 治者	 伍二 1166 捕者	 伍二 1596 舍者	 伍二 1613 旁縣者
 伍二 1683 旁縣者	 伍二 1707 百牒者	 伍二 1737 復上者	 伍二 1759 捕詗者
 伍二 1782 旁錢者	 伍二 1789+1804 解爵者	 伍二 1789+1804 它郡者	 伍二 1797 櫝杸者
 伍二 1797 戒者	 伍二 1813 反城邑者	 伍二 1848 請書者	 伍二 1849 而舍者
 伍二 1855 存者	 伍二 1876 急用者	 伍二 1906 數者	 伍二 1914 與為者
 伍二 2151 得者	 伍二 J27 當論者	 伍三 1091 視事者	 伍三 1181 它縣者
 伍三 1671 主將者	 伍三 1690 過咸陽者	 伍三 1764 擅者	 伍三 1768 市者

	 伍三 1787 捕者	 伍三 1787 它縣官者	 伍三 1809 而兕者	 伍三 1850 賜者
	 伍三 1850 以上者	 伍三 1854 作官府者	 伍三 1857 以兕者	 伍三 1869 存者
	 伍三 1917 出縣界者	 伍三 1924 驂騆者	 伍三 1925 百里者	 伍三 1986 計獻者
	 陸一 1356 奔劾者	 陸一 1357 駑者	 陸一 1431 奔劾者	 陸一 1431 奔劾者
	 陸一 1445+1441–2 數人者	 陸一 1446 吏主者	 陸一 1448 任者	 陸一 1450 受者
	 陸一 1486–1+1486–2 買者	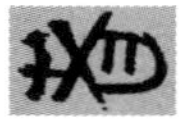 陸一 1614 從令者	 陸一 1956 從令者	 陸一 J40+J73–5 當坐者
	 陸一 J67–1 +J76–12+J71–1 +J64–1+J66–6 三百里者	 陸一 C4.1–1–1 反者	 陸一 C4.1–1–1 不髡者	 陸二 0117 隃者
	 陸二 0130 不可致者	 陸二 0131 器者	 陸二 0175 致者	 陸二 1999 騔髮者

 陸二 2000 謁者令	 陸二 2015 匠爲者	 陸二 2023 坐者	 陸二 2032 尉共者
 陸二 2099 不從令者	 陸二 2127 不如令者	 陸二 2128 名數者	 陸二 2144 治者
 陸二 2145 土功者	 陸二 2162 食物者	 陸二 2163 壞者	 陸二 2164 爲詐者
 陸三 0026 如此者	 陸三 0135 予者	 陸三 0135 受者	 陸三 0135 當收者
 陸三 0155 犯令者	 陸三 0769 及舍者	 陸三 1963 治者	 陸三 1963 治者
 陸三 1937 爲告治者	 陸三 1948 而論者	 陸三 1995 治者	 陸三 1995 受者
 陸三 2051 受者	 陸三 2051 治者	 陸三 2051 治者	 陸三 2119+2110 治者
 陸三 2119+2110 受者	 陸四 1153 主者	 陸四 1159 以上者	 陸四 1239 律令者

 陸 四 1239 不從律者	 陸 四 1611 主者	 陸 四 1721 溉田者	 陸 四 1721 縣官田者
 陸 四 1788 如此者	 陸 四 1788 其田者	 陸 四 1799 避為吏者	 陸 四 1807 不入史者
 陸 四 1807 不入者	 陸 四 1808 縣官田者	 陸 四 1900 減益辠者	 陸 五 1644 +1648 +1653 贖責者
 陸 五 1644 +1648 +1653 治獄者	 陸 五 1703 從令者	 陸 五 1753 治者	 柒 一 0147+0342 適者
 柒 一 0333 郡者	 柒 一 0346 弩事者	 柒 一 0369 戍者	 柒 一 0378 死事者
 柒 一 0380 七寸者	 柒 一 0383 故徼者	 柒 一 0394 七寸者	 柒 一 0402 識者
 柒 一 0403 狀者代	 柒 一 0446 作縣者	 柒 一 0451–2 匿病者	 柒 一 0485 從令者
 柒 一 0490 以除者	 柒 一 0491 六十歲者	 柒 一 0563 得虎者	 柒 一 0581 爵者

智 

	 柒一 0676 劍者	 柒二 0340 中者	 柒二 0385+1637 遣識者	 柒二 0399 焉者
	 柒二 0869 遣識者	 柒二 1077 律令者	 柒二 1079 有爵者	 柒二 1080 識者
	 柒二 1082 官者	 柒二 1097 論者	 柒二 1097 留日者	 柒二 1101 獻者
	 柒二 1624 為吏者	 柒二 1625 廷者	 柒二 1626 其署者	 柒二 1631 尚存者
	 柒二 1632 材竹者	 柒二 1634 主者	 柒二 1635 犯令者	 柒二 1642 治者
	 柒二 2064-1 官者			
	 肆一 1978 毋以智	 肆一 1984 不智	 肆一 1990 智其請	 肆一 1990 不智
	 肆一 2012 智其請	 肆一 2040 不智	 肆二 1369 先智	 肆二 1383 先智

 肆三 0526 所智	 肆三 0544 智而弗言	 肆三 0663 弗智	 伍一 1019 其所智
 伍一 1021 智巧	 伍一 1112 明智之	 伍二 1087 明智	 伍二 1698 令易智
 伍二 1707 易智	 伍二 1710 所智	 伍二 1783 及所智	 伍二 1813 弗智
 伍二 1813 智其請	 伍二 1815 尤所智	 伍二 1815 所智	 伍二 1847 所智
 伍二 1847 尤所智	 伍二 1849 及智	 伍二 1855 智請	 伍二 1855 弗智
 伍二 1855 智弗告	 伍二 1855 弗智	 伍三 0024 令史智	 伍三 1664 以智
 伍三 1671 及智	 伍三 1671 弗智	 伍三 1766 智而弗告	 伍三 1766 弗智
 陸一 1311 智其詐	 陸一 1356 智弗告	 陸一 1444 弗智	 陸一 1456 智其奸

	陸一 1477 及智其	陸一 C5-9-3+0024 令史智	陸一 C5-9-3+0024 其弗智	陸三 0105 黔首智
	陸三 0123 親所智	陸三 0156 親所智	陸三 1963 所智	陸四 1159 智官留
	柒一 0483 未智	柒一 0585 所智	柒一 1042 及弗智	柒一 1042 弗智
	柒二 0969 智伍人			
百	肆一 0169 六百六十	肆一 2009 笞百	肆二 1244 六百	肆二 1402 百廿錢
	肆三 0805 四百	伍一 1119 千二百	伍一 1119 五百	伍二 1161 六百石
	伍二 1166 百日	伍二 1707 百牒	伍二 1707 百牒	伍三 1874 六百石
	伍三 1884 五百里	伍三 1925 百里	陸一 1442+J69-1+J75-6+J69-2 百人	陸一 1458 三百里

陸一 1475
三百里者

陸一 1508
百人

陸一 J67-1+J76-12
+J71-1+J64-1+J66-6
三百里者

陸二 0122-1
+0122-2
百步

陸四 1807
百一十一

柒一 0364
三百里

柒一 0371
六百石

柒一 0484
六百石

柒一 0653
五百

柒一 1046
六百石

柒二 1633
六百石

習部

習

柒一 1042
未習事

羽部

翠

伍一 1001-2
駱翠山

伍一 1104
駱翠山

隹部

字	小篆	字形
雒		 肆一 2106 上雒  肆一 2106 上雒
離		 肆二 1249 離城  伍三 1704 別離  陸四 1858 別離
雇		 柒一 0570 雇戍日
罹		 柒一 0335 罹
雍		 陸一 1432 今雍氏  陸一 1463 雍氏軍
雝*		 肆一 2027 雝

奞部

字	小篆	字形
奪		 肆二 1261 若奪衣寇  肆二 1353 奪爵  肆三 0664 毋奪  肆三 0668 奪爵

字頭				
奪	 伍一0873+1102 弗奪	 伍二1914 有奪	 伍三1662 奪爵	 陸一1154 有奪列
	 陸四1721 或奪	 陸四1808 多奪	 柒一0402 奪	 柒二1079 奪爵
	 柒二1634 奪			
奮	 陸二1942 非奮			

羊部

字頭				
羊	 肆二1244 羊	 肆二1300 牛羊	 肆二1301 羊	 肆二1301 馬牛羊
	 伍一0930 牛羊	 伍一0962 牛羊	 伍一0962 牛羊	 伍一2108 牛羊
羣	 肆一1985 羣亡人	 肆二0795 羣戍卒	 肆二0914 羣戍卒	 肆二1227 羣官屬

字頭	篆文	字形	出處	字形	出處	字形	出處	字形	出處
			肆二1256 羣司寇		肆二1378 羣耐子				
美	美		伍一1001-2 亦美						

鳥部

字頭	篆文	字形	出處	字形	出處	字形	出處	字形	出處
難	鷬		伍一0921 難亡		伍三1182 難易		柒一0879 難有言		
鳴	鳴		柒一0154 勿令鳴						
鶂*			陸二1938 顫鶂						

烏部

字頭	篆文	字形	出處	字形	出處	字形	出處	字形	出處
焉	焉		肆二1241 書其厚焉		肆二1253 合符焉		肆二1266 屬焉者		肆三0664 斗甬焉

伍一 0961
皋減焉

伍一 1122
皋減焉

伍二 1146
賣買焉

伍二
1605+1617
賣買焉

伍二 1723
買焉

伍二 1815
賣買焉

伍三 1761
酒肉焉

陸一 1358
明焉

陸一 1458
治焉

陸一 J73-6
+J70-3+J65-3
皋減焉

陸三 0156
賣買焉

陸三 0769
舍焉

陸三 1963
焉而故

陸三 1995
賣買焉

柒二 0399
焉者

於

肆二 0350
有責於縣官

肆二 1288
必於市

伍一 0895
於新黔首

陸四 1160
於署

柒一 0346
辦於

柒一 0481
毋賴於

柒一 0879
於吏

柒二 1057
於縣

𠦒部

畢

畢

陸一 1918
畢矣

陸五 1748
事未畢

糞 糞

肆三 0640
糞兵

棄 棄

肆三 0624
棄市

伍一 1108
棄市

陸五 1748
棄制書

陸五 1773
棄書

冓部

再 再

陸一 0196
再捧

𢆶部

幾 幾

柒三 1719
幾可

予部

予 予

肆二 1253
勿予符

肆二 1276
予人

肆二 1351
予其主錢

肆二 1373
予之

 肆二 1410 子之	 肆三 0525 子者	 肆三 0558 亟子之	 肆三 0558 子之
 伍一 0962 子徒隸園	 伍一 1012 子之	 伍一 1023 前令子	 伍一 1024 相子
 伍一 1027 相受子	 伍一 1027 相子	 伍一 1037 弗子	 伍一 1107 子後夫
 伍一 1108 子	 伍一 1108 以其財子	 伍一 1119 皆先子	 伍二 1847 子者
 伍二 1851 勿子	 伍二 1851 所子	 伍二 1851 子人者	 陸一 1357 輒子錢
 陸一 1450 而敢子	 陸一 1918 子之	 陸三 0098 勿子臧	 陸三 0135 子者
 陸三 0135 子者	 陸三 0156 子者	 陸四 1866+J71-3 先子	 柒一 0147+0342 子以
 柒一 0569 及子	 柒二 2095 子之	 柒二 2095 先子	

放部

放		 柒一0365 放式			
敖		 肆一2072 敖童	 肆二1232 敖童	 肆二1236 敖童	 肆二1236 敖童
		 肆二1294 敖童			

𠬪部

受		 肆二1264 受錢	 肆二1285 受錢	 肆三0634 受賜者	 伍一0895 敢受
		 伍一0899 受制詔	 伍一0899 受制詔	 伍一1001-1+1020 受制	 伍一1007 受詔
		 伍一1108 受者	 伍一1023 受者	 伍一1027 相受子	 伍一1113 坐其所受

 伍二 0833 受者	 伍二 1086 受者	 伍二 1086 受者	 伍二 1098 受者
 伍二 1142 輒受	 伍二 1146 故受	 伍二 1151 受印	 伍二 1161 雜受印
 伍二 1161 雜受	 伍二 1164 受者	 伍二 1167 所受財	 伍二 1174 雜受印
 伍二 1847 弗受	 伍二 1847 受之	 伍二 1605+1617 受人財	 伍二 1605+1617 受財
 伍二 1679+1673 初受所	 伍二 1679+1673 受制	 伍二 1695 受者	 伍二 1697 受者
 伍二 1697 故受	 伍二 1710 受人	 伍二 1711 受者	 伍二 1711 受者
 伍二 1711 受人	 伍二 1717 受人	 伍二 1732 受人	 伍二 1732 受者
 伍二 1750 所受	 伍二 1783 受人財	 伍二 1793+1801 受人酒	 伍二 1793+1801 受者

	 伍 二 1847 弗受	 伍 二 1847 受之	 伍 三 1761 而受	 伍 三 1809 受詔
	 伍 三 1857 受詔	 伍 三 1874 受令	 伍 三 1915 付受	 陸 一 1308+C5-2-3+1507 受寄者
	 陸 一 1450 受者	 陸 一 1452+C5-9-1 及受	 陸 一 1457 其受請者	 陸 三 0135 受者
	 陸 三 0148 弗受	 陸 三 0156 已受之	 陸 三 1937 受財	 陸 三 1963 故受
	 陸 三 1995 受者	 陸 三 2051 受者	 陸 三 2051 受者	 陸 三 2100+2159 受人
	 陸 三 2119+2110 受者	 陸 三 2121 受財	 陸 四 1675 所受	 陸 五 1645 受財
	 柒 一 0506 別受	 柒 一 0682 受爵	 柒 二 1065 受詔	 柒 二 1633 受制

敢

𠭖	 肆 二 0994 毋敢	 肆 二 1273 毋敢	 肆 二 1291 毋敢	 肆 二 1294 毋敢

 肆二 1294 勿敢	 肆二 1377 毋敢	 肆二 1400 毋敢	 肆二 1415 勿敢
 肆二 J46 而敢	 肆三 0525 敢有	 肆三 0665 敢為	 伍一 0895 敢受
 伍一 1019 敢有	 伍一 1025 毋敢	 伍一 1025 毋敢	 伍一 1104 敢請
 伍一 1108 敢以	 伍二 1689 毋敢	 伍二 1758 敢屏匿	 伍二 1782 敢為
 伍二 1795 □敢	 伍三 0058 毋敢	 伍三 1170+1172 敢奸	 伍三 1670 毋敢
 伍三 1694 毋敢	 伍三 1764 敢為	 伍三 1874 毋敢	 陸一 1158 勿敢
 陸一 1158 敢賣	 陸一 1433 敢有	 陸一 1450 敢予	 陸一 1477 敢為
 陸一 1622 毋敢	 陸一 1622 毋敢	 陸二 0128 毋敢	 陸二 1942 敢以辟

字頭				
	 陸二 2098 毋敢	 陸二 2128 毋敢	 陸三 0104 毋敢	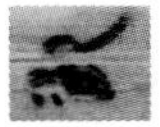 陸四 1239 毋敢
	 陸五 1752 毋敢	 陸五 1753 勿敢	 柒一 0154 毋敢	 柒一 0550 敢有
	 柒二 1059 勿敢	 柒二 1082 敢有	 柒二 1631 勿敢	 柒二 1632 勿敢

歺部

字頭				
殊	 柒一 0447 殊斬			

死部

字頭				
死	 肆一 1966 贖死	 肆一 1985 前死	 肆一 2010 其前死	 肆一 2089 前死
	 肆二 0060 而死者	 肆二 1227 死亡	 肆二 1238 子死	 肆二 1282 死

 伍一 2053＋2050 死辠
 伍二 1166 不死
 伍二 1606+1619 死辠
 伍二 1889 死辠

 伍三 1665 曰死
 伍三 1665 曰死
 伍三 1884 妻死
 伍三 1884 父母死

 伍三 1884 同産死
 陸一 1453 死亡
 柒一 0345 死事
 柒一 0348 死罪

 柒一 0348 死罪四人
 柒一 0378 疾死
 柒一 0449 妻死
 柒一 0661 死事

 柒二 1627 死毆
 柒二 1633 不幸死
 柒三 1043 昧死請

冎部

别

 肆一 1973 别之
 肆三 0466 别為
 伍一 0864 别署
 伍一 0918 别傳

 伍一 0918 别輪
 伍一 1189+C4-1-9 别之
 伍二 1707 别白
 伍二 1707 别之

	 伍 二 1718 可別報	 伍 二 1731 以別	 伍 三 1704 宫別離居	 伍 三 J35+J34 別離
	 陸 一 1462 其別	 陸 二 0131 別異	 陸 二 0132 別異	 陸 四 1675 別留
	 柒 一 0506 別受錢	 柒 二 0396 別男女	 柒 二 1643 別居	

⺼部

肉

⺼	 肆 三 0525 酉肉	 肆 三 0529 酒肉	 肆 三 0634 酒肉	 伍 一 0895 酒肉
	 伍 二 1697 酒肉食	 伍 二 1697 酒肉食	 伍 二 1710 酒肉食	 伍 二 1711 酒肉食
	 伍 二 1717 酒肉食	 伍 二 1732 酒肉食	 伍 二 1815 酒肉食	 伍 二 1847 酒肉食
	 伍 三 1761 酒肉	 陸 三 0123 酒肉食	 陸 三 2100+2159 肉食	 柒 一 0448-1+0448-2 肉診令

		 柒一0563 入皮肉			
肩		 肆二1398 右肩			
脱		 肆二1354 有脱	 伍一0965 而脱		
胡		 陸四1859 胡陽	 柒一0194-1 江胡郡	 柒一0480+C10.4-5-4 詣江胡	 柒一0707+C3-5-2 江胡郡
脩		 肆二1267 不脩	 柒一0485 脩其令		
散		 伍二1707 必皆散	 伍二1876 散書		
膠		 陸一1158 為膠			
肎		 陸四1810 不肎			

郈*

柒一 0447 右郈

膒*

柒一 0487 膒彎

筋部

筋

肆二 1234 輒筋

肆二 1259 筋小爵

陸一 1956 筋角

陸一 1956 筋角

柒一 0447 斬筋

刀部

刀

肆二 1277 刀

柒一 0585 長刀

柒一 0644 長刀

柒一 0654 大刀

柒一 0654 長刀

削		 肆二 1270 削其爵	 陸一 1464 令削去		
利		 肆二 1255 利毆	 肆二 1373 便利	 伍二 1171 私利	 伍二 1666 私利
		 伍二 1669 私利	 伍二 1769 私利	 伍二 1879 私利	 伍二 1906 私利
		 柒二 1048 便利			
初		 肆二 0349 初行	 肆二 1372 初亡	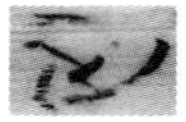 伍二 1666 初到	 伍二 1679+1673 署初到
		 伍二 1679+1673 初受所	 伍三 1764 故初	 陸一 1447 令初下	 陸一 J29+J64-3 故初及卧
		 陸四 1675 初受所	 陸四 1675 初到	 陸四 1781 署初獄	 柒一 0302 及初
		 柒一 0919 其初			

刻		 陸一1307 久刻	 陸一1464 其久刻	 陸四1145+1735 刻其	
副		 柒二1062 其副者	 柒二1633 及副		
辨		 肆二1281 中辨	 肆二1285 中辨券	 肆二1285 一辨	 肆二1369 辨治
		 伍一1133+1152-2 匠辨長	 伍一2156 匠辨長	 伍二1099 叁辨券	 柒一0346 辨於
列		 陸一1154 有奪列			
刊		 伍一1104 封刊			
制		 肆二1384 制書	 伍一0899 制詔	 伍一0899 受制詔	 伍一0964 制曰
		 伍一1001-1+1020 受制	 伍一1003 制詔	 伍一1009 制詔	 伍一1010 制書

	 伍一 1104 制曰	 伍一 1125 制詔	 伍二 1679+1673 制書	 伍二 1679+1673 受制
	 伍二 1737 制曰	 伍二 J27 制所遣	 陸一 1459 制詔	 陸一 1614 制書
	 陸一 1614 撟制	 陸一 1614 制書	 陸一 1622 制書	 陸一 1622 制書
	 陸一 1622 制書	 陸一 1678 撟制	 陸一 1678 制書	 陸一 1678 制詔
	 陸一 1918 制詔	 陸一 1934 制曰	 陸二 0114 制書	 陸三 1993 制曰
	 陸三 1993 制所譜	 陸四 1675 受制	 陸四 1859 制曰	 陸五 1748 制書
	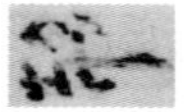 陸五 1748 制書	 陸五 1752 制書	 柒一 0147+0342 制曰	 柒一 0579 制曰
	 柒二 1633 制書	 柒三 1043 制曰可		

罰		 伍 二 1171 行其罰	 伍 二 1669 罰戍	 伍 三 1694 罰黥首	 伍 三 1873 罰戍
		 陸 三 0104 毋敢罰	 陸 四 1810 毋罰	 陸 四 1871 以罰	 柒 一 0689 罪罰
		 柒 一 0707+C3-5-2 有罰	 柒 一 0750+C10.1-2-2 罰戍		
刑		 肆 一 1962 刑城旦舂	 肆 一 1978 已刑	 肆 一 2091 不當刑者	 肆 二 1302 刑辠
		 伍 二 1928 刑城旦			
券		 肆 二 0795 責券	 肆 二 0913 券書	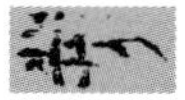 肆 二 1241 以券行之	 肆 二 1242 月券
		 肆 二 1285 錢及券	 肆 二 1285 中辨券	 肆 二 1305 盡券書	 肆 二 1386 新券
		 肆 二 1393 券繇	 肆 二 1403 券中辨	 肆 二 J57 責券	 肆 三 0609 不券書

	 伍一 1103 券書	 伍二 1099 不券	 伍二 1099 不券	 伍二 1099 参辨券
	 伍二 1852 官券牒	 陸五 1657 券書		
刺	 伍二 1876 勿謂刺			

刀部

刃	 陸一 0198+2189 刃	 陸一 1357 刃没弓	 陸一 1433 刃	
劍	 肆二 1261 劍	 柒一 0347 得帶劍	 柒一 0347 各三劍	 柒一 0562 而帶劍
	 柒一 0562 帶劍	 柒一 0644 有挾劍	 柒一 0644 有挾劍	 柒一 0654 帶劍
	 柒一 0676 劍者	 柒一 0676 各一劍	 柒一 0677 帶劍	

角部

字頭	篆文	字例			
角	𧢲	 陸一 1158 麋鹿角	 陸一 1956 筋角	 陸一 1956 筋角	 陸四 1858 角
		 陸四 1858 角			
衡	𧗿	 肆二 1296 衡石	 柒一 0689 署衡山郡		
解	𧣾	 肆二 1245 解其所任	 肆三 0531 解絶	 伍二 1692 解爵	 伍二 1789+1804 解爵
		 伍二 1862 解爵	 伍二 1863 不得解	 伍三 1764 解去	 伍三 1764 而解
		 陸一 0196 毋解	 陸一 1311 解爵	 陸一 1477 解去	 陸四 1610 封纏解
		 柒一 0182 解爵	 柒一 0360 解爵	 柒一 0377 解爵	 柒一 0377 首解爵

	 柒一0378 解爵	 柒一0571 解爵	 柒一0571 解爵	 柒一0580 解冗爵
	 柒一0682 解爵	 柒一0710 不得解	 柒一0710 解爵	 柒一J21 解爵
⿸戚角*	 肆二1250 日⿸戚角			

第五卷

竹部

竹

柒二 0341 竹數

柒二 1081 材竹

柒二 1630 伐材竹

柒二 1632 材竹

節

肆二 1241 節發繇

肆二 1252 節奔敬

肆二 1294 節

肆二 1354 節後得

肆二 1369 節奔敬

肆二 1429 節有

肆二 J43 節有軍

伍一 0857+0871+0866 節轂

伍一 0899 或節

伍一 0899 節不雠

伍一 1018 節有

伍一 1129 節有

伍二 1737 節不具

伍二 1786 節為

伍二 1794+1856-1 節吏有請

伍二 1794+1856-1 節已行

伍二 J27 節當

陸一 1622 節徵捕

陸一 C4.1-1-1 節亡

陸二 0176 節庌

陸二 2049 節車乘

陸二 2092 節求之

柒一 0364 尉節獻賀

柒一 0490 節有

		 柒一 0556 節莊道敗	 柒一 1046 尉節不存	 柒二 1059 節有	 柒二 1079 節
		 柒二 2125 節多承縣官材			
籍	籍	 肆一 2008 籍亡日	 肆一 2035 籍亡	 肆二 1372 籍書	 伍二 1685 揣籍
		 陸一 1127-2 門籍	 陸三 0134 揣籍		
簫	簫	 柒二 0396 籠門關簫	 柒二 0875 廡簫		
等	等	 肆一 0169 一等	 肆三 0467 嘉等	 肆三 0557 有等比	 肆三 0588 有等比
		 肆三 0680 有等比	 伍一 0961 一等	 伍一 1005 一等	 伍一 1011 此等
		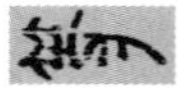 伍一 1029 紹等	 伍一 1029 紹等	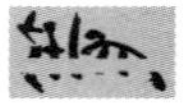 伍一 1111 有等比	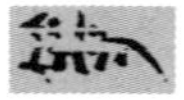 伍一 1112 一等

	 伍一1114 不更昌等	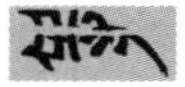 伍一1122 一等	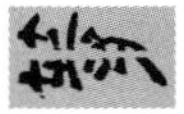 伍一1128+C4-1-11 一等	 伍二1730 一等
	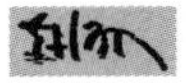 伍二1923 一等	 伍三0005 等比	 伍三1764 一等	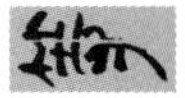 伍三1806 一等
	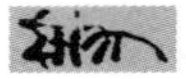 伍三1899 等比	 伍三1917 它有等	 陸一1461 等	 陸一1934 其等闘
	 陸一J29+J64-3 一等	 陸一J73-6+J70-3+J65-3 一等	 陸四1720 一等	 陸四1860 有等比
	 柒一0182 有等比	 柒一0363 等比	 柒一0447 等比	 柒一0463 如等
	 柒一0577 有等比	 柒一0579 等比	 柒一0580 有等比	 柒一0584 等比
	 柒一0606 等比	 柒一0653 有等比	 柒一0661 轓裹未等	
符	 肆二1252 五寸符	 肆二1252 挾符者	 肆二1253 合符焉	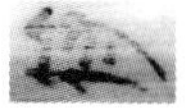 肆二1253 勿予符

	陸一 1447 為符官 ／ 陸一 1450 為符官 ／ 陸一 1450 右符 ／ 陸一 1450 左符
	陸一 1476 符已到 ／ 陸一 1476 符官 ／ 陸一 1476 行左符者 ／ 陸一 J40+J73-5 為符官
	陸一 J67-2+J66-2+J72-4+J65-1+J66-4+J76-1+J66-1+J64-2 右符 ／ 陸一 J67-2+J66-2+J72-4+J65-1+J66-4+J76-1+J66-1+J64-2 為符官 ／ 陸一 J67-2+J66-2+J72-4+J65-1+J66-4+J76-1+J66-1+J64-2 左符 ／ 陸五 1645 符券
箯	陸一 0132 箯除者
笥	陸一 1614 同笥 ／ 陸一 1614 以它笥 ／ 陸五 1700+1749 同笥
箸	陸一 1934 箸其族
篗	陸一 0492 囚篗
籠	柒二 0396 籠門關籥

答
肆一 1983 勿答
肆一 1989 答及除
肆一 1989 有行其答
肆一 2008 答五十
肆一 2009 答百
肆一 2035 答五十
肆一 2080 答五十
柒一 0485 得答之

笄
伍一 2097 并笄
伍一 2097 嬰笄

算
陸三 0337 □算如故
柒三 0679 算買

第*
肆二 0994 第乙
肆三 0316 第己
肆三 0522 第丙
肆三 1521 第甲
伍一 1134 第甲
伍二 1878 第乙
伍二 J52 第廿一
伍三 1899 第乙
伍三 1913 第丙
伍三 1920 第乙九

簿*
肆一 0797 簿其所為
伍三 1921 簿有不以實者

箕部

箕

箕

陸二0132　箕

其

肆一0161　其主

肆一0168　其主

肆一0168　其子

肆一0170　其官者

肆一0170　其或亡

肆一0186　其得

肆一0186　其得

肆一0187　其從誘者

肆一0797　其所為

肆一1930　其室

肆一1940　其鄉部

肆一1959　其得

肆一1965　其奴婢

肆一1965　其室人

肆一1965　其疑

肆一1966　其奴婢

肆一1973　畀其主

肆一1976　其獄

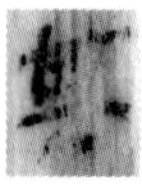
肆一1978　其郡都縣

肆一1980　其奴婢

肆一1981　以其

肆一1984　其室人

肆一1984　其亡

肆一1989　有行其笞

肆一1990 智其請

肆一1990 不智其

肆一1992 其錢財

肆一1996 其小

肆一1997 斬其左止

肆一2009 其懷子者

肆一2010 其前死

肆一2012 不智其請

肆一2012 智其請

肆一2027 其所

肆一2033 付其官

肆一2036 其不審

肆一2040 其室人

肆一2040 其亡

肆一2047 其未備

肆一2062 畀其主

肆一2071 毋備其前

肆一2072 其有

肆一2080 其工殹

肆一2081 以其辠

肆一2085 其或亡

肆一2089 其家嗇夫

肆一2089 其前死

肆一2091 畀其主

肆一2091 其老小

肆一2096 其餘

肆一2111 其嗇夫

肆一2117 畀其主

肆一2117 其自出吏

肆一2122 其縣道嗇夫

肆一2123 其有辠

肆二0060 出其衣食

 肆二 0173 其與	 肆二 0350 其弗能	 肆二 0526 其親	 肆二 0795 其人
 肆二 0913 其券書	 肆二 0990 各質其鄉	 肆二 0992 其非之事	 肆二 1225 其疾病
 肆二 1225 缺其更	 肆二 1226 見其盜	 肆二 1227 其有死亡	 肆二 1238 以平其繇
 肆二 1240 其計所官	 肆二 1240 以其作日	 肆二 1240 遠其	 肆二 1241 書其厚焉
 肆二 1242 其當行	 肆二 1242 書其行月	 肆二 1242 署其都發	 肆二 1245 其免徙
 肆二 1247 令其	 肆二 1253 其故徼	 肆二 1256 皆如其	 肆二 1266 獨高其侍
 肆二 1268 其獄未斷	 肆二 1269 及其	 肆二 1270 削其爵	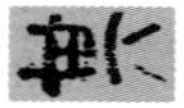 肆二 1271 書其起及到
 肆二 1271 其縣官	 肆二 1276 其故田宇	 肆二 1286 各嬰其賈	 肆二 1287 其欲出布者

肆二 1288
没入其所販

肆二 1289
其賣毆

肆二 1293
其或復

肆二 1295
各請其守

肆二 1296
計其官

肆二 1298
其庸代人者

肆二 1300
發其傳

肆二 1301
其買

肆二 1351
予其主錢

肆二 1352
其身有辠

肆二 1353
其後

肆二 1362
其官

肆二 1362
其計所官

肆二 1362
其作年

肆二 1372
比其牒

肆二 1372
告其計所官

肆二 1372
其初亡之年

肆二 1373
其不便者

肆二 1384
其不當繇

肆二 1385
其有

肆二 1386
其當聶

肆二 1389
傳其計籍

肆二 1392
其人

肆二 1397
其鄉里

肆二 1399
見其入

肆二 1403
其縣廷

肆二 1405
其里

肆二 1425
其署

肆二 1428
其有事

肆二 J30
其日

肆三 0016
其縣官

肆三 0018
上其校

肆三 0317 其時

肆三 0395 計其敝者

肆三 0523 上其日

肆三 0592 其不能者

肆三 0609 毋治其息

肆三 0634 其先自告

肆三 0638 其入禾者

肆三 0705 其日

伍一 0857+0871+0866 其奠辠

伍一 0864 其女子

伍一 0873+1102 見其

伍一 0895 及其

伍一 0897 除其辠

伍一 0898 其為

伍一 0899 其所舉劾

伍一 0918 其父母

伍一 0918 其父母

伍一 0921 輸其

伍一 0960 其子

伍一 0961 其所

伍一 0962 盡蹂其嫁

伍一 0964 其埶瀌

伍一 0965 在其

伍一 0967 除其故令

伍一 0967 見其為之

伍一 0998+C10-4-13 其勿令

伍一 1001-2 其皆禁

伍一 1005 其自出

伍一 1006 其當

伍一 1006 其已前

伍一 1006 其奏決

伍一 1006 以其

 伍—1007 其都吏	 伍—1007 其治所	 伍—1007 其奏丸	 伍—1008 令其令
 伍—1009 其所用	 伍—1016 見其挾舍	 伍—1016 其弗見	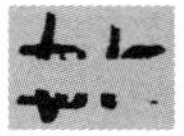 伍—1017 其有
 伍—1018 其吏	 伍—1019 其所智	 伍—1023 其受者	 伍—1027 其前夫子
 伍—1028 其子	 伍—1033 其所	 伍—1034 其皋	 伍—1103 其官
 伍—1108 以其財	 伍—1109 其妻子	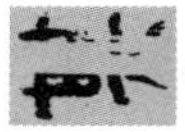 伍—1110 其收妻子	 伍—1111 其夫妻子
 伍—1113 其賈	 伍—1113 其賞賈	 伍—1113 坐其所受	 伍—1122 其主
 伍—1124 其葆庸	 伍—1125 其皋	 伍—1128+C4-1-11 其前令	 伍—1128+C4-1-11 其皋
 伍—1130 其令	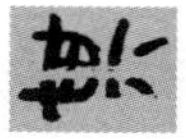 伍—1133+1152-2 其壞及傷人	 伍—2108 没其私	 伍—2155+C8-1-2 其官

 伍一 2155+C8-1-2 其所當	 伍一 2155+C8-1-2 行其官者	 伍一 2168 其非匿之	 伍二 0833 其告
 伍二 0833 其辠	 伍二 1086 其及毋毆	 伍二 1098 其息之數	 伍二 1140 其所除
 伍二 1140 其所除	 伍二 1146 其同居	 伍二 1156 其捕數人	 伍二 1167 及其
 伍二 1171 行其罰	 伍二 1597 其所治	 伍二 1597 其息之數	 伍二 1603-1+1603-3 其息之數
 伍二 1605+1617 及其	 伍二 1605+1617 其賈	 伍二 1613 其旁縣	 伍二 1613 其御史
 伍二 1615 其告辤	 伍二 1616 毋行其賞	 伍二 1620 及其	 伍二 1621 貲其
 伍二 1669 毋行其賜	 伍二 1669 其所為私利	 伍二 1669 其毋勞	 伍二 1683 其官人
 伍二 1683 書其告	 伍二 1689 其發治獄者	 伍二 1695 其告治者	 伍二 1695 其辠

 伍二 1697 及其	 伍二 1698 其一事	 伍二 1707 其獄	 伍二 1707 取其急辤
 伍二 1712 各與其	 伍二 1712 具傳其律令	 伍二 1722 江其上	 伍二 1722 阶其方
 伍二 1723 其賈	 伍二 1723 以其	 伍二 1728 其名	 伍二 1728 問其人
 伍二 1730 其皋	 伍二 1730 其所犯律令	 伍二 1737 令其	 伍二 1758 其所案
 伍二 1758 以其	 伍二 1786 以其赦令	 伍二 1794+1856-1 其前所已行	 伍二 1794+1856-1 言其等者
 伍二 1795 令其	 伍二 1862 其故爵	 伍二 1863 其故爵	 伍二 1864 其郡名
 伍二 1877 封其書	 伍二 1888 至其縣	 伍二 1894 其官	 伍二 1894 其官
 伍二 1901 論其	 伍二 1908 皆共其賞	 伍二 1909 其戍	 伍二 1914 其丞

 伍二 1923 其皋	 伍二 2013 其故徼	 伍二 2151 斬其左止	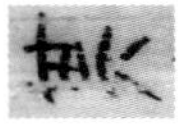 伍二 J27 其所劾
 伍二 J49 各請其執灋	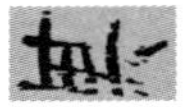 伍三 0024 其弗智	 伍三 1149+C4-3-7 其繇	 伍三 1155 告其縣官
 伍三 1155 移其診牒	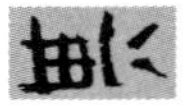 伍三 1177+C10-3-10 其病	 伍三 1181 其有	 伍三 1182 其事者
 伍三 1182 各以其事	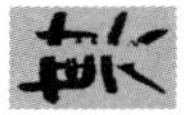 伍三 1664 智其	 伍三 1671 智其	 伍三 1677 恐其遝之
 伍三 1677 以其	 伍三 1690 其不過咸陽	 伍三 1690 其歸而已葬者	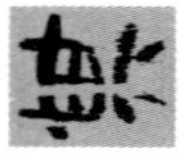 伍三 1691 其
 伍三 1738 免其婢	 伍三 1738 其主	 伍三 1761 其請實	 伍三 1761 其言
 伍三 1763 其丞	 伍三 1763 其伍人	 伍三 1763 其皋	 伍三 1764 解其赤衣
 伍三 1779 其毋走	 伍三 1787 其遣獄史	 伍三 1802 其非遣獄史	 伍三 1802 令其官

 伍 三 1806 其辠	 伍 三 1809 閵其縣官	 伍 三 1809 以其	 伍 三 1812 謀求其過辠
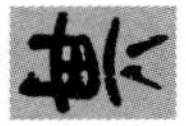 伍 三 1850 其賜	 伍 三 1850 其或	 伍 三 1850 直其賜	 伍 三 1854 上其廷
 伍 三 1857 上其奏	 伍 三 1873 見其	 伍 三 1873 其舍人	 伍 三 1896 其辠
 伍 三 1917 其出縣界者	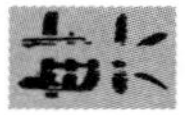 伍 三 1921 如其稗官令	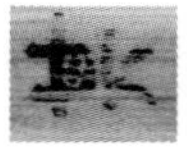 伍 三 1922 其辠	 伍 三 1925 去其廷
 伍 三 1986 其縣	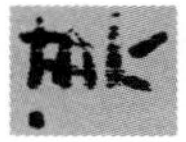 伍 三 2025 其論	 伍 三 J22 以其還	 伍 三 J35+J34 其得它縣官
 伍 三 J41 詣其居縣	 陸 一 0880 復其故吏	 陸 一 0880 及其所除	 陸 一 1158 其禁令
 陸 一 1311 利其易責	 陸 一 1311 智其詐僞	 陸 一 1438 其嘗論者	 陸 一 1438 其篤者
 陸 一 1441-1 其不智	 陸 一 1445+1441-2 其同獄	 陸 一 1450 坐其所致物	 陸 一 1452+C5-9-1 移其縣官

 陸一 1453 其得解爵	 陸一 1453 急責其見存	 陸一 1454 不能智其縣官	 陸一 1456 智其奸
 陸一 1457 其受請者	 陸一 1458 非其	 陸一 1458 去其家	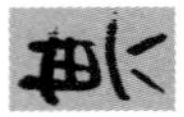 陸一 1458 去其家
 陸一 1462 其別有	 陸一 1462 其過及居所	 陸一 1463 令其人	 陸一 1463 其段
 陸一 1464 削去其久刻	 陸一 1475 其家居咸陽	 陸一 1475 其所當	 陸一 1477 及智其
 陸一 1523 它如其令	 陸一 1934 其等闌	 陸一 1956 以其	 陸一 1970 禁其闌
 陸一 1971 以其	 陸一 C5-9-3+0024 其弗智	 陸一 J29+J64-3 其辠	 陸一 J29+J64-3 其辠
 陸二 0114 以其	 陸二 0116 其謹齋戒	 陸二 1938 其令	 陸二 1942 其
 陸二 2056 其縣	 陸二 2128 各任其部	 陸二 2145 以其	 陸二 2162 各先其治

 陸二 J73-3+J03 其官嗇夫	 陸三 0027 其戍	 陸三 0155 其同居	 陸三 0156 其賈
 陸三 0181 其息之數	 陸三 1379 除其牒	 陸三 1937 及其	 陸三 1943 其所以告
 陸三 1943 其子	 陸三 1948 其留者	 陸三 1993 其	 陸三 1994 其父母
 陸三 1994 其辠	 陸三 1995 其賈	 陸三 2051 其息之數	 陸三 2052 及其當
 陸三 2100+2159 以其	 陸三 2105 其所治	 陸三 2119+2110 其父母毆	 陸三 2121 及其
 陸三 2135 其同居之所	 陸三 C10.3-6-5 其賈	 陸四 1145+1735 刻其郡名	 陸四 1152-1 其畍中
 陸四 1160 其事	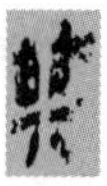 陸四 1610 封其上	 陸四 1676 其同獄	 陸四 1721 其田
 陸四 1788 其田	 陸四 1799 其官	 陸四 1807 與其	 陸四 1807 其不入史者

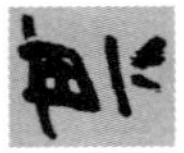 陸 四 1807 閩其不入者	 陸 四 1808 其次	 陸 四 1808 當以其均	 陸 四 1870–1+1870–2 其欲以
 陸 四 1871 其父母	 陸 四 1871 以罰其其	 陸 四 1872 其書	 陸 四 1895 其當論者
 陸 五 1753 其所治	 柒 一 0332 智其宜適	 柒 一 0345 其傷折伎	 柒 一 0346 其執灋府
 柒 一 0348 其為人	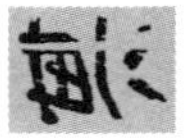 柒 一 0365 以其	 柒 一 0375 如其當為	 柒 一 0380 其高
 柒 一 0451–2 其□	 柒 一 0463 其郡	 柒 一 0480 及其	 柒 一 0485 其繇
 柒 一 0485 脩其令	 柒 一 0486 其年	 柒 一 0491 其年	 柒 一 0495 其欲令
 柒 一 0501 半其約	 柒 一 0501 其冗	 柒 一 0562 其謹禁御之	 柒 一 0568 以其貲錢
 柒 一 0570 以其錢數	 柒 一 0579 其如段言	 柒 一 0585 其人	 柒 一 0585 署其郡

 柒一 0599 除其家署	 柒一 0599 其典	 柒一 0599 其毋署除殴	 柒一 0656 其家
 柒一 0662 與其官	 柒一 0673 其欲入	 柒一 0675 以其名	 柒一 0683 各以其
 柒一 0684 其水作	 柒一 0710 其故爵	 柒一 0879 多以其故	 柒一 0879 其令吏
 柒一 0919 其前令	 柒一 1511 □其告	 柒一 0480+C10.4-5-4 及其	 柒一 0480+C10.4-5-4 其弗見
 柒一 J21 其年	 柒二 0339 其有	 柒二 0399 各如其故	 柒二 0461-1+0461-2 其徒
 柒二 0462-2 以其貲贖	 柒二 0753+1072-2 其寄	 柒二 0867 其當	 柒二 0969 與其
 柒二 1057 其署者	 柒二 1064 其有	 柒二 1065 其所治	 柒二 1075-1 其官私
 柒二 1077 當其	 柒二 1077 其當復治者	 柒二 1077 其屬所	 柒二 1078 令其事

柒二 1080
問其

柒二 1081
其室

柒二 1082
及其

柒二 1090
其前令

柒二 1096–1
其罪

柒二 1101
其獄

柒二 1137
其論

柒二 1626
其署者

柒二 1631
令其吏

柒二 1631
其不封者

柒二 1631
完其書封

柒二 1633
其人

柒二 1633
其書

柒二
1636+C7.1–9–4
各上其廷

柒二 1687
移其告

柒二 1957–2
其人

柒二 1972
其封書毆

柒二 2020
行其罪

柒二 2046
其罪

柒二 2063
其有盗

柒二 2079
令其事

柒二 2079
其書

柒二 2095
從其

柒二 2137
其□

柒二
2138+C8–8–1
其罪

丌部

典

[illegible]	 肆一 1940 典	 肆一 1965 典	 肆一 1966 典	 肆一 1984 典
	 肆一 1984 田典	 肆一 1990 典伍	 肆一 1990 貲典一甲	 肆一 2111 典伍
	 肆二 1226 典	 肆二 1228 典	 肆二 1235 典	 肆二 1241 與典
	 肆二 1288 典	 肆二 1290 典	 肆二 1291 典	 肆二 1291 典
	 肆二 1291 典	 肆二 1373 置典	 肆二 1374 段典	 肆二 1397 典
	 肆二 1405 典	 肆二 1405 置典	 肆二 J42 一典	 肆三 0665 典
	 伍一 1016 典老	 伍一 1122 典老	 伍二 1855 典老	 陸一 1595 典
	 陸三 0136 典	 陸三 0155 典	 陸三 0155 典	 陸三 0188 典及父母

字頭	字形
	 陸三 0770 典  陸三 1407 典  陸三 1994 典  柒一 0451-2 典  柒一 0451-2 田典  柒一 0599 其典  柒一 0598 田典  柒一 0598 其典  柒二 0875 田典  柒二 0875 城邑典  柒二 1063 典  柒二 1063 田典  柒二 1138 田典
畀	 肆一 0168 畀其主  肆一 0186 皆畀主  肆一 1959 皆畀主  肆一 1973 畀其主  肆一 2091 畀其主  肆二 1276 復畀之
奠	 伍一 0857+0871+0866 其奠皐

左部

左

	肆一 1997 左止
	肆一 2132 左司空
	肆一 2149 左樂
	肆一 2149 左樂
	肆二 1252 左在黔首
	肆二 1313 左署
	伍一 1022 左材官作
	伍二 1722 以右若左
	伍二 2151 左止
	陸一 1447 左符
	陸一 1450 左符
	陸三 1476 行左符者
	陸一 J67-2+J66-2+J72-4+J65-1+J66-4+J76-1+J66-1+J64-2 左符

工部

工

	肆一 2085 工
	肆三 0587 西工室
	肆三 0638 西工室
	肆三 0638 西工室
	伍一 1005 工隸臣妾
	伍一 1005 工當隸臣妾

式

	陸二 2058 辭式令
	柒一 0332 以為式
	柒一 0365 放式為之
	柒一 0365 毋式者

柒一0379
即寫式□

柒一0662
上式御史

柒一0662
為識式

巧

肆一0170
以巧及勞

伍一1021
以智巧譖

伍一1024
以它巧詐

巨

肆三0558
巨辠

伍一1038
巨辠

陸一1358
毋巨辠

陸三0105
毋巨辠

柒二0341
毋巨辠

甘部

甚

伍一1125
甚不善

伍三1812
甚非毆

陸四1808
甚非毆

柒一0879
甚不善

曰部

曰

肆二0350
司空律曰

肆二0798
興律曰

肆二0912
獄校律曰

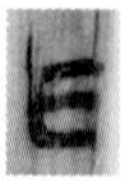
肆二0992
興律曰

 肆二 0994 田律曰	 肆二 1227 置吏律曰	 肆二 1228 興律曰	 肆二 1232 繇律曰
 肆二 1234 尉卒律曰	 肆二 1241 繇律曰	 肆二 1244 賊律曰	 肆二 1250 行書律曰
 肆二 1252 奔敬律曰	 肆二 1256 傅律曰	 肆二 1266 内史雜律曰	 肆二 1267 戍律曰
 肆二 1274 田律曰	 肆二 1276 田律曰	 肆二 1286 金布律曰	 肆二 1287 金布律曰
 肆二 1289 金布律曰	 肆二 1295 繇律曰	 肆二 1296 内史雜律曰	 肆二 1299 戍律曰
 肆二 1354 索律曰	 肆二 1370 倉律曰	 肆二 1377 行書律曰	 肆二 1384 行書律曰
 肆二 1392 具律曰	 肆二 1398 章曰	 肆二 1402 金布律曰	 肆二 1404 尉卒律曰
 肆二 1417 行書律曰	 肆三 0519 昭襄王命曰	 肆三 0681 二年曰	 伍一 0964 制曰

	 伍一 1008 乃曰	 伍一 1008 曰	 伍一 1010 制書曰	 伍一 1036 律曰
	 伍一 1104 制曰	 伍一 2155+C8-1-2 令曰	 伍二 1162 令曰	 伍二 1163 制曰
	 伍二 1168+1192 令曰	 伍二 1174 令曰	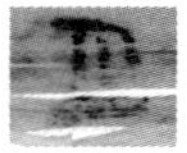 伍二 1661 令曰	 伍二 1679+1673 令曰
	 伍二 1712 下曰	 伍二 1722 署之曰	 伍二 1737 制曰	 伍二 1758 令曰
	 伍二 1786 曰	 伍二 1805 令曰	 伍二 1864 令曰	 伍二 1877 令曰
	 伍二 1894 令曰	 伍二 1903 令曰	 伍二 1907 令曰	 伍二 1907 令曰
	 伍三 1665 謾吏曰	 伍三 1668 令曰	 伍三 1691 令曰	 伍三 1761 令曰
	 伍三 1768 令曰	 伍三 1806 令曰	 伍三 1884 令曰	 伍三 1912 令曰

 伍三 1916 令曰	 伍三 1917 令曰	 伍三 1924 令曰	 伍三 1954 令曰
 伍三 J22 令曰	 陸一 0196 曰	 陸一 1464 議曰	 陸一 1476 告為符官曰
 陸一 1622 及曰詔獄	 陸一 1934 制曰	 陸二 1938 曰	 陸二 2163 曰
 陸三 0770 律曰	 陸三 1993 制曰	 陸四 1115 曰可	 陸四 1152–1 署徼曰
 陸四 1682 曰可	 陸四 1859 制曰	 陸四 1860 曰可	 陸五 1703 署曰
 陸五 1752 毋曰	 柒一 0147+0342 制曰	 柒一 0336 制曰	 柒一 0376 令曰
 柒一 0414+0361 令曰	 柒一 0487 曰	 柒一 0489 +0488+0368 南陽守曰	 柒一 0563 曰
 柒一 0579 制曰	 柒一 0919 制曰	 柒二 1043 制曰可	 柒二 1097 不曰

曹

字	簡例			
曹	柒二 1642 議曰			
	肆二 0798 弗告曹	肆三 1521 户曹令	伍二 1666 曹長	伍二 1666 曹長
	伍三 1779 倉曹令	伍三 1780 倉曹令	伍三 1921 倉曹令	柒一 0562 挾兵曹
	柒一 0644 分曹冢之			

乃部

乃

字	簡例			
乃	肆一 1940 乃論之	肆一 2089 乃後還者	肆二 1236 乃發	肆二 1256 子乃産
	肆二 1269 乃興	肆二 1397 乃比其牒	肆二 1429 乃為	肆三 0326 乃遣
	肆三 0358 乃請	伍一 1006 乃以	伍一 1008 乃曰	伍一 1103 乃以

伍二 1099 乃勿聽

伍二 1166 乃行

伍三 1869 乃勿坐

伍三 1885 乃遣

陸一 1458 乃治焉

陸一 1971 有詔乃

陸一 J33+J62-1 乃請

陸一 J67-2+J66-2+J72-4+J65-1+J66-4+J76-1+J66-1+J64-2 乃果當稟受

柒一 0365 郡乃放式

柒一 0384 乃許之

柒一 0562 乃得

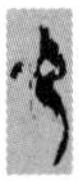
柒二 0867 乃令廷

柒二 1064 乃并封

丂部

寧

肆二 0349 歸寧

柒一 0372 歸寧

可部

可

肆二 1244 可直者

肆二 1253 不可

肆二 1269 不可留

肆二 1297 不可

肆二 1404
可許者

伍一 0964
制曰可

伍一 1008
不可

伍一 1103
不可

伍一 1104
制曰可

伍一 1114
未可事

伍二 1162
可以

伍二 1163
制曰可

伍二 1718
可別報

伍二 1790
可以

伍三 1809
為可

伍三 1854
可案

伍三 1912
令可案

陸一
1902+C8–1
報曰可

陸二 0114
不可

陸二 0130
不可

陸二 2015
可道入

陸二 2162
可食

陸三 0179
可以

陸四
1145+1735
可以

陸四 1115
曰可

陸四 1175
可以

陸四 1682
曰可

陸四 1859
制曰可

陸四 1860
曰可

柒一 0302
可

柒一 0403
不可

柒一 0403
不可

柒一 0447
不可

柒一 0481
終不可作

柒一 0481
有瘳可事

柒一 0657
可成

柒一 1083
其不可

柒一 1083
可獻者

柒二 1082
不可

柒二
1148–1+1148–2
可先智

柒二 1627
不可亡

奇

伍一 2097
奇不盈十

亏部

于

肆一 1930
匿之于外

肆一 2088
輕于

肆二 1225
謝于將吏

肆二 1225
于署

肆二 1248
于屬所尉

肆二 1288
于縣官

肆二 1289
于縣官

肆二 1305
署于牒

肆二 1352
置吏于縣

肆二 1372
于結

肆二 1374
于官府

肆二 1397
謁于尉

肆二 1404
謁于尉

伍二 0833
重于

伍二 1695
重于

伍三 1691
數于傳

字頭	篆				
		 伍三 1912 于獄	 陸一 1622 于獄	 陸一 1678 于獄	 陸二 2163 有重于
		 陸三 1993 罪重于	 陸四 1160 于署	 陸四 1239 于御史	 陸五 1752 于獄
		 柒二 1053 齒于			
平		 肆二 0793 以平賈買	 肆二 0990 以平賈直之	 肆二 1238 以平其繇	 肆二 1285 平賈叚錢
		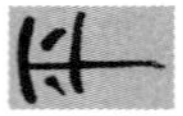 肆二 1296 平之	 肆二 1351 以平賈買	 伍一 2059 不平者	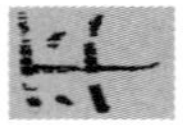 伍一 2059 平之
		 陸一 0198+2189 以平賈予錢	 陸一 1357 以平賈買	 柒一 0683 平賈物直	 柒一 0689 陽平

旨部

字頭	篆				
嘗		 伍二 1914 嘗治獄	 伍三 1600-1 諸嘗	 柒二 1633 嘗上書	 柒二 1957-2 嘗上書

柒二 2115 嘗上書

壴部

嘉

肆三 0467 嘉等

虍部

虎

柒一 0506 得虎數

柒一 0563 得虎者

柒一 0653 得虎狗

皿部

盛

陸一 1614 盛制書

陸二 0130 更盛

齍

伍一 2059 以齍使

益	益	 肆 二 1383 益守	 肆 二 1396 益除	 肆 三 0466 益為門者	 肆 三 0705 益展
		 伍 一 1019 以益讙求	 伍 三 1924 若益	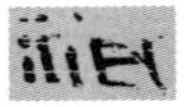 陸 四 1900 減益	 柒 一 0302 益高
		 柒 一 0302 益高	 柒 一 0684 日益食	 柒 二 0462-2 益戍日	
盈	盈	 肆 一 0170 盈三月	 肆 一 0185 不盈	 肆 一 0185 盈十二月	 肆 一 1988 不盈
		 肆 一 1989 未盈	 肆 一 1996 未盈	 肆 一 2008 不盈	 肆 一 2008 盈三月
		 肆 一 2016 盈三月	 肆 一 2033 盈三月	 肆 一 2035 不盈	 肆 一 2035 不盈
		 肆 一 2037 未盈	 肆 二 0792 盈十日	 肆 二 1229 齒未盈	 肆 二 1258 盈三月
		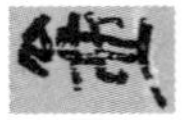 肆 二 1278 盈卅日	 肆 二 1313 已盈員	 肆 二 1373 不盈	 肆 二 1403 毇盈者

	伍一 0857+0871+0866 盈一日		伍一 0918 未盈		伍一 0998+C10-4-13 未盈		伍一 1003 未盈
	伍一 1018 未盈		伍一 1024 盈六月		伍一 1037 未盈		伍一 1037 盈三月
	伍一 1935 盈八歲		伍一 2097 不盈十		伍二 1616 盈六月		伍二 C8-1-12+2130 不盈
	伍三 1865 不盈		伍三 1865 盈三月		伍三 1886 盈萬户		伍三 1904 不盈
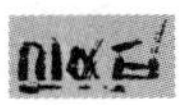	陸一 1357 盈二月		陸一 1446 盈八分日		陸一 1475 不盈		陸一 1483 臧不盈
	陸一 1508 不盈		陸四 1611 盈一日		柒一 0380 不盈		柒一 0380 高不盈
	柒一 0450 盈二歲者		柒一 0501 盈六歲		柒一 0569 盈廿日		柒一 0710 勞盈
	柒二 0340 盈卅日						

盡		 肆一 2010 盡論之	 肆一 2089 盡論之	 肆二 1227 盡三月	 肆二 1240 盡八月
		 肆二 1285 月盡	 肆二 1305 盡券書	 肆二 1352 盡去所任	 肆二 1362 盡九月
		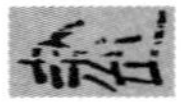 肆二 1386 盡歲	 肆二 1393 盡興	 肆二 1403 月未盡	 肆三 0525 盡如
		 肆三 0558 各盡	 伍一 0962 盡睬其嫁	 伍一 1104 盡如	 伍一 1110 盡輸
		 伍一 1129 盡如	 伍一 2155+C8-1-2 盡先封閉	 伍二 1794+1856-1 必盡具寫	 伍三 1809 盡極
		 伍三 1854 月盡	 伍三 1867 盡坐之	 陸一 1459 盡主	 陸一 1918 縣各盡以
		 陸三 1943 盡傳	 柒二 2064-1 盡校之		
盔*		 陸二 2056 各盔縣界			

厺部

去　厺

肆一0167 欲去

肆一1932 去亡

肆一1932 賁瞶去亡

肆一1985 去而後還

肆一1990 男女去

肆一1992 去亡

肆一2010 去而後還

肆一2011 去亡

肆一2087 去亡

肆一2089 去乃後還

肆二1228 去亭

肆二1352 盡去

肆三0359 能去

伍一1014 去敵

伍一1018 去繇

伍一1024 相去

伍一1024 相去

伍一1109 毋得去

伍二1666 軍罷去

伍三1182 竊去

伍三1764 解去

伍三1884 去家

伍三1925 去其廷

陸一1458 皆去

陸一1458 去其家

陸一1464 令削去

陸一1475 去咸陽

陸一1477 解去

		 陸二 J67-1+J76-12+J71-1+J64-1+J66-6 去家	 陸二 0122-1+0122-2 去圂	 陸二 0176 去官	 陸二 1938 去之
		 陸二 2146 弗去	 陸二 2146 輒拔去之	 陸四 1610 毋去	 陸四 1720 免去
		 陸四 1799 欲去	 陸四 1866+J71-3 免去	 陸五 1748 去亡	 柒一 0334 毋得去
		 柒二 0396 相去遠	 柒二 1056 毋得去	 柒二 1082 毋得去	 柒二 1082 擅去
		 柒二 2046 去亡	 柒二 2063 毋得去	 柒二 2138+C8-8-1 免去	

丶部

主		 肆一 0168 畀其主	 肆一 0186 皆畀主	 肆一 1940 主舍	 肆一 1945 為主私屬
		 肆一 1959 皆畀主	 肆一 1973 畀其主	 肆一 1980 殺主	 肆一 1984 主舍

 肆一 1990 主舍者	 肆一 2040 主舍者	 肆一 2041 主匿	 肆一 2057 鄉部吏主者
 肆一 2062 畀其主	 肆一 2091 畀其主	 肆二 1243 令史主者	 肆二 1282 吏主者
 肆二 1285 賦主	 肆二 1291 士吏主者	 肆二 1292 士吏主者	 肆二 1351 吏主者
 肆二 1351 予其主錢	 肆二 1353 主者	 肆二 1355 吏主者	 肆二 1369 先智所主
 肆二 1369 所主將吏	 肆二 1383 先智所主	 肆二 J46 士吏主者	 肆三 0324 吏主遣者
 伍一 0961 卒史主者	 伍一 0965 令史主者	 伍一 1132 吏主者	 伍一 2168 史主者
 伍三 1738 其主所	 伍三 1912 主者	 陸一 1446 吏主者	 陸一 1456 吏主轂者
 陸一 1459 主諸官	 陸一 1477 吏徒主將者	 陸一 1970 吏主者	 陸二 0128 吏主者

陸二 1938 吏主者

陸二 2015 主者

陸二 2112 主詔匠

陸二 2146 吏主者

陸二 J73-3+J03 吏主者

陸三 2014 毆主母

陸四 1153 主者

柒二 1075-1 弗主紀數之

柒二 1634 卒史主者

井部

井

肆二 1277 梗井旁

皀部

即

肆二 1258 即辟問

伍一 0998+C10-4-13 即皆令

伍一 1010 即非廢

伍二 1086 即自言吏

伍二 1851 即能

伍二 1862 而即

伍三 1787 即令

伍三 1809 或即以

陸一 1453 即急責

陸一 1476 即令

陸二 2163 即有

陸三 2119+2110 即自言吏

陸四 1798 即入之

柒一 0379 即寫

柒一 0654 即贅

柒二 1065 即以

柒二 2064-1 即臧

鬯部

爵

肆二 1234 削爵

肆二 1259 毋爵寡

肆二 1259 小爵

肆二 1259 有爵寡

肆二 1293 毋爵者

肆二 1293 下爵

肆二 1295 有爵

肆二 1396 小爵

肆二 1414-1 下爵

肆二 1414-1 上爵

肆二 1414-1 下爵

肆三 0634 得爵

肆三 0668 奪爵者

伍二 1168+1192 解爵

伍二 1168+1192 受爵

伍二 1692 受爵

	 伍二 1692 解爵	 伍二 1789+1804 解爵	 伍二 1849 捧爵	 伍二 1862 捧爵
	 伍二 1862 故爵	 伍三 1863 故爵	 伍三 0107 各比爵	 伍三 1662 奪爵
	 伍三 1671 縱自爵皋	 伍三 1922 自爵律	 陸一 1311 解爵	 陸一 1442+J69-1+J75-6+J69-2 毋爵者
	 陸一 1444 縱自爵皋	 陸一 1453 解爵	 柒一 0182 解爵	 柒一 0377 解爵
	 柒一 0377 解爵	 柒一 0378 解爵	 柒一 0389 解爵	 柒一 0389 毋得爵
	 柒一 0501 冗爵	 柒一 0571 解爵	 柒一 0580 冗爵	 柒一 0598 冗爵
	 柒一 0682 受爵	 柒一 0710 解爵	 柒一 0710 後爵	 柒一 0710 故爵
	 柒一 0733 拜爵	 柒一 J21 解爵	 柒二 1074 官爵	 柒二 1079 奪爵

	 柒二 1079 有爵			

食部

食				
食	 肆二 0060 食縣官	 肆二 0060 衣食	 肆二 0793 貸食	 肆二 0793 自食
	 肆二 0993 食縣官者	 肆二 0993 食縣官者	 肆二 1240 衣食	 肆二 1393 食牛
	 肆二 J28 稟食	 肆三 0319 多食	 肆三 0319 就食	 肆三 0526 就食
	 肆三 0529 飲食	 肆三 0529 飲食	 肆三 0634 食之	 肆三 0639 稟月食者
	 肆三 0705 當食	 伍一 1114 自食	 伍一 1120+C4-2-1-7 食之	 伍一 1124 同船食
	 伍二 1697 酒肉食	 伍二 1710 酒肉食	 伍二 1711 酒肉食	 伍二 1717 酒肉食

	 伍二 1732 酒肉食	 伍二 1815 酒肉食	 伍二 1847 酒肉食	 伍二 1879 飲食
	 伍二 1880 飲食	 伍二 1906 飲食	 伍二 1906 飲食	 伍三 1663 勿食
	 伍三 1691 傳食	 伍三 1873 同食	 陸一 1481 徒食	 陸二 0128 諸食官
	 陸二 0130 賜酒食	 陸二 0130 酒食	 陸二 0131 食官	 陸二 0132 食官
	 陸二 2018 食官	 陸二 2024 中食所	 陸二 2032 置食所	 陸二 2049 中食所
	 陸二 2131 置食所	 陸二 2162 食官	 陸二 2162 可食	 陸三 0123 酒肉食
	 陸三 2100+2159 酒食	 柒一 0401 食署所	 柒一 0449 莫養食	 柒一 0570 毋食
	 柒一 0673 自食	 柒一 0684 日貸食	 柒一 0684 日益食	 柒二 1053 麥食

柒二 1058
得以食

養

肆一 2132
養

肆二 1260
養

肆二 1264
養

肆二 1370
養

肆二 1370
養

肆二 1382
養

伍三 1670
炊養

伍三 1670
養

柒一 0449
養食

餘

伍一 0968
餘獄

陸一 1463
千餘人

陸三 0135
乃收餘

柒一 1040
有餘弗上

館

伍二 1696
候館市旁

陸三 2103
矦館市旁

亼部

合

肆二 1253
合符焉

今

	 肆三 0015 今茲	 伍一 0899 自今以來	 伍一 0962 今或盜	 伍一 0962 自今以來
	 伍一 1008 今多弗署者	 伍一 1008 今其令	 伍一 1017 自今以來	 伍一 1023 而今
	 伍一 1036 今南郡司馬	 伍二 1605+1617 自今以來	 伍二 1696 自今以來	 伍二 1786 自今以來
	 伍二 1792 今為令	 伍三 1857 自今以來	 陸一 1463 至今	 陸一 1478 自今以來
	 陸一 1678 自今以來	 陸一 1971 自今以來	 陸三 1948 自今以來	 陸三 2052 自今以來
	 陸三 2103 自今以來	 陸四 1807 今茲	 柒一 0302 今而後	 柒一 0404 自今以來
	 柒一 0490 自今以來	 柒一 0550 自今以來	 柒二 1055 自今以來	 柒二 1065 自今以來
	 柒二 2115 自今以來	 柒二 2125 今縣官材		

舍

 肆一 1930 舍匿罪人律

 肆一 1930 舍匿之

 肆一 1940 舍

 肆一 1940 舍之

 肆一 1940 主舍

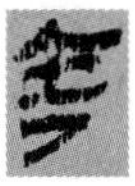 肆一 1977 舍人室

 肆一 1984 官舍

 肆一 1984 人舍

 肆一 1984 舍人

 肆一 1984 主舍者

 肆一 1990 舍人室

 肆一 1990 室主舍者

 肆一 2011 舍人室

 肆一 2012 舍罪人律

 肆一 2040 官舍

 肆一 2040 人舍

 肆一 2040 主舍者

 肆一 2042 而舍之

 肆一 2111 舍者

 肆二 0994 居田舍者

 肆二 1225 而舍之

 肆二 1226 舍室

 肆二 1233 舍中

 肆二 1266 侍舍

 肆二 1400 居田舍者

 肆三 0359 舍室

 肆三 0525 人舍

 伍一 0895 舍人

 伍一 1012 舍人

 伍一 1016 挾舍匿之

 伍一 1016 挾舍匿者

 伍一 1019 舍人

 伍一 1028 舍人	 伍一 1029 舍人	 伍一 1122 挾舍匿者	 伍一 2053+2050 舍人
 伍二 1596 舍者	 伍二 1615 舍者	 伍二 1696 舍吏	 伍二 1708 不當舍
 伍二 1708 舍者	 伍二 1813 舍者	 伍二 1813 而舍之	 伍二 1849 舍者
 伍二 1906 舍事	 伍二 1906 同舍	 伍二 1908 舍者	 伍三 1670 寺舍
 伍三 1861 舍所官	 伍三 1873 舍人	 陸二 2092 以書言舍所	 陸二 2093 寺舍
 陸二 2128 蠻夷舍	 陸二 2128 毋敢舍	 陸二 2145 寺舍	 陸三 0769 舍
 陸三 0769 不當舍	 陸三 0769 而舍焉	 陸三 0769 舍者	 陸三 2103 以舍吏毆
 柒二 0753+1072–2 其寄舍□			

會部

字頭					
會	會	 肆 一 1932 不會	 肆 一 1989 不會	 肆 一 2044 不會	 肆 一 2048 不會
		 肆 一 2072 不得會	 肆 一 2087 為會	 肆 二 1228 會閱	 肆 二 1372 會計
		 肆 二 1392 弗會	 肆 二 1425 會獄治者	 伍 一 1024 會計	 伍 三 1925 恒會
		 柒 一 0370 恒會			

倉部

字頭					
倉	倉	 肆 一 1996 榑作倉	 肆 二 1266 倉	 肆 二 1370 倉律	 肆 二 1413 倉
		 伍 三 1779 倉曹令	 伍 三 1780 倉曹令	 伍 三 1921 倉曹令	 伍 三 J35+J34 黍倉徒

宀部

入 宀

 肆一 1932 未入	 肆一 1990 入之	 肆一 1992 當入	 肆一 1992 未入
 肆一 2132 入僕	 肆二 0350 弗能入	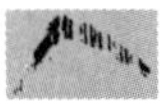 肆二 1224 收入	 肆二 1230 入之
 肆二 1230 不入芻	 肆二 1230 入之	 肆二 1260 能入者	 肆二 1264 弗令入
 肆二 1264 令出僕入	 肆二 1264 能入	 肆二 1276 不當入	 肆二 1276 已入
 肆二 1278 弗入	 肆二 1280 入十六錢	 肆二 1288 没入	 肆二 1289 没入
 肆二 1365 令入	 肆二 1397 入穀	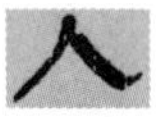 肆二 1399 見其入	 肆二 1399 令入錢
 肆二 1410 没入	 肆二 1411 入錢	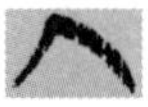 肆二 J45 入租貣	 肆二 J57 弗能入

 肆二 J57 入之	 肆二 J57 能入者	 肆二 J57 移居縣入	 肆三 0525 入舍
 肆三 0587 入禾	 肆三 0638 入禾	 伍一 1023 以嫁入	 伍一 1107 嫁及入
 伍一 1120+C4-2-1-7 或入	 伍二 1669 沒入	 伍二 1686 出入	 伍二 1851 入縣官
 陸一 1457 而當入	 陸一 1457 請吏入	 陸一 1486-1+1486-2 沒入	 陸一 1970 出入
 陸一 1970 出入	 陸二 2015 道入	 陸二 2164 出入	 陸三 0098 入縣道
 陸三 0770 出入	 陸四 1798 入之	 陸四 1807 不入	 陸四 1807 不入者
 陸四 1858 不能入	 陸四 1859 不入	 陸五 1693 亡入	 柒一 0367 入粟
 柒一 0384 而欲入	 柒一 0489+0488+0368 入粟	 柒一 0489+0488+0368 入禾粟	 柒一 0489+0488+0368 入粟

		 柒一 0490 欲人禾粟	 柒一 0490 得縣禾人	 柒一 0562 出人	 柒一 0563 人皮肉
		 柒一 0644 人縣官	 柒一 0656 弗能人	 柒一 0673 人禾粟	 柒一 0673 不能人
		 柒一 0863 能人	 柒一 1069+0878-1 人粟	 柒一 C4.1-2-1 人粟	 柒二 1054 復人之
		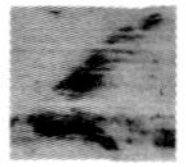 柒二 1075-1 人數			
内		 肆一 2085 内官	 肆二 1296 内史	 肆三 0316 内史	 肆三 0351 内史
		 肆三 0587 内史	 肆三 0609 内史律	 肆三 0617 内史郡	 肆三 0749 内史
		 肆三 1521 内史	 伍一 0864 河内	 伍一 1001-1+1020 晦内	 伍一 1131 内史
		 伍二 1099 内史律	 伍二 1789+1804 内史	 伍三 1768 内史	 伍三 1779 内史

伍三 1780 内史	伍三 1899 内史	伍三 1920 内史	伍三 1921 内史
伍三 1926 内史官	陸一 J67–3+J70–2+J71–2+J66–3+J74–1 内史	陸二 0122–1+0122–2 内史	陸二 2127 内史
陸二 2127 内史丞	陸四 1858 別離内佐	柒一 0383 河内署	柒一 0389 内史
柒一 0568 内史	柒一 0707+C3–5–2 河内	柒二 0877 縣道内	

缶部

缺

肆二 1225 缺其吏	肆二 1227 有缺者	肆二 1376 有缺	陸四 1612 諸它缺

缿

肆二 1285 發缿	肆二 1285 缿	肆二 1399 錢缿	肆二 1403 輸缿錢
肆二 1403 缿盈者	肆二 1411 為缿	肆二 1411 為缿空	

矢部

矢

柒一 0657
備戰矢

射

肆三 0318
試射者

陸一 1308+C5-2-3+1507
僕射

陸一 1446
僕射

柒一 0346
善射

柒一 0657
備射

矦

陸三 2103
矦館

矣

陸一 1918
兵事畢矣

柒二 1079
皆已夬矣

高部

高

肆二 1229
高五尺

肆二 1266
獨高其侍

肆二 1279
高五尺

伍二 1162
為檢令高

陸二 2164 高垣

陸四 1175 為檢令高

柒一 0302 益高

柒一 0380 高不盈六尺

柒一 0380 高不盈六尺

柒二 1053 高

亭

肆二 1228 去亭

肆二 1301 市亭

肆二 1410 鄉亭嗇夫

冂部

市

肆二 0990 都市

肆二 1265 關市律

肆二 1279 載以賈市

肆二 1288 必於市

肆二 1289 市術者

肆二 1415 市

肆三 0624 棄市

伍二 1696 候館市旁

伍二 1699-1 禁市販

伍三 1768 市者

陸三 0105 大書市門

陸三 0105 鄉市

陸三 0770 市販

陸三 2103 矦館市旁

亯部

就　𡥉

 肆 二 1279 就載

 肆 二 1279 就載

 肆 二 1372 相就

 肆 二 1398 就載

 肆 三 0319 就食

 肆 三 0526 就食

 伍 二 1683 就近

 伍 二 1736 取就

 陸 三 0189 取就

㫗部

厚　𡊄

 肆 二 1241 書其厚焉

 肆 三 0531 厚毋過二寸

 伍 二 1848 厚毋下十五分

 伍 二 1848 厚毋下十分

 伍 二 1848 厚過程者

㐭部

廩

肆三 0639
稍廩月食者

稟

肆二 J28
稟食

伍三 1691
稟貣者

伍三 1691
當稟者

陸一 1450
當稟受者

陸一 J67–2+J66–2+J72–4+J65–1+J66–4+J76–1+J66–1+J64–2
當稟受者

陸一 J67–2+J66–2+J72–4+J65–1+J66–4+J76–1+J66–1+J64–2
稟受之

嗇部

嗇

肆一 2057
鄉部嗇夫

肆一 2057
鄉部嗇夫

肆一 2089
家嗇夫

肆一 2090
縣道嗇夫

肆一 2111
嗇夫

肆一 2122
縣道嗇夫

肆二 0993
官嗇夫

肆二 0994
田嗇夫

肆二 1224
官嗇夫

肆二 1232
鄉嗇夫

肆二 1241
鄉嗇夫

肆二 1245
都官嗇夫

肆二 1245
新嗇夫

肆二 1249
鄉嗇夫

肆二 1313
鄉嗇夫

肆二 1355
鄉嗇夫

 肆 二 1397 鄉嗇夫	 肆 二 1398 廄嗇夫	 肆 二 1400 田嗇夫	 肆 二 1410 鄉亭嗇夫
 肆 三 0524 官嗇夫	 肆 三 0525 鄉嗇夫	 肆 三 0680 嗇夫	 伍 一 1132 官嗇夫
 伍 二 1620 鄉嗇夫	 伍 二 1621 鄉嗇夫	 伍 二 1686 鄉嗇夫	 伍 二 1889 鄉嗇夫
 伍 二 1889 鄉嗇夫	 伍 二 1901 鄉部嗇夫	 伍 二 1910 鄉嗇夫	 伍 三 1763 嗇夫
 伍 三 1768 官嗇夫	 伍 三 1780 官嗇夫	 伍 三 1802 官嗇夫	 伍 三 1854 官嗇夫
 陸 一 1154 嗇夫	 陸 一 1446 官嗇夫	 陸 一 1456 官嗇夫	 陸 一 1595 鄉嗇夫
 陸 一 1970 貲府嗇夫	 陸 二 0113 官嗇夫	 陸 二 0128 官嗇夫	 陸 二 1938 嗇夫
 陸 二 2015 官嗇將	 陸 二 J73-3+J03 官嗇夫	 陸 三 0155 嗇夫	 陸 三 0188 嗇夫

陸三 1379 嗇夫

陸三 1407 嗇夫

陸三 1994 鄉部嗇夫

陸三 2052 嗇夫

陸三 2134 嗇夫

陸四 1176 官嗇夫

陸四 1180 官嗇夫

陸四 1180 官嗇夫

柒一 0485 嗇夫

柒一 0569 官嗇夫

柒一 0578 廄嗇夫

柒一 0654 鄉嗇夫

柒一 0675 嗇夫

來部

來

肆一 0187 來誘者

肆一 1985 以來

肆一 1990 來入之

肆一 2010 以來

肆一 2047 以來

肆一 2088 以來

肆一 2107 得來

肆二 0349 往來

肆二 0359 以來

肆二 0559 以來

肆三 1271 不來

肆三 1363 來與券

 伍一 0899 以來	 伍一 0962 自今以來	 伍一 1017 自今以來	 伍一 1018 以來
 伍一 1025 以來	 伍二 1099 以來	 伍二 1596 來盜	 伍二 1596 外來
 伍二 1596 外來	 伍二 1605+1617 以來	 伍二 1606+1619 來為閒	 伍二 1615 來為閒
 伍二 1696 往來	 伍二 1696 以來	 伍二 1786 以來	 伍二 1792 來為閒
 伍二 1813 來為閒	 伍二 1848 以來	 伍二 1908 來盜	 伍二 1908 來為閒
 伍二 2151 來盜	 伍三 1857 以來	 陸一 1357 以來	 陸一 1447 以來
 陸一 1971 以來	 陸二 0131 以來	 陸二 2128 來書	 陸二 2128 來書
 陸三 0178 以來	 陸三 1948 以來	 陸三 2052 以來	 陸三 2103 以來

陸四 1612
以來

柒一 0333
來獻

柒一 0364
來獻

柒一 0378
以來

柒一 0490
以來

柒一 0548
往來

柒一 0550
以來

柒一 0657
來備戰矢

柒一
C10.3–1–1
以來

柒二
0199–1 ＋0199–2
以來

柒二
0397+0390
以來

柒二 1055
以來

柒二 1065
以來

柒二 1624
以來

柒二 2115
以來

麥部

麥

柒二 1053
叔麥

夂部

致

肆二 J54
毋致官

肆三 0016
致其縣官

肆三 0638
西工室致

伍一 0898
致桎傳

致（續）

伍一0898 致桎傳
伍一0963 案致
伍二1797 致桎梏
伍三J41 致書

伍三J41 致書
陸一1450 所致
陸一1476 致某物
陸一J67-2+J66-2+J72-4+J65-1+J66-4+J76-1+J66-1+J64-2 致所官

陸二0130 不可致者
陸二0130 留臧致者
陸二0130 致者留
陸二0175 留致者

陸二0175 致者
陸二2152 留致者
柒一0548 不致令
柒一1069+0878-1 不致令

愛

伍一1165 茲愛

夏

肆三0669 冬夏賤衣

夊部

弟

肆二0081 弟己
肆二1232 人屬弟子
肆二1267 弟子
肆二1295 弟子

肆三 1131 弟庚

伍一 1025 兄姊弟

伍一 1029 樂突弟

伍一 1131 弟庚

伍一 1165 親弟

伍三 1780 弟乙六

伍三 1926 弟戊

柒一 0449 弟及子

夊部

久

夊

肆二 1365 令入久

肆二 1365 竊久

肆二 1398 久右肩

肆三 0358 久昜期

肆三 0521 久劾

肆三 0524 劾久

肆三 0524 久劾

伍一 0857+0871+0866 久者

伍一 1034 久𣪘留

伍一 1125 久𣪘

伍一 1125 久留

伍三 1812 久𣪘

伍三 1885 冣久

陸一 1464 久刻

陸一 J33+J62–1 久昜期

柒二 1623 久劾

柒二 1630 久劾者

桀部

乘

 肆 二 1274 乘馬	 肆 二 1274 乘馬	 肆 二 1277 乘傳	 肆 三 0754 乘車馬
 伍 二 1142 乘車	 伍 三 1874 乘車	 伍 三 1899 乘傳馬	 伍 三 1917 乘傳馬
 伍 三 1920 驂乘	 伍 三 1920 乘傳馬	 伍 三 1924 乘馬	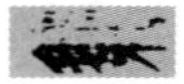 伍 三 1924 乘傳馬
 伍 三 1924 走乘	 陸 二 0176 乘車	 陸 二 2049 車乘	 陸 二 2131 乘車
 陸 二 2131 乘車	 陸 四 1866+J71-3 乘車	 柒 一 0347 公乘	 柒 一 J61 乘
 柒 二 1058 勿敢乘			

第六卷 木部

字				
木	 伍—0857+0871+0866 木久	 伍—1104 樹木	 伍—1104 樹木	 伍—1120+C4-2-1-7 樹木
杜	 肆—2149 杜陽			
梓	 柒—0382 梓潼丞			
柀	 肆三0813 柀兼上志	 伍—1114 柀有	 柒—0484 柀不存	
枸	 肆—1983 枸櫝	 伍二1797 鉗枸櫝杕	 陸—1451 鉗枸	
樛	 肆—2149 樛邑			
梧	 伍—0898 蒼梧	 伍—1001-1+1020 蒼梧	 伍—1104 蒼梧	

梗		 肆二1277 梗井旁			
某		 肆二0798 某曹	 肆二0798 某手	 伍一1008 當某	 伍一1008 以某
		 伍一1008 某比行事	 伍二1712 當某	 伍二1786 某年	 伍二1786 某月
		 伍二1786 某日	 陸一1476 某致	 陸一1476 某物	 陸四1152-1 某縣官
		 陸四1900 至某縣	 柒二2022 某坐	 柒二2022 某物	 柒二2022 云某
樹		 伍一1001-2 樹木	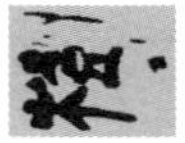 伍一1104 樹木	 伍一1104 樹木	
朱		 陸五1693 朱久			
根		 伍二1786 為根	 伍二1786 為根		

字					
果		 陸一 J67-2+J66-2+J72-4+J65-1+J66-4+J76-1+J66-1+J64-2 乃果			
枚		 陸一 1486-1+1486-2 買二枚			
枉		 伍二 0833 枉事	 伍二 1167 枉事	 伍二 1605+1617 毋枉	 伍二 1695 枉事
		 伍二 1697 枉事	 伍二 1697 枉事	 伍二 1711 枉事	 伍二 1711 枉事
		 伍二 1732 枉事	 陸三 0177 枉毆	 陸三 1937 枉事	 陸三 1963 枉事
		 陸三 2105 枉毆			
杕		 肆一 1983 杕之	 肆二 1375 枸櫝杕	 伍二 1797 櫝杕者	 陸一 1451 櫝杕者
材		 肆三 0669 材官	 伍一 1022 左材官	 伍一 1022 材官	 伍三 1882 材令

		 柒二 0341 伐材	 柒二 1063 材物	 柒二 1081 材竹	 柒二 1623 伐材
		 柒二 1623 流材	 柒二 1630 伐材竹	 柒二 1632 材竹者	 柒二 2125 官材
		 柒二 2125 縣官材			
榦		 肆二 0793 榦官	 柒二 1080 榦官	 柒二 1687 榦官	
極		 伍三 1809 盡極			
榱		 伍三 0107 繇員榱			
櫝		 肆一 1983 枸櫝	 肆二 1375 枸櫝杕	 伍二 1797 櫝杕者	 伍三 1922 枸櫝杕
		 陸一 1451 櫝杕者			

槃

 肆二 1237 槃及圜櫝

案

 肆二 1258 月案

 肆二 1285 案鮭錢

 肆三 0640 案視

 伍一 0963 謹案

 伍一 1008 案疹

 伍一 2155+C8–1–2 案行官

 伍一 2155+C8–1–2 案行

 伍一 2155+C8–1–2 案行

 伍二 1758 案行

 伍二 1758 案行事

 伍三 1662 案佩

 伍三 1664 案疹

 伍三 1854 可案

 伍三 1854 案次編

 伍三 1912 令可案

 伍三 1925 案之

 伍三 2025 案掾

 伍三 J41 以案□

 陸一 1447 案符

 柒二 1059 以案

 柒二 2064–1 以案

樀

 伍二 1685 計樀籍

字頭				
樂	肆一 2149 左樂	肆一 2149 左樂	伍一 1029 樂突	
檢	伍二 1162 為檢令	伍二 1162 書檢	陸四 1175 為檢令	陸四 1175 書檢
檄	伍二 1877 毋以檄			
橋	肆二 1255 田道橋	肆二 1371 橋		
校	肆二 0912 獄校律	肆二 0912 皆校	肆二 1419 獄校律	肆三 0018 校獄
	柒二 2064-1 盡校之			
采	伍三 1779 給薪采	柒三 2003 采鐵	柒三 2003 采金	
休	肆二 1274 歸休	柒一 0548 歸休		

桎		 肆二 1261 桎杵	 伍一 0898 致桎傳之	 伍二 1797 桎梏
檻		 柒二 0396 兩檻		
橧		 陸四 1145+1735 郡名橧		
杵*		 肆二 1261 桎杵		
榑*		 肆一 1996 榑作倉	 肆一 1996 榑作事	
櫭*		 肆二 1237 方櫭	 肆二 1237 圜櫭	
楀*		 柒一 0562 楀出入		

東部

東	𣎵	 肆二 1312 江東	 肆三 0319 東郡	 伍一 0864 東郡	 陸四 1159 江東
		 陸四 1810 潦東	 陸四 1871 潦東	 陸四 1871 潦東	 柒一 0194-1 東郡
		 柒一 0194-1 東晦	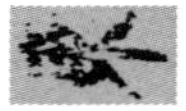 柒一 0382 東次	 柒一 0383 戍東	 柒一 0689 戍東
		 柒一 0707+C3-5-2 東郡			

㞢部

之	㞢	 肆一 0161 之亡徼中	 肆一 0186 繫之	 肆一 0782 論之	 肆一 0796 論之
		 肆一 1930 匿之	 肆一 1935 去亡之漊	 肆一 1940 論之	 肆一 1940 捕之
		 肆一 1940 論之	 肆一 1945 論之	 肆一 1959 繫之	 肆一 1962 報之

 肆一 1973 別之	 肆一 1974 計之	 肆一 1976 命之	 肆一 1981 計之
 肆一 1983 杕之	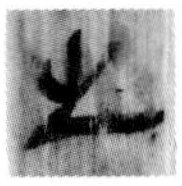 肆一 1985 論之如律	 肆一 1990 之中縣	 肆一 1990 覆之
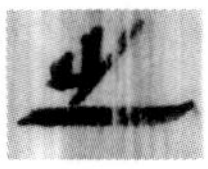 肆一 1996 將司之	 肆一 2009 命之	 肆一 2111 坐之	 肆一 2042 舍之
 肆一 2044 論之	 肆一 2089 論之	 肆二 1245 免之	 肆二 1245 許之
 肆二 1247 許之	 肆二 1260 給之	 肆二 1268 免吏之子	 肆二 1273 繕之
 肆二 1276 復畀之	 肆二 1351 買之	 肆二 1355 券書之	 肆二 1362 計之
 肆二 1375 枸櫝杕之	 肆二 1376 用之	 肆二 1397 牒部之	 肆二 1397 鄉里之人㲉
 肆二 1400 覆之	 肆二 1410 予之	 肆二 1424 傳之	 肆二 J43 補之

 肆三 0016 用之	 肆三 0358 貸之	 肆三 0520 免之	 肆三 0525 坐之
 肆三 0557 出之	 肆三 0558 予之	 肆三 0592 免之	 肆三 0635 賣之
 肆三 0668 論之	 肆三 0698 禾之	 伍一 0864 遷之	 伍一 0961 論之
 伍一 0967 為之	 伍一 0998+C10–4–13 傅之	 伍一 0999 論之	 伍一 1000 署之
 伍一 1007 論之	 伍一 1008 當之	 伍一 1013 告之	 伍一 1014 論之
 伍一 1016 告之	 伍一 1019 論之	 伍一 1033 論之	 伍一 1036 請之
 伍一 1113 貴賦之臧	 伍一 1124 論之	 伍二 1597 治之	 伍二 1605+1617 治之
 伍二 1613 論之	 伍二 1707 別之	 伍二 1722 編之	 伍二 1722 署之

 伍 二 1728 問之	 伍 二 1731 次之	 伍 二 1731 服之	 伍 二 1758 耐之
 伍 二 1759 調告之	 伍 二 1786 出之	 伍 二 1797 坐之	 伍 二 1813 舍之
 伍 二 1847 受之	 伍 二 2151 論之	 伍 三 1660 署之	 伍 三 1662 論之
 伍 三 1671 論之	 伍 三 1677 咤之	 伍 三 1806 署之	 伍 三 1806 論之
 伍 三 1812 苦之	 伍 三 1812 皋之	 伍 三 1812 得之	 伍 三 1857 吏之所遣
 伍 三 1873 許之	 伍 三 1884 五日之官	 伍 三 1915 受之	 陸 一 1308 +C5-2-3+1507 署之
 陸 一 1356 計之	 陸 一 1431 劾之	 陸 一 1441-1 論之	 陸 一 1444 論之
 陸 一 1444 論之	 陸 一 1445+1441-2 坐之	 陸 一 1449 調護之	 陸 一 1452+C5-9-1 求之

陸一 1456 論之

陸一 1456 和之

陸一 1457 物之

陸一 1484 論之

陆一 1918 予之

陸一 1971 告之

陸一 J23 得之

陸二 0114 留之

陸二 0114 論之

陸二 0175 論之

陸二 1938 去之

陸二 2092 求之

陸二 2092 求之

陸二 2098 毋敢之

陸二 2099 之

陸二 2127 論之

陸二 2128 捕之

陸二 2146 去之

陸二 2147 循行之

陸二 2152 論之

陸三 0027 環之

陸三 0123 論之

陸三 0123 論之

陸三 0134 逐之

陸三 0135 環之

陸三 0155 得之

陸三 0156 受之

陸三 0181 之數

陸三 0769 論之

陸三 0771 之數

陸三 1380 斷之

陸三 1510 上之

 陸三 1948 論之	 陸三 1993 論之	 陸三 2051 之數	 陸三 2119+2110 之數
 陸四 1152–1 疹之	 陸四 1153 坐之	 陸四 1175 約之	 陸四 1720 免之
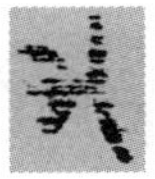 陸四 1720 子之	 陸四 1798 人之	 陸四 1803 論之	 陸四 1810 免之
 陸四 1858 居之	 陸四 1870–1+1870–2 許之	 陸四 1870–1+1870–2 許之	 陸四 1871 從之
 陸四 1871 徙之	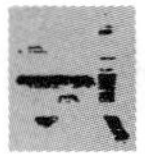 陸四 1871 處之	 陸五 1644 +1648 +1653 守之	 陸五 1657 亡之
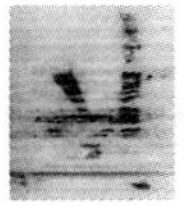 陸五 1703 論之	 陸五 1773 之官印	 柒一 0336 請之	 柒一 0336 識之
 柒一 0346 厌之	 柒一 0365 獻之	 柒一 0365 為之	 柒一 0370 上之
 柒一 0384 許之	 柒一 0446 之縣	 柒一 0446 □之	 柒一 0476 請之

之部

 柒一 0485 論之	 柒一 0485 笞之	 柒一 0562 御之	 柒一 0569 識之
 柒一 0579 之	 柒一 0580 許之	 柒一 0585 行之	 柒一 0598 許之
 柒一 0676 論之	 柒一 0750+C10.1-2-2 歸之	 柒一 0879 勮之	 柒一 1042 蓐之
 柒一 2028 坐之	 柒二 0396 籥之	 柒二 0876 劾之	 柒二 0876 為之
 柒二 1054 入之	 柒二 1056 錮之	 柒二 1056 免之	 柒二 1065 辱之
 柒二 1075-1 數之	 柒二 1077 之	 柒二 1078 耐之	 柒二 1090 論之
 柒二 1630 購之	 柒二 2064-1 校之	 柒二 2079 耐之	

出

 肆一 0169 自出	 肆一 0170 自出	 肆一 0797 自出	 肆一 1976 自出
 肆一 1996 勿出	 肆一 2009 自出	 肆一 2016 自出	 肆一 2033 自出
 肆一 2035 自出	 肆一 2039 自出	 肆一 2060 自出	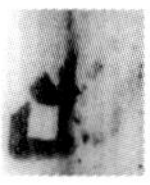 肆一 2086 自出
 肆一 2086 自出	 肆一 2087 自出	 肆二 0060 出其衣食	 肆二 0118 出其一人
 肆二 1260 令出	 肆二 1264 令出	 肆二 1270 不出	 肆二 1287 出芻
 肆二 1287 出十六錢	 肆二 1287 出布	 肆二 1287 出户賦	 肆二 1351 出錢
 肆二 1399 能出	 肆二 1420 能出	 肆三 0529 出者	 肆三 0557 出之
 肆三 0634 出錢	 肆三 0944 出歸	 伍一 1005 自出	 伍一 1105 之出

		 伍一 2108 出宦	 伍二 1686 出入	 伍二 1786 出之	 伍三 1662 不出
		 伍三 1671 出	 伍三 1917 出縣界	 陸一 1431 自出	 陸一 1444 徒出繇
		 陸一 1448 請出	 陸一 1956 出禁	 陸一 1970 出入	 陸一 1970 出入
		 陸二 2164 出入	 陸三 0770 出入	 柒一 0480+C10.4-5-4 出碁	 柒一 0562 出入
		 柒二 0385+1637 自出	 柒二 0869 自出		
賣		 肆二 1226 盜賣	 肆二 1233 賣瓦土	 肆二 1233 販賣	 肆二 1265 賣買
		 肆二 1286 買及賣	 肆二 1289 其賣殹	 肆二 1289 有賣殹	 肆二 1300 徙賣
		 肆二 1300 賣奴卑	 肆二 J42 賣奴卑	 肆三 0521 賣黔首者	 肆三 0635 賣之

肆三 0639 賣

肆三 0640 當賣

肆三 0680 當賣買者

朩部

南 𠀅

肆二 1312 江南

肆三 0638 南鄭

伍一 1001-1+1020 南至

伍一 1036 南郡

伍三 0005 南陽

陸四 1159 江南

柒一 0194-1 南陽

柒一 0383 南郡

柒一 0414 +0361 南陽

柒一 0489 +0488 +0368 南陽

柒一 0563 南陽

柒一 0563 南郡

柒一 0661 南陽

生部

産 𠁂

肆一 1930 同産

肆二 1256 子乃産

伍二 1098 同産

伍三 1665 同産

 伍三 1665 同産
 伍三 1884 同産
 伍三 1884 同産

桼部

髼

 陸二 0116 髼浴
 柒一 0374 髼

囗部

圜

 肆二 1237 圜欉

回

 肆三 0019 回費日
 伍二 1790 回留
 陸四 1144＋1188 回留

圖

 陸二 2164 畫圖

園

 肆三 0680 嚻園
 伍一 0930 縣官園
 伍一 0962 徒隸園
 伍一 0962 徒隸園

		 伍 一 2108 園中	 陸 二 0122-1+0122-2 共園	 陸 二 0122-1+0122-2 所去園	
因		 伍 二 1685 而因	 伍 三 1761 因反易	 陸 三 0133 而因	 陸 四 1871 因處之
囚		 伍 三 1664 囚勞	 陸 一 1456 囚奸	 柒 一 0489 +0488 +0368 不為囚	 柒 一 0492 囚隻
		 柒 二 0396 囚而	 柒 二 0399 傳囚		
固		 伍 一 1009 固有	 伍 三 1854 固臧	 陸 四 1184 固有	 陸 四 1800 固故有
		 柒 二 1623 固有			

 部

員		 肆 二 1313 盈員	 肆 二 1355 少員	 肆 二 1355 多員	 肆 二 1367 備員

肆三 0652 徒隸員

伍三 0107 繇員

柒三 2003 少員

貝部

財

財

肆一 1946 錢財

肆一 1992 錢財

肆二 1297 財為

肆二 1369 財為

肆三 0529 錢財

伍一 0895 錢財

伍一 1023 錢財

伍一 1103 財

伍一 1107 子之財

伍一 1108 以其財

伍二 1146 受人財

伍二 1167 所受財

伍二 1605+1617 受人財

伍二 1605+1617 受財

伍二 1847 以財

伍二 1750 所受財

伍二 1783 受人財

伍二 1815 以財

伍二 1847 以財

伍三 1761 錢財

陸三 0123 以財

陸三 1937 受財

陸三 1963 人財

陸三 1995 人財

		 陸三 2100+2159 財酒	 陸三 2121 受財		
賢		 肆二 1242 賢人			
賀		 柒一 0364 獻賀			
齎		 肆二 1411 受齎	 陸一 1308+C5-2-3+1507 齎之	 柒三 0108 當齎	
貸		 肆二 0349 貸日	 肆二 0793 貸食	 肆三 0358 所貸	 肆三 0518 以貸
		 肆三 0638 償及貸	 伍二 1815 叚貸	 陸一 J33+J62-1 貸之	 陸一 J33+J62-1 所貸
		 陸三 0156 貸	 柒一 0684 以為貸		
貣		 肆二 0173 貣衣食	 肆二 1224 貣者	 肆二 J45 人租貣	 肆三 0638 當貣者

伍一 0895
段賃貣

伍一 1113
貣息

伍二 1098
貣錢金

伍二 1164
貣錢金

伍二 1167
貣錢金

伍二 1597
貣錢金

伍二
1603-1+1603-3
貣錢金

伍二
1603-1+1603-3
貣錢金

伍二 1732
段貣

伍三 1691
稟貣者

陸三 0181
貣錢金

陸三 0181
貣錢金

陸三 1937
貣錢金

陸三 1937
貣

陸三 2051
貣錢

陸三 2067
貣錢金

陸三
2100+2159
貣人

陸三 2105
貣錢金

陸三 2105
貣錢金

柒一 0376
有貣

柒一 0401
貣

柒一 0446
責貣

柒一 0491
貣當戍

柒一 0570
贖責貣

柒一 0683
有貣者

賞

肆二 1276
以賞予人

肆三 0591
購賞

伍二 1166
捕者賞

伍二 1596
勿賞

	 伍 二 1616 以賞	 伍 二 1616 其賞	 伍 二 1685 以賞除	 伍 二 1908 共其賞
	 伍 三 1662 購賞	 陸 一 1186 購賞之	 陸 一 1358 賞	 陸 一 1918 購賞
	 陸 三 0027 而得賞	 陸 三 0027 賞除	 陸 三 0106 其賞	 陸 三 0133 賞除
	 陸 三 0135 官賞	 陸 三 1510 以賞	 陸 四 1860 賞錢	 陸 四 1870–1+1870–2 以車牛賞
	 陸 四 1870–1+1870–2 以它徒賞	 柒 一 C1–3–1 勿賞	 柒 二 1632 賞承	 柒 二 1638 以虜賞
	 柒 二 2125 賞有			
賜 	 肆 三 0634 爰賜者	 伍 二 1669 賜者	 伍 二 1669 其賜	 伍 二 1669 賜
	 伍 二 1849 賜錢	 伍 二 1892 賜者	 伍 三 1809 賜者	 伍 三 1850 賜

 伍三 1850 其賜	 伍三 1850 賜者	 伍三 1850 及賜	 伍三 1850 其賜
 陸一 1454 賜于	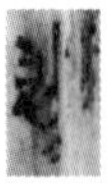 陸一 1454 其賜	 陸一 1464 賜于	 陸二 0130 致賜人
 陸二 0130 賜酒食	 陸二 0175 賜吏	 陸二 0175 賜吏	 陸二 0175 遺賜
 陸二 2152 遺賜	 陸三 0148 賜告	 柒一 0345 賜之	 柒一 0653 賜

贏

 肆二 1296 衡石贏			

賴

 肆三 0319 毋賴	 柒一 0447 毋賴	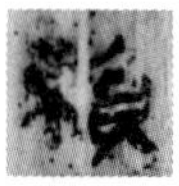 柒一 0481 毋賴	

負

 肆二 1394 重車負	 伍一 1003 抱負	 伍二 1162 并負	 陸二 0114 負留者
 陸一 1432 當負	 陸一 1432 負之	 陸二 1942 負志者	 陸二 1942 鬄髮負志

字頭	字形	出處	辭例
		陸二 1999	已負志
		陸二 2163	論負其費
		陸二 2163	論負者
		陸四 1175	并負
		柒一 0147+0342	負所為
貫	貫	肆三 0591	購賞貫責
		伍三 1662	貫責
		陸一 1918	貫責者
贅	贅	肆二 1363	勿徵贅
		肆三 0559	贅壻
		柒一 0654	贅
質	質	肆二 0990	弗為質
		肆二 0990	各質其鄉
		肆二 1226	占質
		肆二 1263	毋質
		肆二 1300	為質
		肆二 1351	不質
		肆二 1351	不質
		肆二 1351	虛質
		肆二 J42	以帛書質
贖	贖	肆一 1984	贖耐
		肆一 2037	贖耐
		肆一 2047	贖責
		肆一 2072	贖耐

 肆一 2088 贖死罪	 肆二 0350 貲贖	 肆二 0793 居貲贖責	 肆二 0795 有貲贖責
 肆二 0914 居貲贖責	 肆二 1233 贖署辠	 肆二 1260 贖責	 肆二 1264 居貲贖責
 肆二 1283 已贖	 肆二 1302 贖辠	 肆二 1389 贖耐	 肆二 1389 贖子
 肆二 1421 居貲贖責	 肆二 1423 居貲贖責	 肆二 1429 有貲贖責	 伍二 1140 貲贖
 伍二 1168+1192 貲贖	 伍二 1855 贖城旦舂	 伍三 1670 貲贖	 陸二 0114 贖罪
 陸五 1644+1648+1653 貲贖	 柒一 0446 贖耐	 柒一 0446 有貲贖	 柒一 0491 贖責
 柒一 0570 贖責貣	 柒一 0571 有貲贖	 柒一 0480+C10.4-5-4 贖署	 柒二 0462-2 贖益
 柒二 1078 贖耐	 柒二 2046 其罪贖		

費		 肆二 1363 費日	 伍一 0910 少費	 伍一 1034 大費毆	 伍一 1113 段債費
		 伍二 1597 債費	 陸二 2163 論負其費	 陸三 0181 費	 陸三 1937 費
		 陸三 2067 費	 陸三 2105 費	 柒一 0147+0342 器費	
責		 肆一 1978 貲責	 肆一 2047 贖責	 肆二 0060 當責者	 肆二 0118 居貲贖責
		 肆二 0118 居貲贖責	 肆二 0173 勿責	 肆二 0350 有責	 肆二 0793 居貲贖責
		 肆二 0795 責券	 肆二 0795 有貲贖責	 肆二 1240 居貲贖責	 肆二 1260 居貲責者
		 肆二 1260 贖責	 肆二 1264 居貲贖責	 肆二 1370 居貲責	 肆二 1374 居貲責
		 肆二 1421 居貲贖責	 肆二 1423 居貲贖責	 肆二 1429 有貲贖責	 肆二 J28 有貲贖責

	 肆二 J57 責券	 肆三 0326 責及司寇	 肆三 0529 責費	 肆三 0557 責毆
	 肆三 0591 購賞貲責	 肆三 0652 繢責	 伍三 1662 貲責	 陸一 1311 以除責
	 陸一 1311 易責	 陸一 1453 即急責	 陸一 1453 以除責	 陸一 1918 貲責者
	 陸五 1644 +1648＋1653 貲贖	 柒一 0446 責貣	 柒一 0491 贖責	 柒一 0570 贖責貣
	 柒一 0683 及責	 柒一 C10.3-1-1 有貲責		
賈 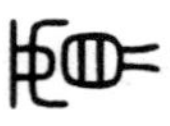	 肆二 0793 平賈	 肆二 0990 平賈	 肆二 1279 賈人	 肆二 1279 賈市
	 肆二 1285 平賈	 肆二 1286 各嬰其賈	 肆二 1288 賈錢	 肆二 1351 平賈
	 伍一 1037 俾賈	 伍一 1113 倨贏其賈	 伍二 1146 其賈	 伍二 1167 倨衰賈

買	肆二 1284 買叔者	肆二 1301 其買	肆二 1351 買之	肆二 1415 買及賣
販	肆二 1233 販賣	肆二 1288 所販	伍二 1686 市販	伍二 1699-1 禁市販
	伍二 1795 市販	陸二 2015 販壞	陸三 0770 市販	
	柒一 0683 平賣			
	陸三 1995 其賣	陸三 2100+2159 其賣	陸三 2121 賣與	陸三 C10.3-6-5 其賣
	陸三 0156 其賣	陸三 0177 其賣	陸三 0181 貴賤賣	陸三 1937 貴賤賣
	陸一 0198+2189 以平賣	陸一 1158 及賣人	陸一 1357 賈賣	陸一 1956 直賣
	伍二 1605+1617 其賣	伍二 1723 其賣	伍二 1795 為賣	伍二 1847 其賣

肆三 0680 當賣買者

伍二 1769 買為

伍二 1769 買為

陸一 1357 平賈買

陸一 1454 買者

陸一 1464 勿買

陸一 1486-1+1486-2 買二枚

陸一 1486-1+1486-2 買者

陸一 1523 受買者

陸一 1956 毋得買

陸一 1956 所買

陸三 0177 賣買焉

陸三 1963 賣買

陸三 1995 賣買

陸三 2100+2159 賣買焉

賤

肆三 0666 賤衣

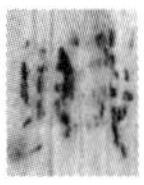
伍二 1603-1+1603-3 賤金

伍二 1603-1+1603-3 賤金

陸三 1937 貴賤買

陸三 2121 貴賤

賦

肆二 1230 户賦

肆二 1230 户賦

肆二 1285 賦主

肆二 1287 户賦

陸三 0181 賦

貧		 肆 二 0349 貧	 肆 二 1242 貧者	 肆 二 1260 貧弗能入	 肆 三 0587 多貧
		 肆 三 J44 貧不能自食	 陸 四 1858 貧不能入	 柒 一 0570 其貧	 柒 一 0673 貧不能入貲
貸	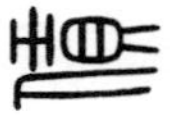	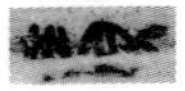 肆 三 0530 有貸为簿	 伍 一 0895 段貸貣	 伍 一 1113 段貸費	 伍 二 1098 貸費
		 伍 二 1167 貸費	 伍 二 1597 貸費	 伍 二 1674 毋貸	 陸 三 1937 貸
		 陸 三 2105 貸			
購		 肆 一 1928 購金	 肆 一 1960 購金	 肆 一 2094 購金	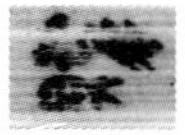 肆 二 1233 購金
		 肆 三 0591 購賞貰責	 伍 一 1012 購金	 伍 一 1012 購金	 伍 一 1013 購之
		 伍 一 1026 購錢	 伍 一 1027 購錢	 伍 一 1119 購錢	 伍 一 1119 購錢

 伍二1759 購如
 伍二1849 購錢
 伍二1851 購錢
 伍二1889 購金
 伍二1892 予購級
 伍二1928 購金
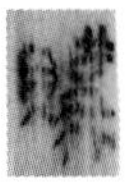 伍三1183 購金
 伍三1738 購金
 伍三1738 購金
 伍三1766 購金
 陸一1451 購金
 陸一1451 購金
 陸一1918 購賞
 陸三0028 購一人
 陸三0028 購奴婢
 陸三0135 當購
 陸三0135 購之
 陸三2104 購金
 柒二1630 購之

貲

 肆一0169 貲一甲
 肆一1932 貲贖而得
 肆一1932 居貲贖
 肆一1932 貲贖
 肆一1940 貲一盾
 肆一1940 貲二甲
 肆一1966 當貲
 肆一1978 貲責
 肆一1979 貲一盾
 肆一1984 貲一甲
 肆一1988 貲一甲
 肆一1990 貲典一甲

 肆一1991 貲二甲	 肆一2036 貲二甲	 肆一2036 貲一甲	 肆一2036 貲罪
 肆一2037 貲一甲	 肆一2040 貲二甲	 肆一2042 貲一甲	 肆一2047 居貲
 肆一2057 貲鄉部嗇夫	 肆一2057 貲鄉部嗇夫	 肆一2072 貲一甲	 肆一2083 貲二甲
 肆一2090 貲二甲	 肆一2090 貲一盾	 肆一2090 貲二甲	 肆一2158+1958 貲一盾
 肆二0118 居貲贖責	 肆二0118 居貲贖責	 肆二0350 貲贖	 肆二0792 貲二甲
 肆二0793 居貲贖責	 肆二0795 有貲贖責	 肆二0913 貲二甲	 肆二0914 居貲贖責
 肆二0992 貲二甲	 肆二0994 貲二甲	 肆二1224 貲各二甲	 肆二1228 貲二甲
 肆二1240 居貲贖責	 肆二1243 貲各一甲	 肆二1246+1395 貲一甲	 肆二1248 居貲

 肆二 1249 貲縣丞	 肆二 1250 貲二甲	 肆二 1254 貲一甲	 肆二 1260 居貲責者
 肆二 1261 貲二甲	 肆二 1262 貲二甲	 肆二 1264 居貲贖責	 肆二 1264 貲二甲
 肆二 1264 貲二甲	 肆二 1282 貲其人	 肆二 1284 貲二甲	 肆二 1289 貲一循
 肆二 1290 貲一盾	 肆二 1290 貲一甲	 肆二 1290 貲一盾	 肆二 1291 貲尉
 肆二 1298 貲各一甲	 肆二 1298 貲二甲	 肆二 1302 貲皋	 肆二 1302 貲二甲
 肆二 1302 貲一甲	 肆二 1313 貲二甲	 肆二 1313 貲各二甲	 肆二 1314 貲一甲
 肆二 1351 貲吏主者	 肆二 1353 貲二甲	 肆二 1353 貲縣令	 肆二 1355 貲鄉嗇夫
 肆二 1370 居貲責	 肆二 1376 貲尉史	 肆二 1384 貲二甲	 肆二 1393 居貲贖責

 肆二 1400 貲各二甲	 肆二 1403 貲一甲	 肆二 1409 貲一甲	 肆二 1410 貲各一甲
 肆二 1421 居貲贖責	 肆二 1423 居貲贖責	 肆二 1429 有貲贖責	 肆二 J14 貲一甲
 肆二 J28 有貲贖責	 肆二 J45 貲各一甲	 肆二 J54 貲段	 肆三 0324 貲各二甲
 肆三 0525 貲丞	 肆三 0652 居貲	 肆三 0663 貲各一盾	 伍一 0865 貲二甲
 伍一 0873+1102 貲二甲	 伍一 0967 貲各二甲	 伍一 2108 貲二甲	 伍一 2168 貲各二甲
 伍二 1140 貲贖	 伍二 1168+1192 貲贖	 伍二 1613 貲二甲	 伍二 1621 貲一甲
 伍二 1667 貲一甲	 伍二 1674 貲二甲	 伍二 1706+1784 貲二甲	 伍二 1708 貲各一甲
 伍二 1732 貲二甲	 伍二 1760 貲一甲	 伍二 1782 貲二甲	 伍二 1789+1804 貲贖

	 伍二 1793+1801 貲二甲	 伍二 1805 貲一盾	 伍二 1805 貲二甲	 伍二 1805 貲一甲
	 伍二 1855 貲二甲	 伍二 1876 貲一甲	 伍二 1877 貲一甲	 伍二 1889 貲各一甲
	 伍二 1914 皆貲	 伍三 1181 貲二甲	 伍三 1670 貲贖	 伍三 1671 貲二甲
	 伍三 1766 貲	 伍三 1768 貲各二甲	 伍三 1780 貲二甲	 伍三 1869 貲二甲
	 伍三 1873 除貲	 伍三 1925 貲各一甲	 陸一 1154 貲嗇夫	 陸一 1443 貲
	 陸一 1444 貲二甲	 陸一 1446 貲一甲	 陸一 1446 貲二甲	 陸一 1475 貲二甲
	 陸一 1484 貲各二甲	 陸一 1486-1+1486-2 貲戍四歲	 陸一 1508 貲各二	 陸一 1595 貲二甲
	 陸一 1595 貲各一甲	 陸一 1970 貲府嗇夫	 陸二 0121 貲二甲	 陸二 0122-1+0122-2 貲二甲

 陸二 0128 貲各一甲	 陸二 0131 貲縣	 陸二 0144 貲	 陸二 0145 貲二甲
 陸二 2092 皆貲	 陸二 2093 貲二甲	 陸二 2099 貲二甲	 陸二 2127 貲各二甲
 陸二 2128 貲新黔首	 陸二 2147 貲嗇夫	 陸二 2162 貲各一盾	 陸二 J73-3+J03 貲一甲
 陸三 0104 貲二甲	 陸三 0179 貲二甲	 陸三 0769 貲各一甲	 陸三 1993 貲二甲
 陸三 1994 貲其父	 陸四 1153 貲各二甲	 陸四 1160 貲一甲	 陸四 1176 貲各二甲
 陸四 1239 貲二甲	 陸四 1720 貲	 陸四 1858 角貲	 陸四 1890 貲一甲
 陸四 1893 貲一甲	 陸四 C8-5-2+1726 貲二甲	 陸四 C8-5-2+1726 貲一甲	 柒一 0374 貲一盾
 柒一 0378 有貲	 柒一 0446 有貲贖	 柒一 0476 除貲贖	 柒一 0480+C10.4-5-4 貲一甲

貴

柒一 0491 有貴
柒一 0568 其貴錢
柒一 0568 貴各二甲
柒一 0570 有貴
柒一 0570 貴首
柒一 0571 有貴贖
柒一 0581 除貴贖
柒一 0606 除貴
柒一 0673 入貴
柒一 0674 貴一甲
柒一 0750+C10.1-2-2 如貴首
柒一 2028 貴一甲
柒一 C10.3-1-1 有貴責
柒二 0753+1072-2 貴各
柒二 1058 皆貴
柒二 1072 吏貴
柒二 1147 貴各一甲
柒二 2138+C8-8-1 貴廢
陸三 1937 貴賤賈
陸三 2121 貴賤

邑部

邑

肆一 1978 不仁邑里
肆一 2083 邑里
肆一 2111 邑
肆一 2149 梬邑

邦		 肆二 1257 邑中事	 肆二 1369 城邑	 肆三 0589 蜀邑	 伍一 1165 居邑里
		 伍二 1606+1619 城邑	 伍二 1615 城邑	 伍二 1792 城邑	 伍二 1792 城邑
		 伍二 1813 城邑	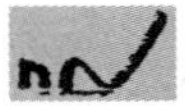 伍二 1813 城邑	 伍二 1813 城邑	 伍二 1849 城邑反
		 伍二 1908 城邑反	 陸三 0026 居邑	 柒一 0485 囊邑	 柒二 0341 麗邑
		 柒二 0875 城邑	 柒二 0877 鄉邑	 柒二 1081 麗邑	 柒二 1623 麗邑
		 柒二 1623 麗邑	 柒二 1688 私邑		
		 伍二 1789+1804 屬邦	 柒一 0377 屬邦	 柒一 0383 屬邦	 柒一 0689 屬邦
		 柒二 1642 守邦			

郡

	肆一1973 郡都縣		肆一1978 郡都縣		肆一2106 署郡		肆一2106 郡
	肆一2107 郡縣道		肆二1227 郡免除吏		肆二1295 郡		肆二1404 郡縣
	肆二J43 郡		肆三0081 郡		肆三0316 郡		肆三0319 東郡
	肆三0319 東郡守		肆三0325 郡		肆三0351 內史郡		肆三0465 內史郡
	肆三0617 內史郡		肆三J70+J71+J67 廷內史郡		伍一0831 如郡		伍一0864 東郡
	伍一0864 同郡		伍一0963 郡守		伍一0963 郡守		伍一0963 郡守
	伍一0964 郡守丞		伍一1014 它郡縣官		伍一1036 南郡司馬		伍一1131 廷內史郡
	伍一1935 琅邪郡		伍一2059 而歲郡課		伍一2059 卻郡		伍一2059 郡所移

 伍一 2097 十郡	 伍一 2097 一郡	 伍二 1142 郡縣	 伍二 1174 在郡者
 伍二 1174 郡守	 伍二 1174 郡監	 伍二 1674 郡卒令	 伍二 1680 郡守
 伍二 1680 郡卒令	 伍二 1789+1804 為吏郡	 伍二 1789+1804 它郡	 伍二 1878 尉郡卒令
 陸一 J67-3+J70-2+J71-2+J66-3+J74-1 廷內史郡	 陸二 2153 郡縣置	 陸四 1145+1735 郡名	 陸四 1159 郡吏
 陸四 1160 郡名	 陸四 1866+J71-3 遠韈害郡	 柒一 0194-1 東晦郡	 柒一 0194-1 東郡
 柒一 0330 它郡人	 柒一 0333 郡者	 柒一 0334 郡縣	 柒一 0364 郡守
 柒一 0365 郡乃放	 柒一 0366 郡卒令	 柒一 0371 郡尉	 柒一 0383 九江郡
 柒一 0383 南郡	 柒一 0389 及郡	 柒一 0401 及它郡者	 柒一 0464 郡卒令

都

柒一 0554 尉郡

柒一 0555 郡卒令

柒一 0563 南郡

柒一 0590 郡卒令

柒一 0619 尉郡

柒一 0660 郡守尉

柒一 0689 琅邪郡

柒一 0689 署衡山郡

柒一 0695 尉郡

柒一 0707+C3–5–2 四川郡

柒一 0707+C3–5–2 九江郡

柒一 0707+C3–5–2 南郡

柒一 0707+C3–5–2 而令郡

柒一 0707+C3–5–2 東郡

柒一 0731 尉郡

柒一 0742 尉郡

柒一 1083 郡卒令

柒一 1083 郡獻者

柒二 0877 郡縣

柒二 1101 郡歲

柒三 2003 郡徒隸

柒三 2003 之其

肆一 1973 都縣

肆二 0990 都市

肆二 1227 都官

肆二 1242 都發

肆二 1245 都官

肆二 1255 都官

肆二 1272 都官長

肆二 1352 都官

都				鄼	郵		
伍一 1007 都吏	伍二 1888 都官	伍三 J38 都吏	柒一 0374 都言	柒一 0661 鄼興者	肆二 1277 郵	肆二 1417 郵行	陸四 1152-1 郵書
伍二 1683 都官	伍二 1894 都官	陸一 1458 都治	柒一 0485 都吏		肆二 1368 郵行	伍二 1162 郵行	陸四 1175 郵行
伍二 1683 都官	伍三 1885 都官	陸一 1475 都官	柒二 1096-2 都吏		肆二 1371 郵道	伍二 1173 郵行	柒一 0872 郵人
伍二 1696 都大夫	伍三 1986 都官	陸四 1900 都官			肆二 1417 以郵行	伍二 1805 郵人	

竆	伍一1021 竆求	伍一1109 遠竆山	伍三1915 竆閭	
鄭	肆三0638 南鄭	柒一0376 鄭言	柒一0376 鄭卒	
部	肆一1940 鄉部吏	肆一1940 鄉部	肆一2057 鄉部吏主者	肆一2057 鄉部嗇夫
	肆二0994 吏部	肆二1397 部之	肆二1400 吏部	伍二1901 鄉部嗇夫
	陸一1452+C5–9–1 部亟	陸二2128 其部	陸三0136 部吏	陸三0155 鄉部
	陸三0188 鄉部	陸三1407 鄉部	陸三2052 鄉部	柒一0154 部中
	柒一0485 分部	柒二1093 部中		
鄣	肆二1267 陛鄣	陸一1452+C5–9–1 鄣	柒二0877 隱亭鄣	

邪

伍一1935 琅邪郡

柒一0404 琅邪縣

柒一0689 琅邪郡

𨛜部

鄉

肆一1940 鄉部吏

肆一1940 其鄉部

肆一2057 鄉部吏主者

肆一2057 與鄉部

肆一2057 鄉部嗇夫

肆一2057 鄉部嗇夫

肆一2057 鄉部嗇夫

肆一2090 鄉部吏

肆二0990 各質其鄉

肆二1232 鄉嗇夫

肆二1241 鄉嗇夫

肆二1258 鄉官

肆二1397 鄉嗇夫

肆二1397 鄉里

肆二1410 鄉亭嗇夫

肆三0525 鄉嗇夫

陸一1595 鄉嗇夫

陸三0105 鄉市

陸三0136 縣鄉

陸三0155 鄉部

陸三1407 鄉部

陸三2052 鄉部

柒一0654 鄉嗇夫

柒二0877 鄉邑

第七卷

日部

日

肆一 0169 亡日

肆一 1941 居償日者

肆一 1947 亡日

肆一 1958 亡日

肆一 1974 更日

肆一 1981 日六錢

肆一 1988 備前斃日

肆一 2008 亡日

肆一 2035 日數

肆一 2071 備其前斃日

肆一 2111 居日

肆二 0349 日八十里

肆二 0349 卅日

肆二 0349 貸日

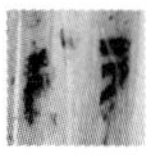
肆二 0349 日行七十里

肆二 0350 令日問之

肆二 0350 日居八錢

肆二 0792 廿日

肆二 0792 十日

肆二 0795 日問其入

肆二 0993 日居六錢

肆二 1043 五日

肆二 1225 拾日

肆二 1240 作日

肆二 1242 日數

肆二 1250 日齎

肆二 1258 計日

肆二 1264 日八錢

 肆二 1278 卅日	 肆二 1304 五日	 肆二 1305 一日	 肆二 1353 十日
 肆二 1353 十日	 肆二 1392 五日	 肆二 1394 日行六十里	 肆二 1404 為期日
 肆二 1423 拾日	 肆二 1429 拾日	 肆二 J14 十日	 肆二 J14 十日
 肆二 J30 以日當刑	 肆二 J57 日入之	 肆二 J57 日居之	 肆三 0019 回費日
 肆三 0705 其日	 伍一 0968 歲月日	 伍一 1033 日六錢	 伍二 1166 百日
 伍二 1786 明日	 伍二 1805 三日	 伍二 1805 二日	 伍二 1805 一日
 伍二 1805 半日	 伍二 1888 以奏日決	 伍三 1155 日數	 伍三 1663 十日
 伍三 1690 五日	 伍三 1854 日衡簿之	 伍三 1854 日校	 伍三 1874 五日

 伍三 1884 五日	 伍三 1884 五日	 伍三 1925 朔日	 伍三 1925 日薄之
 陸一 1310 十日	 陸一 1310 廿日	 陸一 1310 十日	 陸一 1431 日數
 陸一 1438 同日	 陸一 1446 分日	 陸二 0130 八分日	 陸二 0130 五日
 陸二 2162 五日	 陸四 1176 三日	 陸四 1611 一日	 陸四 1675 日數
 陸四 1720 日未備	 陸四 1720 日備	 陸四 1781 斷日	 陸四 1810 日備
 陸四 1893 十日	 陸四 1893 十日	 陸四 1893 廿日	 陸四 1900 日決
 陸四 C8–5–2+1726 半日	 陸四 C8–5–2+1726 一日	 陸四 C8–5–2+1726 二日	 陸四 C8–5–2+1726 三日
 陸四 C8–5–2+1726 三日	 陸伍 1703 留日	 陸伍 1703 留日	 柒一 0182 拾日

時

時	 柒一 0333 二日	 柒一 0333 五日	 柒一 0372 歸寧日	 柒一 0375 日數
	 柒一 0495 均成日	 柒一 0501 冗日	 柒一 0569 廿日	 柒一 0570 成日
	 柒一 0580 冗日	 柒一 0656 日皆未備	 柒一 0656 日未備	 柒一 0657 日來
	 柒一 0684 日益食	 柒一 0684 日食	 柒一 0706+0694 成日	 柒一 0750+C10.1–2–2 日六錢
	 柒一 0750+C10.1–2–2 日備	 柒二 0340 盈卅日	 柒二 0462–2 成日	 柒二 1097 留日
	 柒二 2138+C8–8–1 日備			
時	 肆二 1241 田時	 肆二 1242 閒時	 肆二 1267 閒時	 肆二 1306 穜時
	 肆二 1306 治苗時	 肆二 1306 穫時	 肆二 J43 毋須時	 肆二 J43 後時

肆三 0317 穜時

肆三 0317 其時

肆三 0318 閒時

肆三 0587 泰上皇時

肆三 0664 毋奪黔首時

伍二 1686 不時

伍二 1907 下時

陸二 1953 謹它時

陸三 0136 以户時

陸三 0770 不時

陸四 1870-1+1870-2 田不急時

陸四 1870-1+1870-2 田急時

柒一 0402 以傳時識

柒一 0403 毋瘳時

柒一 0485 新地守時

柒一 0489+0488+0368 入粟時

柒一 0556 時敗

昧

柒三 1043 昧死請

晦

伍一 1001-1+1020 親撫晦内

柒一 0194-1 東晦郡

昌

伍一 1114 昌

暑	暑（篆）	 伍 三 1764 以作暑	 陸 一 J29+J64-3 以作暑		

曰部

曰	曰（篆）	 肆 一 0185 城旦春	 肆 一 0186 城旦春	 肆 一 0186 城旦	 肆 一 0187 城旦春
		 肆 一 1928 刑城旦	 肆 一 1959 城旦	 肆 一 1976 城旦春	 肆 一 1976 城旦春
		 肆 一 1996 城旦春	 肆 一 1996 城旦春	 肆 一 1997 泰廄城旦	 肆 一 1997 城旦
		 肆 一 1998 城旦春	 肆 一 2009 城旦春	 肆 一 2011 城旦春	 肆 一 2036 城旦春
		 肆 一 2039 城旦春	 肆 一 2041 城旦春	 肆 一 2041 城旦春	 肆 一 2044 城旦春
		 肆 一 2065 城旦春	 肆 一 2080 城旦春	 肆 一 2081 城旦春	 肆 一 2091 城旦

	肆二 0060 城旦舂		肆二 0173 城旦舂		肆二 0912 完城旦舂		肆二 1248 城旦
	肆二 1362 城旦		肆二 1375 城旦舂		肆二 1419 城旦		肆二 1421 城旦舂
	肆二 1421 城旦		肆三 0523 城旦		肆三 0635 城旦舂		伍一 0897 城旦舂
	伍一 0897 城旦舂		伍一 0916 城旦		伍一 0921 完城旦舂		伍一 0998+C10-4-13 城旦舂
	伍一 1003 城旦舂		伍一 1012 城旦		伍一 1022 城旦		伍一 1027 完城旦
	伍一 1029 城旦		伍一 1107 城旦舂		伍一 1109 城旦		伍一 2053＋2050 城旦舂
	伍一 2053+2050 城旦舂		伍二 1166 城旦		伍二 1813 城旦舂		伍二 1855 城旦舂
	伍二 1855 城旦舂		伍二 1928 城旦		伍二 2151 城旦		伍三 1738 城旦

伍三 1766
城旦

陸一 1451
城旦

陸一 1486-1 +1486-2
城旦皋

陸一 1595
城旦

陸二 2015
城旦

陸二 2144
城旦舂

陸三 0028
城旦舂

陸三 1994
完城旦舂

陸三 2014
城旦舂

柒一 0348
城旦

柒一 0550
城旦舂

柒一 0684
旦半

柒二 1138
城旦舂

㫃部

旞

肆一 2011
盗賊旞者

肆一 2122
命者旞

斿

陸二 0176
節斿

族

伍一 0901
三族

柒一 0365
族器

晶部

參		 肆 二 0993 男子參	 伍 一 0864 參川	 柒 一 0194-1 參川	 柒 一 0487 參川
		 柒 一 0707+C3-5-2 參川			

夕部

月	夕	 肆 一 0170 三月	 肆 一 2008 三月	 肆 一 2016 三月	 肆 一 2033 三月
		 肆 一 2035 三月	 肆 一 2035 三月	 肆 二 1227 盡三月	 肆 二 1242 月券
		 肆 二 1242 行月	 肆 二 1258 月案	 肆 二 1258 三月	 肆 二 1285 月盡
		 肆 二 1299 月更	 肆 二 1353 過三月	 肆 二 1372 年月	 肆 二 1397 月辟

朔

 肆二 1397 月牒
 肆二 1399 月壹輪
 肆二 1403 月未盡
 肆三 0639 月食

 伍一 0968 歲月日
 伍一 1001-1+1020 四月
 伍一 1018 正月
 伍一 1024 六月

 伍一 1025 十二月
 伍一 1037 盈三月
 伍二 1099 三月
 伍二 1786 某月

 伍三 1177+C10-3-10 三月
 伍三 1854 月盡
 伍三 1865 三月
 伍三 1884 一月

 陸一 1357 盈二月
 陸一 1357 四月
 陸一 1438 三月
 陸一 1594 十一月

 柒一 0370 八月
 柒一 0370 十二月
 柒一 0370 四月
 柒二 1624 四月

 肆二 1227 朔日
 肆二 1230 朔日
 肆二 1274 朔日
 伍三 1925 朔日

 柒一 0370 朔日

期	 肆二 1277 期足	 肆二 1296 期足	 肆二 1404 為期日	 伍三 1149+C4-3-7 失期
	 伍三 1182 善為期	 伍三 1182 失期	 陸一 1356 失期	 陸一 J33+J62-1 久易期
	 柒一 0369 同期			

有部

有	 肆一 1930 有罪	 肆一 1941 未有夫	 肆一 1946 有坐逋	 肆一 1962 有罪
	 肆一 1989 有行其笞	 肆一 2045 有能捕	 肆一 2054 有以	 肆一 2072 其有
	 肆一 2080 有毄	 肆一 2081 其有	 肆一 2087 有罪	 肆一 2123 有罪
	 肆二 0350 有辠	 肆二 0792 後有	 肆二 0795 有貲贖責	 肆二 0992 有期

 肆二 0994 有不從令者	 肆二 1225 有瘳	 肆二 1227 其有死亡	 肆二 1227 有缺者
 肆二 1234 已有	 肆二 1242 富有	 肆二 1245 有秩吏	 肆二 1260 有貲贖責
 肆二 1265 有賣買	 肆二 1266 有與	 肆二 1271 有亡者	 肆二 1272 有秩吏
 肆二 1272 有謁	 肆二 1272 有秩吏	 肆二 1276 有辠	 肆二 1276 而有
 肆二 1282 有罪	 肆二 1286 有買及賣	 肆二 1289 有賣毆	 肆二 1295 有爵
 肆二 1296 各有	 肆二 1302 有辠	 肆二 1352 有辠	 肆二 1354 有脱不得者
 肆二 1376 有興而用之	 肆二 1376 有不勝任者	 肆二 1384 有令	 肆二 1385 有傳者
 肆二 1385 其有	 肆二 1389 有辠	 肆二 1392 有獄論	 肆二 1410 有能捕告

肆二 1423 有故

肆二 1428 有事

肆二 1429 有貲贖責

肆二 1429 節有

肆二 J28 有貲贖責

肆二 J28 而有

肆二 J43 節有軍毆

肆二 J46 有瘳

肆三 0358 有錢

肆三 0525 敢有

肆三 0527 有秩以下

肆三 0559 有秩吏

肆三 0588 它有等比

肆三 0592 有當令者

肆三 0663 有不從令者

肆三 0680 它有等比

肆三 0801 有

伍一 0895 及有

伍一 0998+C10-4-13 有辠

伍一 1003 有辠

伍一 1006 有物故

伍一 1009 固有令

伍一 1012 有能捕

伍一 1018 節有

伍一 1026 有子

伍一 1027 有後夫者

伍一 1036 有辠

伍一 1107 有子者

伍一 1109 有辠

伍一 1114 柀有

伍一 1123 有辠

伍一 1123 行有告

 伍一 1125 有辠者	 伍一 1129 節有	 伍一 2059 及有	 伍一 2059 有不具
 伍一 2108 有能捕	 伍二 1146 及有	 伍二 1168+1192 有貲贖	 伍二 1174 吏有論毄
 伍二 1605+1617 及有	 伍二 1613 有不從	 伍二 1620 有免	 伍二 1621 有
 伍二 1669 有毋	 伍二 1683 有興	 伍二 1692 有令	 伍二 1708 有不當
 伍二 1723 有獄論	 伍二 1732 及有	 伍二 1758 諸有案	 伍二 1794+1856-1 有請
 伍二 1815 及有	 伍二 1847 有獄者	 伍二 1877 有發徵	 伍二 1888 故有
 伍二 1892 有行	 伍二 1894 若有	 伍二 1914 有奪	 伍二 1923 有駕其辠
 伍二 2013 有約日者	 伍二 2013 有令	 伍二 J27 有言	 伍三 1149+C4-3-7 若有

 伍三 1150 有事	 伍三 1155 有瘳	 伍三 1181 其有	 伍三 1182 有失期
 伍三 1677 有論	 伍三 1690 有事所	 伍三 1704 有辠	 伍三 1738 有子
 伍三 1761 有教	 伍三 1764 有駕辠	 伍三 1766 有能捕	 伍三 1787 有辠
 伍三 1806 有賣買	 伍三 1806 有駕其辠	 伍三 1806 有署之	 伍三 1809 有治
 伍三 1865 有適過	 伍三 1867 雖有	 伍三 1873 有能捕	 伍三 1874 未有
 伍三 1899 它有等比	 伍三 1917 有縣官事	 伍三 1921 簿有	 伍三 1924 有物
 伍三 1986 有能治獄	 伍三 J22 有還宦者	 陸一 0198+2189 有以平賈	 陸一 0880 有除者
 陸一 1154 有奪列	 陸一 1158 後有	 陸一 1356 有失	 陸一 1357 有私挾

	 陸一 1433 敢有	 陸一 1445+1441-2 有數人	 陸一 1448 有言	 陸一 1448 有殺傷
	 陸一 1454 有或賜于	 陸一 1457 有程	 陸一 1458 有治它官者	 陸一 1459 有令
	 陸一 1462 别有	 陸一 1481 其辠有	 陸一 1970 有盜	 陸一 1971 有詔
	 陸一 J33+J62-1 有	 陸一 J40+J73-5 後有	 陸二 0114 有以其敗	 陸二 0122-1+0122-2 有吏徒
	 陸二 0122-1+0122-2 有不從令者	 陸二 1939 有不從令者	 陸二 1942 有求	 陸二 2015 有弗為
	 陸二 2092 有不從令者	 陸二 2098 非有	 陸二 2164 有令	 陸三 0026 有如此者
	 陸三 0123 有獄論	 陸三 0135 有購之	 陸三 0156 及有	 陸三 0178 有毆詈
	 陸三 0769 有不當舍	 陸三 1943 有如此者	 陸三 1963 及有	 陸三 1993 有言

 陸三 2100+2159 及有	 陸四 1153 有事縣官	 陸四 1184 固有令	 陸四 1676 有數人者
 陸四 1721 有為此	 陸四 1788 有如此	 陸四 1800 有令	 陸四 1800 故有
 陸四 1808 及有	 陸四 1808 有如此	 陸四 1860 有等比	 陸四 1870-1+1870-2 有許之
 陸四 1871 而有	 陸四 1872 有發徵	 陸伍 1753 有不從令者	 柒一 0363 它有等比
 柒一 0375 它有等比	 柒一 0376 有貲	 柒一 0403 它有比	 柒一 0448-1+0448-2 有瘳
 柒一 0449 有罪	 柒一 0487 有瘳	 柒一 0490 有令	 柒一 0491 有貲贖責
 柒一 0491 及有它罪	 柒一 0550 敢有盜取	 柒一 0563 有能得虎者	 柒一 0570 有貲贖責
 柒一 0571 有貲贖	 柒一 0577 有等比	 柒一 0579 它有等比	 柒一 0580 有等比

	柒一 0584 它有等比		柒一 0606 它有等比		柒一 0644 有挾劍		柒一 0660 有父母
	柒一 0660 有盜		柒一 0683 有貣者		柒一 0689 有罪		柒一 0707+C3-5-2 有罪
	柒一 0879 有言		柒一 1040 有餘弗上		柒一 1512 及有它		柒二 0397+0390 有罪
	柒二 0339 有不當		柒二 0400 有罪		柒二 0462-2 有以其		柒二 0869 有亡
	柒二 0869 及有它		柒二 1055 有罪		柒二 1059 節有		柒二 1065 有治
	柒二 1081 有棄麗邑		柒二 1082 敢有		柒二 1093 有犯令者		柒二 1096-2 有事
	柒二 1147 有能捕		柒二 1623 固有		柒二 1630 有能捕		柒二 1635 有犯令者
	柒二 1642 有問		柒二 2063 有盜		柒二 2115 而有		

㫥部

字頭				
明 㫥	伍一1104 謹明為	伍一1112 明智之	伍二1087 明智	伍二1786 明日
	陸一1358 明焉	柒二1623 請明告		

夕部

字頭				
夜 夾	伍三2141 以夜為燭物	伍三2141 府夜治書		
外 夘	肆一0186 徼外	肆一1930 于外	肆一1959 徼外	肆一2106 函谷關外
	肆一2106 函谷關外	肆二0349 卅日外	肆二1371 行外者	肆二1417 徼外
	肆二1428 關外	肆三0325 關外	伍一1124 故徼外律	伍二1156 外來

	 伍二 1596 外來	 伍二 1596 外來	 伍二 1606+1619 徼外	 伍二 1615 徼外
	 伍二 1792 徼外	 伍二 1792 徼外	 伍二 1908 徼外	 伍二 2151 徼外
	 伍三 0851 外盜	 陸二 2024 關外	 柒一 0333 外者	 柒一 0660 徼外

多部

多	 肆二 1267 多陜壞	 肆二 1355 多員	 肆三 0319 多食	 肆三 0358 多少
	 肆三 0669 多毋衣履	 伍一 1008 今多弗署者	 伍一 1017 多田所	 伍一 1028 多人
	 伍一 1125 多留	 伍一 2097 多者	 伍二 1146 多其賈	 伍二 1605+1617 少及多
	 伍二 1723 少及多	 陸一 1454 多與	 陸一 1459 多不與	 陸一 J33+J62–1 多少

陸三 0156 多其賈

陸三 0177 多其賈

陸三 1995 多其賈

陸三 C10.3-6-5 多其賈

陸四 1721 多少

陸四 1808 多奪

柒一 0404 多不宜

柒一 0879 多以其故

柒二 2125 多承縣官材

毌部

虜

肆二 1378 虜

柒二 1638 以虜賞

马部

函

肆一 2106 函谷關

肆一 2106 函谷關

甬

肆二 1237 閭甬口

肆二 1296 斗甬

卤部

粟

肆二 1236
載粟

肆二 1236
令與粟事

肆二 1236
當行粟

肆二 1274
粟

肆三 0749
長輓粟徒

伍二 1171
治粟

伍二 1666
治粟

伍二 1666
治粟

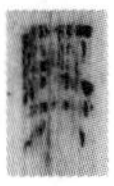
伍二 1880
治粟

伍二 1880
治粟

柒一 0367
入粟

柒一 0367
入粟

柒一 0384
稷禾粟

柒一 0489
+0488+0368
入粟時

柒一 0489
+0488+0368
入粟

柒一 0489
+0488+0368
入粟

柒一 0490
禾粟

柒一 0673
禾粟

柒一
1069+0878-1
入粟

柒一
1069+0878-1
入粟

柒一
C4.1-2-1
入粟

齊部

齊　齊

 伍一1028 齊

片部

牘　牘

 伍一1718 牘廣
 伍一1718 一牘
 伍二1718 用牘
 陸一1729 牘廣
 伍一1729 尺二寸牘
 伍一1729 牘廣
 伍二1737 傅牒牘數
 陸一1814 牘廣
 伍一1848 牘厚

牒　牒

 肆二1253 牒書
 肆二1305 署于牒
 肆二1372 比其牒
 肆二1397 月牒
 肆三0520 上牒
 肆三0523 尺牒
 肆三0523 人一牒
 肆三0640 粼牒
 伍一0968 各牒書
 伍一0968 一牒
 伍一1165 牒書
 伍二1698 一牒

鼎

 伍二 1707 百牒

 伍二 1707 百牒

 伍二 1722 廿牒

 伍二 1722 若之牒

 伍二 1737 牒牘

 伍二 1737 牒牘

 伍二 1848 二行牒

 伍二 1878 七牒

 伍三 0107 二尺牒

 伍三 1155 診牒

 伍三 J35+J34 移封牒

 陸一 1452+C5–9–1 奔牒

 陸三 0026 牒書

 陸三 1379 除其牒

 陸四 1187 牒書

 陸四 1781 一牒

 柒一 0476 令七牒

 柒一 1083 牒書

鼎部

鼎

 伍二 1862 如鼎

 伍二 1862 鼎者

 柒一 0710 如鼎

禾部

字頭	字形	出處
禾		肆二1278 禾稼
		肆三0587 毋禾
		肆三0587 入禾
		肆三0638 入禾
		肆三0698 馬及禾
		柒一0384 稷禾粟
		柒一0490 縣禾
		柒一0673 禾粟
稼		肆二1278 禾稼
		伍一1026 毋稼者
		陸四1721 黔首稼
穜		肆二1306 穜時
		肆三0317 穜時
私		肆一1945 私屬
		肆一1975 私官隸臣
		伍一1018 私謁之
		伍一1105 私載
		伍一1124 私載
		伍一2108 私馬牛羊
		伍二1171 私利
		伍二1666 私利
		伍二1669 私利
		伍二1795 私屬
		伍二1879 私利
		伍二1906 私利
		陸一1357 私挾
		陸一1433 私挾
		陸二0128 私炊
		陸二2144 竊私宮屏

柒二 0868 私邑

柒二 0868 私家

柒二 1075-1 其官私

柒二 1688 私家

柒二 1688 私邑者

稷

柒一 0384 稷禾粟

稗

伍三 1921 稗官令

伍三 1925 稗官

移

肆二 J57 移居縣入

肆二 J57 移居縣

肆三 0638 移西工室

伍一 0963 郡守輒移

伍一 1021 移讂縣道

伍一 2059 郡所移

伍二 1613 移旁縣

伍二 1683 各移其縣

伍二 1683 移黔首縣

伍二 1683 移旁縣

伍三 1155 移其診牒

伍三 1181 移徙它縣

伍三 J35+J34 移封牒

陸一 1311 移敦人

陸一 1311 相移

陸一 1432 所移

		 陸一 1452+C5-9-1 移其縣官	 陸一 1463 移甲段	 陸四 1788 移佐田	 陸四 1858 移角貲署所
		 陸伍 1644 +1648+1653 移有貲贖責	 柒一 0487 移軍人	 柒一 0563 移	 柒一 0684 移直錢
		 柒二 0341 移麗邑	 柒二 1097 下移	 柒二 1625 奏移廷者	 柒二 1625 移廷者
		 柒二 1687 移其告			
穫		 肆二 1306 穫時	 陸四 1612 徒穫者	 陸四 1612 不備穫時	
積		 肆二 1273 積徒數	 肆二 1295 用積徒數		
秩		 肆二 1245 有秩吏	 肆二 1272 有秩吏	 肆二 1396 毋秩者	 肆三 0559 有秩吏
		 柒一 0382 以故秩	 柒一 0644 有秩吏		

稾

稾 肆二 1274 芻稾

稾 肆二 1413 芻稾

年

年 肆一 0187 年自十四歲

年 肆一 1965 年十八歲

年 肆一 1984 年十八歲

年 肆一 1985 廿年

年 肆一 1996 小年

年 肆一 2088 廿五年

年 肆一 2089 廿年

年 肆二 1236 年十五歲

年 肆二 1291 年長者

年 肆二 1355 後年

年 肆二 1362 作年

年 肆二 1372 年月

年 肆二 1377 年未盈

年 肆二 1405 年長

年 肆二 1425 年日月

年 肆三 0479 元年

年 肆三 0681 二年

年 伍一 0918 年未盈

年 伍一 0998+C10–4–13 年未盈

年 伍一 1003 年未盈

年 伍一 1018 廿六年

年 伍一 1025 廿六年

年 伍一 1037 年未盈十五

年 伍二 1099 十三年

年 伍二 1601 □年八月

年 伍二 1679+1673 年日月

年 伍二 1692 年晥老以上

年 伍二 1786 某年

伍三 0806 年不盈

陸一 1357 四年

陸一 1438 廿七年

陸一 1897 廿年

陸四 1612 廿一年

陸四 1675 年日月

陸四 1859 廿九年

柒一 0302 年過六十

柒一 0382 年六十六

柒一 0402 十九年

柒一 0446 年六十三歲

柒一 0449 年十三歲

柒一 0491 年過六十

柒一 0491 年十七

柒一 0571 廿年

柒一 0682 年皖老以上

柒一 0683 年十八

柒一 J21 年過卌五

柒一 J21 其年

柒二 1624 廿四年

柒二 2064-1 來年計

租

肆二 1224 租者

肆二 1224 自收入租

肆二 1233 租如律令

肆二 1278 租禾稼

肆二 1378 不得為租

肆二 1411 受齎租質

肆二 J45 入租貣

字頭	小篆	字形	出處
税			陸一 C4.1-1-1 税取
稍			肆二 1411 它稍入錢
			伍一 2156 稍善
秋			肆三 0318 春秋
秦			伍三 2026 名為秦
稱			陸二 2015 稱以辜為
			陸二 2145 稱議
程			伍二 1848 厚過程者
			陸一 1457 有程
			陸一 1457 不如程
			陸一 1457 不如程
			柒一 0568 程過四分
			柒一 0568 程二
穜*			肆三 0587 自給穜

秝部

兼	兼	 肆三 0813 柀兼上志	 柒一 0182 兼貲拾日		

米部

米	米	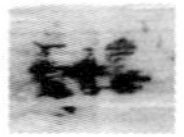 肆三 0610 米			
粲	粲	 肆一 2011 白粲	 肆一 2062 白粲	 肆一 2085 白粲	 肆二 0912 白粲
		 伍一 0897 白粲	 伍一 1022 白粲	 伍一 1112 白粲	 伍一 1114 白粲
		 伍一 2053+2050 白粲	 伍三 1764 白粲	 陸一 1451 白粲	 陸一 J29+J64-3 白粲
		 柒二 1629 白粲			

糴	糴	陸四 1860 以糴	柒一 0673 官糴		
竊		肆二 1365 竊久	陸二 2144 竊私宮屏		

臼部

舂	舂	肆一 0185 城旦舂	肆一 0186 城旦舂	肆一 0187 城旦舂	肆一 1962 城旦舂
		肆一 1976 城旦舂	肆一 1977 城旦舂	肆一 1996 城旦舂	肆一 1996 令舂勿出
		肆一 1996 城旦舂	肆一 1998 城旦舂	肆一 2009 城旦舂	肆一 2009 城旦舂
		肆一 2011 城旦舂	肆一 2011 城旦舂	肆一 2036 城旦舂	肆一 2039 城旦舂
		肆一 2041 城旦舂	肆一 2041 城旦舂	肆一 2044 城旦舂	肆一 2065 城旦舂

 肆一2080 城旦舂	 肆一2081 城旦舂	 肆二0060 城旦舂	 肆二0173 城旦舂
 肆二0912 黥舂	 肆二0912 完城旦舂	 肆二1421 城旦舂	 肆三0635 城旦舂
 伍一0897 城旦舂	 伍一0897 城旦舂	 伍一0921 完城旦舂	 伍一0998+C10-4-13 城旦舂
 伍一1003 城旦舂	 伍一1022 舂	 伍一1027 完城旦舂	 伍一1107 城旦舂
 伍二1813 城旦舂	 伍二1855 城旦舂	 伍二1855 城旦舂	 伍三1738 城旦舂
 陸一1451 舂者	 陸一1451 完城旦舂	 陸一1595 城旦舂	 陸二2144 城旦舂
 陸三0028 城旦舂	 陸三1994 完城旦舂	 陸三2014 城旦舂	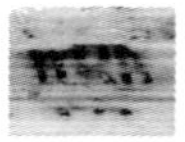 陆三2014 城旦舂
 柒一0550 城旦舂			

朩部

枲

肆三 0531 以枲堅約兩敦

韭部

⿰賈⿱又韭*

柒二 0385+1637 ⿰賈⿱又韭人

宀部

家

肆一 0782 家臣

肆一 2089 家嗇夫

肆二 J57 家弗能入

伍三 1690 居家

伍三 1884 去家

陸一 1458 去其家

陸一 1458 去其家

陸一 1475 其家

陸一 J67-1+J76-12+J71-1+J64-1+J66-6 去家

柒一 0364 乃使家

柒一 0656 其家

柒二 0868 私家

室

柒二 1688 私室

肆一 1930 其室
肆一 1965 室人
肆一 1966 室人
肆一 1984 舍人室

肆一 1990 舍人室
肆一 2040 舍人室
肆一 2040 室人
肆二 0118 一室

肆二 0118 莫視室者
肆二 0349 居室
肆二 1226 舍室
肆二 1233 室中

肆二 1266 黔首室
肆三 0359 妻室
肆三 0587 西工室
肆三 0638 西工室

肆三 0638 西工室
肆三 0681 工室
伍一 1016 室人
伍一 1122 室人

伍二 1597 室人
伍二 1813 室人
伍三 1704 居室言
伍三 1704 居室

伍三 J35+J34 居室
陸二 0131 請室
陸二 2098 家室
陸二 2145 宮室

完	安	定	宇	宣			

 肆一 0186 完為城旦舂	 陸二 2161 安臺	 伍一 1036 定陶	 肆二 1276 田宇	 肆三 0680 宣深嗇夫	 柒二 0878–2 居室	 柒一 0562 繕室屋	 陸二 2161 居室
 肆一 1977 完城旦舂		 伍二 1907 以書下日定	 肆二 1276 田宇			 柒二 0461–1+0461–2 居室	 陸二 2164 宮室
 肆一 2036 完為城旦舂		 陸一 1431 定臯	 肆二 1276 田宇			 柒二 0753+1072–2 臧室舍	 陸二 2165 居室
 肆一 2039 完為城旦舂		 柒一 0662 定已識				 柒二 0869 居室	 陸三 2105 室人

		 肆二 0912 完城旦舂	 肆三 0523 完爲城旦	 伍一 0921 完城旦舂	 伍一 1027 完城旦
		 伍一 1029 完爲城旦	 伍二 1621 完城旦	 伍二 1813 完爲城旦舂	 伍二 1855 完爲城旦舂
		 伍三 1665 完以爲城旦	 伍三 1765 完爲城旦	 陸一 1451 完城旦舂	 陸二 2015 完爲城旦
		 陸三 0028 完城旦舂	 陸三 1994 完城旦舂	 柒二 1631 完其書封	
富	富	 肆二 1241 富有			
實	實	 肆二 1266 實宫補屬者	 肆二 1413 實官	 肆三 0523 實	 伍一 1189+C4-1-9 謹以實
		 伍二 1728 以實	 伍三 1691 以實署	 伍三 1761 請實	 伍三 1921 不以實者
容	容	 柒二 0396 財容			

冗		 肆一 0914 冗佐史	 肆一 1981 冗作	 肆一 1981 冗作	 肆二 0795 冗募
		 肆二 1256 若冗以免	 肆二 1371 冗宦	 肆二 1371 冗宦	 肆二 1378 冗佐
		 伍三 1668 冗募	 柒一 0376 冗募	 柒一 0501 冗佐史	 柒一 0501 冗日
		 柒一 0501 冗爵	 柒一 0580 冗日	 柒一 0580 冗爵	 柒一 0598 冗爵
		 柒一 0598 冗者	 柒一 0733 冗募	 柒一 0733 冗佐	 柒一 C10.3–2–3 冗募
宕		 伍三 1677 宕			
宦		 肆二 1352 為吏及宦	 肆二 1371 冗宦	 伍一 1129 宦顯大夫	 伍一 2108 出宦
		 伍一 2108 宦者	 伍三 J22 宦者	 柒二 1079 出宦	

宰

陸二 0116 泰宰

陸二 2127 泰宰

守

肆二 1299 守官

肆二 1369 令守

肆二 1383 不足以守

肆二 1383 益守

肆三 0319 東郡守

肆三 0592 當守

伍一 0898 蒼梧守

伍一 0921 洞庭守處

伍一 0963 郡守

伍一 0963 郡守

伍一 0963 郡守

伍一 0964 郡守丞

伍一 1033 不守

伍一 1103 守衛

伍一 1114 泰山守

伍二 1174 郡守

伍二 1174 守丞

伍二 1696 守治

伍二 1914 守丞

伍三 1182 郡守

伍三 1670 守府

伍三 1763 守丞

伍三 1874 守吏

伍三 1954 河間守

陸三 2103 守治

陸伍 1644+1648+1653 封守之

柒一 0333 守

柒一 0364 郡守

- 柒一 0371 以守行尉事
- 柒一 0371 泰守
- 柒一 0371 叚守
- 柒一 0371 泰守
- 柒一 0371 守吏
- 柒一 0374 叚守
- 柒一 0451-2 守官府者
- 柒一 0484 守丞
- 柒一 0484 守丞
- 柒一 0485 新地守
- 柒一 0489+0488+0368 南陽守
- 柒一 0556 叚守
- 柒一 0660 郡守尉
- 柒一 0660 守府
- 柒一 0660 守
- 柒一 1046 叚尉丞守
- 柒二 1627 蜀守處
- 柒二 1634 守丞
- 柒二 1634 泰守

宜

- 肆二 1271 宜到
- 陸一 1678 不宜
- 柒一 0147+0342 物宜適者
- 柒一 0332 宜適殹
- 柒一 0404 多不宜

寫

- 伍二 1661 寫劾
- 伍二 1794+1856-1 具寫
- 陸三 1948 寫劾
- 柒一 0379 即寫

		 柒二 1101 獨寫			
宿		 肆二 1228 一宿	 陸二 2032 行所宿	 陸二 2131 宿吏共者	 柒二 0399 投宿
		 柒二 0399 投宿			
寡		 肆二 1236 寡子	 肆二 1259 爵寡		
寄		 伍一 0918 令寄長	 伍一 0918 令寄長	 伍一 1033 寄人瀍	 陸一 1308 +C5-2-3+1507 受寄者
		 柒二 0753+1072-2 寄舍□			
寒		 肆三 0666 聯寒者			
害		 肆二 1247 害盜	 肆二 1369 害所	 肆二 1405 毋害	 伍三 1802 毋害

陸一 1614
撟制不害律

陸四 1721
以害黔首稼

陸四
1866+J71-3
犨害郡

柒二 0969
有為害者

柒二 2095
犨害郡

索

肆二 1354
索有脱

柒一 0644
分曹索之

宮部

宮

肆一 2132
宮司空

肆二 1266
實宮補屬者

伍一 1132
宮嗇夫

伍三 1704
徒隸作宮

陸二 1938
尼宮樓上

陸二 1938
諸宮

陸二 2114
諸宮

陸二 2144
宮屏

陸二 2144
宮屏

陸二 2145
宮室

陸二 2146
宮堂

陸二 2153
近宮者

陸二 2164
匠為宮室

柒二
0461-1+0461-2
宮禁苑者

穴部

穴

伍三 1802　穴作官者

穿

肆二 1255　穿汲池

空

肆一 2132　空

肆一 2132　左司空

肆一 2132　右司空

肆二 0350　司空律

肆二 1394　空車

肆二 1411　鈲空

陸二 0153　司空

陸二 2005　司空

柒一 0463　司空

柒三 0321　船司空

柒三 0687　司空史

突

伍一 1029　將軍樂突

疒部

疾	疾	 肆 二 1225 疾病	 肆 二 J46 疾病	 伍 二 1162 疾走	 伍 三 1912 疾徐
		 柒 一 0378 疾死	 柒 一 0872 疾病		
病	病	 肆 二 0793 或病	 肆 二 1225 疾病	 肆 二 1242 病及不存	 肆 二 1253 瘩病
		 肆 二 1383 瘩病	 肆 二 1420 病不能出	 肆 二 J46 疾病	 肆 三 0319 瘩病
		 肆 三 J44 老病居縣	 伍 三 1149+C4-3-7 及病	 伍 三 1155 不病	 伍 三 1155 及病
		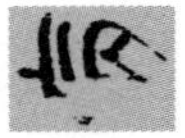 伍 三 1177+C10-3-10 其病	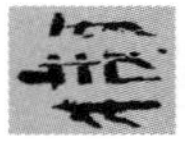 伍 三 1865 病有瘳	 伍 三 1865 病不視事	 伍 三 1867 病者
		 伍 三 1881 治病	 伍 三 1881 父母病篤	 伍 三 1882 病篤	 柒 一 0374 病兩手
		 柒 一 0411 病痍傷	 柒 一 0446 病當為罷	 柒 一 0451-2 病者	 柒 一 0481 病不瘳

	 柒—0481 其痍病	 柒—0487 後戍病⿸疒斯者	 柒—0487 病胆攣	 柒—0684 病不作
	 柒—0872 疾病			
疵	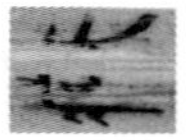 伍—1021 疵瑕			
⿸疒斯	 柒—0487 後戍病⿸疒斯者			
痍	 柒—0447 戰痍	 柒—0447 □痍	 柒—0481 痍病	
瘳	 肆二1225 有瘳	 肆二J46 有瘳	 伍三1155 有瘳	 柒—0403 毋瘳時
	 柒—0448-1+0448-2 有瘳	 柒—0481 有瘳	 柒—0483 瘳時	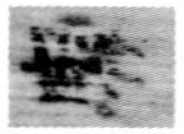 柒—0483 瘳
	 柒—0487 有瘳			

𤸇*		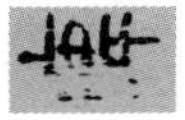 肆 二 1231 𤸇病	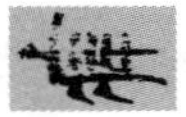 肆 二 1253 𤸇病	 肆 二 1383 𤸇病	 肆 三 0319 𤸇病
		 肆 三 0635 癃𤸇病	 伍 二 1692 罷𤸇	 柒 一 0374 罷𤸇鬃	 柒 一 0411 罷𤸇
		 柒 一 0483 𤸇而病	 柒 一 0682 罷𤸇		
㾕*		 柒 一 0487 㾕			
瘌*		 柒 一 0374 皆癖瘌			
𤺺*		 柒 一 0374 𤺺鐵			
𤼚*		 伍 一 2156 𤼚殺人			
癖*		 肆 一 1989 以闌癖	 肆 一 1989 以將陽癖	 柒 一 0374 癖瘌	

癠*

	 柒一0402 執癠			

冂部

同

	 肆一1930 同産	 肆一1946 同灋	 肆一1965 同灋	 肆一1974 同灋
	 肆一1998 同罪	 肆一2011 同灋	 肆一2041 同灋	 肆一2047 同灋
	 肆一2088 同罪	 肆一2111 同罪	 肆二1257 同辠	 肆二1299 同居
	 肆三0466 同里	 肆三0466 復同	 肆三0557 同居	 伍一0864 同郡
	 伍一0960 同産	 伍一0967 同辠	 伍一1005 同灋	 伍一1014 同辠
	 伍一1016 同辠	 伍一1016 同居	 伍一1019 同辠	 伍一1023 同灋

 伍一 1023 同居	 伍一 1024 同瀍	 伍一 1025 不同父	 伍一 1028 同産
 伍一 1037 同瀍	 伍一 1108 同瀍	 伍一 1113 同瀍	 伍一 1122 同居
 伍一 1124 同船食	 伍二 1086 同瀍	 伍二 1098 同瀍	 伍二 1098 同産
 伍二 1146 同居	 伍二 1164 同瀍	 伍二 1164 同瀍	 伍二 1167 同瀍
 伍二 1597 同産	 伍二 1603-1+1603-3 同瀍	 伍二 1666 同皐	 伍二 1697 同居
 伍二 1698 事不同者	 伍二 1710 同居	 伍二 1711 同居	 伍二 1712 同編
 伍二 1717 同瀍	 伍二 1717 同居	 伍二 1737 與前同數	 伍二 1783 同居
 伍二 1813 同皐	 伍二 1855 同皐	 伍二 1901 同居	 伍二 1906 同舍

	 伍 三 0024 同辠	 伍 三 1677 同論	 伍 三 1766 同辠	 伍 三 1806 同灋
	 伍 三 1873 同食	 伍 三 1884 同産	 伍 三 1884 同産	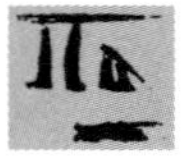 陸 一 1432 同灋
	 陸 一 1438 同日	 陸 一 1445+1441-2 同獄	 陸 一 1446 同辠	 陸 一 1448 同辠
	 陸 一 1450 同灋	 陸 一 1483 同灋	 陸 一 1595 同居	 陸 一 1614 同笥
	 陸 一 1970 同灋	 陸 一 C5-9-3+0024 同辠	 陸 三 0155 同居	 陸 三 0155 同居
	 陸 三 1937 同灋	 陸 三 1963 同居	 陸 三 2051 同灋	 陸 三 2051 同灋
	 陸 三 2068-1+2069 耐罪同	 陸 三 2119+2110 同灋	 陸 三 2119+2110 同灋	 陸 四 1159 同辠
	 陸 四 1676 同獄	 陸 四 1871 同居	 陸 四 1895 同日	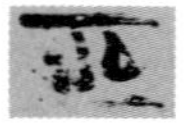 陸 伍 1700+1749 同笥

同

柒一 0485
同罪

柒一 1046
同處者

柒二 0859-1+0859-2
同瀍

與同□罪
柒二 0969

柒二 1630
同瀍

冃部

冒

伍三 1922
冒擅

冣

肆三 0561
執瀍上計冣

肆三 2148
上計冣

肆三 0805
冣

肆三 0813
上計冣者

柒二 1625
計冣

伍一 0964
為冣

伍一 0968
執瀍上冣者

伍三 1854
月盡為冣

伍三 1885
治獄冣久

网部

兩

肆一1960
一兩

肆一2036
一兩

肆二1233
一兩

肆三0531
約兩敦

伍一1012
四兩

伍一1012
一兩

伍二1889
七兩

伍三1738
二兩

伍三1738
四兩

伍三1766
二兩

陸一1451
二兩

陸一1451
一兩

陸三2104
七兩

柒一0374
兩手

柒一1511
二兩

柒一1511
二兩

柒二0396
兩檻

网部

罪

肆一0169
減罪

肆一1930
有罪

肆一1930
舍匿罪人律

肆一1962
罪自

肆一1962
有罪

肆一1977
耐罪

肆一1985
罪人

肆一1988
耐罪

 肆一 1998 同罪	 肆一 2012 舍罪人律	 肆一 2036 耐罪	 肆一 2036 貲罪
 肆一 2041 耐罪	 肆一 2045 罪人	 肆一 2081 佐弋之罪	 肆一 2081 以其罪
 肆一 2087 有罪	 肆一 2087 罪不得減	 肆一 2088 死罪	 肆一 2088 同罪
 肆一 2088 亡人罪	 肆一 2107 □罪	 肆一 2111 同罪	 肆一 2123 有罪
 肆二 1314 耐罪	 肆二 1354 死罪	 陸二 0114 贖罪	 陸二 0117 同罪
 陸二 0121 匠畫圖罪	 陸二 2152 縱罪人律	 陸二 2163 壞者罪	 陸三 0028 罪一人
 陸三 0028 耐罪	 陸三 0105 毋巨罪	 陸三 0123 不直罪	 陸三 0133 罪
 陸三 0135 唯收罪	 陸三 0156 毋罪	 陸三 1380 輕罪	 陸三 1963 毋罪

	 陸三 1993 罪重于譜	 陸三 1994 其罪	 陸三 2068–1+2069 耐罪	 陸三 2100+2159 不直罪
	 陸三 2104 死罪	 陸三 2119+2110 毋罪	 柒一 0348 罪人	 柒一 0348 死罪
	 柒一 0348 城旦罪	 柒一 0449 有罪	 柒一 0485 同罪	 柒一 0491 有它罪
	 柒一 0677 罪人人以上	 柒一 0677 罪人	 柒一 0689 有罪	 柒一 0707+C3–5–2 有罪
	 柒二 0020 所以令罪	 柒二 0199–1+0199–2 有罪	 柒二 0341 毋巨罪	 柒二 0397+0390 有罪
	 柒二 0400 有罪	 柒二 0859–1+0859–2 論罪	 柒二 0859–1+0859–2 與盜同灋罪	 柒二 0874 有罪
	 柒二 0969 □罪	 柒二 1055 有罪	 柒二 1055 有罪	 柒二 1064 罪人
	 柒二 1079 或有罪	 柒二 1094 耐罪	 柒二 1096–1 其罪	 柒二 1688 耐罪

罷		 柒二 2020 罪耐	 柒二 2020 行其罪	 柒二 2022 其罪	 柒二 2046 其罪
		 柒二 2138+C8-8-1 駕其罪一等			
羅		 陸二 1938 皆羅去之			
署		 肆二 0349 之署	 肆二 0795 署所	 肆二 0798 令署	 肆二 0798 署報書
		 肆二 0798 弗署	 肆二 1225 于署	 肆二 1242 署其都發	 肆二 1250 署急輒行
		 肆二 1299 戍在署	 肆二 1305 署于牒	 肆二 1305 亦署之	 肆二 1369 署之
		 肆三 0523 署當免狀	 肆三 0640 書署	 伍一 0968 署不決	 伍一 1000 皆署之
		 伍一 1008 弗署者	 伍一 1009 各署	 伍一 C10-3-2-1 署	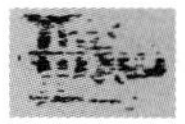 伍二 1141 於署

 伍二 1162 應署	 伍二 1173 恒署書	 伍二 1679+1673 署初到	 伍二 1712 署律令
 伍二 1712 具署	 伍二 1722 署之	 伍三 0119 署所	 伍三 1691 以實署
 伍三 1912 署吏徒	 陸二 0114 不署急	 陸四 1152 署徼	 陸四 1160 於署
 陸四 1160 于署	 陸四 1175 上應署	 陸四 1675 署初到	 陸四 1781 署初獄
 陸四 1858 署所	 陸伍 1703 署曰	 柒一 0194-1 中縣署	 柒一 0194-1 署四川郡
 柒一 0194-1 署江胡郡	 柒一 0369 到署所	 柒一 0383 河内署	 柒一 0383 署衡山郡
 柒一 0401 署它郡	 柒一 0401 署新地	 柒一 0401 食署所	 柒一 0483 遣之署
 柒一 0501 居署	 柒一 0504 署所	 柒一 0684 到署	 柒一 0684 署所

（署，續）

柒一 0689 署琅邪郡

柒一 0689 署衡山郡

柒一 0707+C3–5–2 署四川郡

柒一 0707+C3–5–2 署江胡郡

柒一 0707+C3–5–2 署九江郡

罷

肆三 0016 罷歸

伍一 1129 罷博士者

伍二 1666 軍罷去

伍二 1692 罷瘁

柒一 0372 罷歸

柒一 0446 病當為罷

柒一 0487 破荆軍罷

柒一 0682 罷瘁

置

肆二 1227 置吏律

肆二 1272 置吏律

肆二 1272 置人

肆二 1352 置吏

肆二 1369 置將吏

肆二 1373 置典老

肆二 1376 更置

肆二 1376 毋置

肆二 1396 置吏律

肆二 1405 置典老

肆三 0519 置酒

伍二 1696 置給吏具

伍三 1774 置守

陸二 2024 傳置

陸二 2032 屬車置

陸二 2049 傳置

陸二 2131 屬車置

陸三 2103 置給吏具

柒一 0346 置發弩嗇夫

柒一 0661 未置

柒二 1632 出置水旁

柒二 2022 置縣官

罯

肆一 1980 毆罯

陸三 0178 毆罯

陸三 2014 罯之

柒一 1042 罯䔍之

柒一 2028 㚟訽罯

柒二 2022 非諭詛罯者

襾部

覆

肆三 0698 覆獄

伍二 1680 覆治

伍三 1663 覆獄

伍三 1857 覆治

伍三 1899 覆獄

伍三 1920 覆獄

伍三 1924 覆獄

陸一 1458 有覆治者

陸一 1902+C8–1 覆治

巾部

字				
幅	 陸二1938 扁幅			
帶	 柒一0347 帶劍	 柒一0347 帶劍	 柒一0562 帶劍	 柒一0562 帶劍
	 柒一0654 帶劍			
帬	 肆三0666 襌帬襦			
席	 肆二1277 郵具二席	 陸二0132 器席		
㡱	 陸二1938 尼宮㡱上			
布	 肆二1286 金布律	 肆二1287 金布律	 肆二1287 欲出布者	 肆二1289 金布律

		 肆二 0529 尉布	 伍一 1026 謹布令	 伍一 1112 謹布令	 伍二 1087 謹布令
		 伍三 1768 金布令	 伍三 1899 金布令	 伍三 1920 金布令	 陸一 1154 謹布令
		 陸二 2098 謹布令	 陸三 0136 已布令	 柒一 0644 已布令	 柒一 0662 尉布
		 柒二 0341 謹布令			

帛部

帛	帛	 肆二 J42 帛書			

白部

白	白	 肆一 2011 白粲	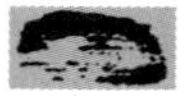 肆一 2062 白粲	 肆一 2085 白粲	 肆二 0912 白粲

	 肆三 0635 白粲	 伍一 0897 白粲	 伍一 1022 白粲	 伍一 1114 白粲
	 伍二 0934 白粲	 伍二 1707 别白	 伍三 1764 白粲	 陸一 1451 白粲
	 陸一 J29+J64-3 白粲	 柒二 1629 白粲		

㡀部

敝 	 肆一 1930 敝匿	 肆三 0395 敝者		

第八卷　尸部

人

尸

肆一1930　罪人

肆一1940　它人

肆一1965　室人

肆一1984　人舍

肆一1984　室人

肆一1984　舍人

肆一1985　罪人

肆一1985　羣亡人

肆一1990　人室

肆一2016　炊人

肆一2040　人舍

肆一2045　罪人

肆一2057　伍人

肆一2057　廿人

肆一2080　人屬

肆一2085　庶人

肆二1226　人

肆二1226　里人

肆二1232　人屬

肆二1232　人復復子

肆二1241　人為

肆二1242　賢人

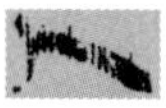
肆二1244　人户

肆二1252　人一

肆二1272　置人

肆二1276　予人

肆二1279　為人

肆二1279　賈人

 肆二 1282 其人	 肆二 1283 收人	 肆二 1288 伍人	 肆二 1392 其人
 肆三 0559 為人	 肆三 0634 里人	 肆三 0634 軍人	 肆三 0669 收人
 肆三 2148 一人	 伍一 0895 舍人	 伍一 0897 二人	 伍一 0897 庶人
 伍一 0897 一人	 伍一 0898 庶人	 伍一 0901 從人	 伍一 0960 舍人
 伍一 0960 從人	 伍一 0961 皋人	 伍一 0968 人數	 伍一 1012 一人
 伍一 1012 一人	 伍一 1012 舍人	 伍一 1016 人或告之	 伍一 1016 室人
 伍一 1016 伍人	 伍一 1028 舍人	 伍一 1028 荆從人	 伍一 1028 多人
 伍一 1029 舍人	 伍一 1029 廿四人	 伍一 1029 近人	 伍一 1033 寄人

 伍一 1112 一人	 伍一 1112 二人	 伍一 1119 一人	 伍一 1122 人莫告
 伍一 1122 室人	 伍一 1122 伍人	 伍一 1133+1152-2 傷人	 伍一 1189+C4-1-9 上一人
 伍一 2053 ＋2050 舍人	 伍一 2156 殺人	 伍二 1146 受人財	 伍二 1156 庶人
 伍二 1166 縣道人	 伍二 1596 一人	 伍二 1596 盜略人	 伍二 1597 室人
 伍二 1605+1617 受人財	 伍二 1615 盜略人	 伍二 1616 辠人	 伍二 1616 免除人
 伍二 1685 庶人	 伍二 1697 受人	 伍二 1710 受人	 伍二 1711 受人
 伍二 1712 辠人	 伍二 1717 受人	 伍二 1732 叚貸人	 伍二 1732 受人
 伍二 1759 它人	 伍二 1783 受人財	 伍二 1849 一人	 伍二 1851 子人者

 伍二 1863 為人	 伍二 1889 一人	 伍二 1894 官人	 伍二 1894 官人
 伍二 1908 數人	 伍三 0024 辠人	 伍三 1677 為人捕	 伍三 1691 人馬
 伍三 1738 一人	 伍三 1738 一人	 伍三 1764 為人	 伍三 1766 伍人
 伍三 1779 段人	 伍三 1806 給人	 伍三 1806 强與人奸	 伍三 1873 一人
 伍三 1873 舍人	 伍三 1873 它人	 伍三 1873 一人	 伍三 1885 二人
 陸一 1158 賈人	 陸一 1445+1441-2 當人	 陸一 1445+1441-2 有數人	 陸一 1448 傷人
 陸一 1451 辠一人	 陸一 1451 一人	 陸一 1456 强與人奸	 陸一 1477 敢為人
 陸一 1484 辠人律	 陸一 1486-1+1486-2 賈人	 陸一 1622 辠人	 陸二 0130 致賜人

	 陸二 1942 訟人	 陸二 2015 人可	 陸二 2024 廿人	 陸二 2024 十人
	 陸二 2032 二人	 陸二 2032 四人	 陸二 2099 二人	 陸二 2131 八十人
	 陸二 2131 廿人	 陸二 2152 罪人	 陸二 2164 人上	 陸三 0028 一人
	 陸三 0028 罪一人	 陸三 0133 庶人	 陸三 0133 庶人	 陸三 0188 伍人
	 陸三 1963 人財	 陸三 2100+2159 受人	 陸三 2104 一人	 陸四 1187 人
	 陸四 1676 數人	 陸四 1807 卌一人	 陸四 1807 一十一人	 陸四 C8-5-2+1726 郵人
	 柒一 0348 二人	 柒一 0348 罪人	 柒一 0374 侍人	 柒一 0402 鼓人
	 柒一 0451-2 里人	 柒一 0463 一人	 柒一 0487 軍人	 柒一 0487 廿人

	 柒一 0598 人或	 柒一 0677 罪人	 柒一 0682 它人	 柒一 0710 它人
	 柒一 0750+C10.1–2–2 人而	 柒一 0872 郵人	 柒一 J21 它人	 柒一 J21 三人
	 柒二 0385+1637 蠶人	 柒二 0850 坐人	 柒二 0969 伍人	 柒二 1063 伍人
	 柒二 1074 它人	 柒二 1625 人數	 柒二 1625 人數	 柒二 1631 一人
	 柒二 1631 室人	 柒二 1633 其人	 柒二 1688 從人	 柒二 1957–2 其人
	 柒二 C10.3–7–1 室人毋			
仁 	 肆一 1978 不仁	 肆一 2083 不仁	 伍一 1025 相仁	
佩 	 肆二 1252 佩之	 伍一 0857+0871+0866 諸佩		

字頭				
佗	 柒一 0673 令佗	 柒一 0673 佗		
何	 肆一 1978 何人	 柒一 0489 +0488 +0368 何以		
備	 肆一 1988 備前	 肆一 2047 未備	 肆一 2071 毋備	 伍三 1883 備盜賊令
	 伍三 1924 不備	 陸二 2145 備水	 陸四 1720 日備	 陸四 1810 日備
	 陸四 1866+J71-3 備	 柒一 0580 日備	 柒一 0656 未備	 柒一 0656 未備
	 柒一 0750+C10.1-2-2 日備	 柒二 0462-2 日備	 柒二 2095 備	 柒二 2138+C8-8-1 未備
	 柒二 2138+C8-8-1 日備			
偕	 肆二 1248 與計偕	 伍一 0964 偕上	 伍二 1785 偕上	 伍三 2025 與計偕

陸一 1438 偕留

陸四 1895 偕留

陸五 1701 與徒偕

柒二 1056 偕從

柒二 2137 偕耐之

傳

肆一 1941 未傳

肆一 2072 弗傳

肆一 2072 逋傳

肆二 1236 未傳

肆二 1294 未傳者

肆二 1389 輒傳

伍一 0998+C10–4–13 衣傳

伍一 0998+C10–4–13 衣傳

伍一 1009 具傳

伍一 1028 已傳

伍二 1712 具傳

伍二 1737 皆傳

伍三 1671 傳衣服

伍三 1671 弗傳

陸一 1477 傳衣服

陸一 1477 弗傳

陸一 1678 及傳

陸四 1675 傳留狀

柒一 0402 新傳

柒一 0402 恒以傳

柒一 0578 縣已傳

佴	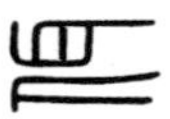	 伍三 1774 學佴			
侍		 肆二 1266 其侍	 肆二 1266 侍舍	 肆二 1277 侍荍	 陸一 1461 侍奏
付		 肆一 1962 復付	 肆一 2033 復付	 伍三 1915 付受	
伍		 肆一 1940 伍	 肆一 1984 伍	 肆一 1990 典伍	 肆一 1990 伍
		 肆一 2057 伍人	 伍一 1016 伍人	 伍一 1122 伍人	 伍二 1621 伍
		 伍二 1855 伍人	 伍三 1763 伍人	 伍三 1766 相伍	 陸三 0155 伍或
		 陸三 0155 伍弗告	 陸三 0188 伍人	 陸三 0770 伍弗忍告	 陸三 2068–1+2069 伍
		 柒二 1063 伍人	 柒一 J61 伍		

什	什	 柒一 J61 什			
作	作	 肆一 0797 作務	 肆一 1981 冗作	 肆一 1981-1 冗作	 肆一 1992 作務
		 肆一 1996 槫作倉	 肆一 2132 作功	 肆二 0793 不作	 肆二 1240 作日
		 肆二 1362 作年	 肆二 1362 内作	 肆二 1420 及作	 肆二 1423 而作
		 肆三 0635 作者	 肆三 0638 作所縣	 肆三 J44 作縣官	 伍一 0921 苦作
		 伍一 1022 左材官作	 伍一 1023 共作	 伍二 1686 田作	 伍三 1704 作所
		 伍三 1704 作官	 伍三 1764 以作署	 伍三 1802 作官	 伍三 1854 作官府
		 伍三 J35+J34 作所	 陸一 1446 不作	 陸一 J29+J64-3 以作署	 陸三 0770 田作

		 柒一 0403 行作	 柒一 0403 作事	 柒一 0446 亦作	 柒一 0562 田作
		 柒一 0684 水作	 柒一 0684 不作	 柒一 0706+0694 作縣	 柒二 0869 辟作
		 柒二 1080 作所官	 柒二 1080 作所	 柒二 1137 作所官	 柒二 1687 作所官
		 柒二 1687 作所縣			
假	𠺫	 肆三 0588 假裘	 肆三 0666 假襌帬襦	 肆三 0748 諸假	 陸二 0131 給假
		 陸二 0132 假食官	 柒一 0584 假船		
侵	𠏁	 伍二 1171 侵苦卒			
候	𠊱	 伍二 1696 候茳	 柒一 0333 亖候	 柒一 0336 候官	 柒一 0336 不候

償	償	 肆 一 1941 償日	 肆 二 0350 人及償	 肆 三 0358 為償	 肆 三 0638 償及責
		 柒 一 0376 弗能償	 柒 一 0656 弗能償	 柒 一 0750+C10.1-2-2 弗能償	
代	代	 肆 二 1298 相代	 肆 二 1298 相代	 肆 二 1298 庸代人者	 肆 二 1298 代者
		 肆 二 1414-1 代下爵	 肆 二 1414-1 代者	 伍 一 1028 代	 伍 三 1867 代為
		 柒 一 0403 狀者代			
便	便	 肆 二 1373 便利	 肆 三 0019 以便	 肆 三 0624 廁便地	 陸 二 2163 以便
		 陸 二 2163 以為便	 陸 四 1788 自便	 陸 四 1859 便	 柒 一 0580 便
		 柒 一 0656 不便	 柒 二 1048 便利		

任

肆二 1245 任者

肆二 1245 弗能任

肆二 1245 任除

肆二 1272 能任

肆二 1302 任者

肆二 1302 任者

肆二 1352 所任

肆二 1376 不勝任

陸一 1448 所任

陸一 1448 任者

陸二 2128 各任

柒二 1048 所任

使

肆二 1385 諸使

肆二 1401 縣官事使

伍一 0899 以使

伍一 0899 使者

伍一 0899 以使

伍一 1014 繇使

伍一 1018 使私州

伍一 2059 使

伍三 0107 當使者

陸二 2153 節使人

柒一 0333 使吏

柒一 0333 尉使者

柒一 0364 必使

柒一 0485 繇使

柒一 0584 使假船

柒二 1076 使及

傳

肆二 0992 傳送

肆二 1250 傳行書

肆二 1257 傳送

肆二 1300 皆為傳

 肆二 1300 發其傳	 肆二 1385 有傳者	 肆二 1394 傳送	 肆三 0658 為傳
 伍一 0898 致桱傳之	 伍一 0918 別傳	 伍一 1123 當傳	 伍一 1123 傳詣
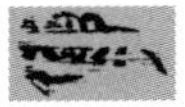 伍三 0058 發傳	 伍三 0058 毋傳	 伍三 0119 傳送	 伍三 1663 乘傳
 伍三 1691 傳食	 伍三 1691 數于傳	 伍三 1765 將傳	 伍三 2025 具傳
 陸一 1454 傳賣	 陸二 2049 傳置	 陸二 2128 傳詣	 陸三 1943 盡傳
 陸四 1160 次傳	 柒一 0463 傳詣	 柒一 C10.4–5–4+0480 傳	 柒二 0399 傳囚
 柒二 0878–2 傳詣	 柒二 1064 其傳	 柒二 1064 以傳	 柒二 1080 傳詣
 柒二 1688 戒傳			

偏	[seal form]	 伍一 0961 偏捕告	 陸三 0155 偏告		
伎	[seal form]	 柒一 0345 折伎			
僞	[seal form]	 柒二 2046 它詐僞	 柒二 2046 而詐僞		
傷	[seal form]	 肆一 1980 殺傷	 肆一 1980 殺傷	 陸一 1448 殺傷	 陸一 1448 殺傷
		 柒一 0345 其傷	 柒一 0411 病痍傷		
伐	[seal form]	 肆二 1382 伐之	 肆三 0638 伐榦沮	 柒一 0495 令人伐	 柒二 0341 伐材
		 柒二 1623 伐	 柒二 1623 伐材	 柒二 1630 伐材竹	
佐*		 肆一 0782 佐弋	 肆一 0782 佐弋	 肆二 1227 佐	 肆二 1367 佐吏

	 肆二 1396 小佐	 肆二 J43 佐史	 肆三 0520 尉佐	 肆三 0559 尉佐
	 伍一 1018 佐史	 伍二 1689 縣官佐	 伍二 2013 佐史	 伍二 2013 佐史
	 伍三 1694 自佐	 陸二 2032 佐共	 陸三 0104 佐史	 陸四 1810 縣官佐
	 陸四 1858 內佐	 柒一 0501 約佐居署	 柒一 0501 佐史	 柒一 0733 冗佐
	 柒二 1093 街佐			
傳*	 肆二 1232 擅傳	 肆二 1294 擅傳	 肆二 1294 勿敢傳	 伍三 0058 傳毋傳
	 伍三 1861 毋傳	 伍三 1899 乘傳馬	 伍三 1917 乘傳馬	 伍三 1917 諸傳
	 伍三 1920 乘傳馬	 陸一 1462 繇傳		

傲*

陸四 1872
毋以傲

匕部

真

伍三 1768
真官嗇夫

柒一 0371
真官

巛部

從

肆一 0186
從誘

肆一 0187
從誘

肆一 1982
從親

肆一 1997
從馬

肆二 0994
不從令

肆二 1294
不從車牛

肆二 1305
不從令

肆二 1371
令從户

肆二 1377
不從令

肆二 1400
不從令

肆二 1409
不從令

肆二 J42
不從令

肆二 J43
從軍

肆三 0663
不從令

肆三 0669
從反者

肆三 0749
從破

 伍一 0865 不從令	 伍一 0901 從人	 伍一 0960 從人	 伍一 1019 從人
 伍一 1028 從人	 伍一 1103 從事	 伍一 1119 從人	 伍二 1613 不從令
 伍二 1692 不事從	 伍二 1792 非從興	 伍二 1876 不從令	 伍二 1877 不從令
 伍二 1914 不從令	 伍三 0058 不從令	 伍三 1768 不從令	 伍三 1806 從而奸
 伍三 1806 從者	 伍三 1854 不從令	 伍三 1912 不從令	 陸一 1956 不從
 陸二 0122–1+0122–2 不從令	 陸二 0131 不從	 陸二 2092 不從	 陸二 2093 不從令
 陸二 2099 不從令	 陸二 2163 從事	 陸二 2167 節從	 陸三 0104 從令者
 陸四 1239 不從律	 陸四 1871 從之	 陸五 1703 從令	 柒一 0485 不從

从部

并

柒一 0486 從事

柒一 0675 從事

柒二 1688 從人

陸一 1432 并令

柒一 0182 并除

柒一 0504 令并

柒一 J21 及并

柒二 1064 并封

比

肆一 0782 比寺車府

肆一 0796 比寺車府

肆三 0557 有等比

肆三 0680 有等比

伍一 0960 比故

伍一 1008 比行事

伍一 1009 比行事

伍一 1009 比行事

伍一 1028 比故

伍一 1033 比豚臣

伍一 1111 有等比

伍一 1935 琅邪郡比

伍二 1712 當比編

伍三 1899 等比

伍三 1920 比

陸二 2162 比食官

虛

肆二 1351 虛質

丘部

北

伍三 1600–1 戰北

比部

比

柒一 0182 有等比

柒一 0344 比告子

柒一 0363 等比

柒一 0375 等比

柒一 0403 它有比

柒一 0447 等比

柒一 0481 等比

柒一 0577 有等比

柒一 0579 等比

柒一 0580 有等比

柒一 0584 比行水道

柒一 0584 等比

柒一 0606 等比

柒一 0653 等比焉

王部

徵

徵

肆二 1363 勿徵贅

肆二 1392 徵書

伍三 1915 办徵

伍三 J22 徵捕

陸一 1622 節徵捕

陸一 1678 吏徵捕

陸一 1971 勿擅徵

陸一 1971 徵捕者

陸四 1788 徵令

陸四 1872 办徵

重部

重

重

肆二 1383 重卒

肆二 1394 重車

伍二 0833 重者

伍二 0833 重于

伍二 1695 重者

伍二 1695 重于

伍二 1723 重

伍二 1879 重車

陸二 2163 有重于

陸二 2163 以重

陸三 1380 重斷之

陸三 1380 重罪

字頭	字形
重	 陸三1993 罪重； 陸三0123 重； 陸四1160 重； 柒二0340 重封

臥部

字頭	字形
監	 肆二1265 監； 肆二1378 牢監； 肆三0680 令相監； 肆三0680 如監令史
	 伍二1174 郡監； 伍二1914 正監； 伍三1763 監
臨	 肆二1409 身臨之

身部

字頭	字形
身	 肆二1352 其身； 肆二1409 身臨之； 伍一1024 不身相予； 伍一1109 剸身
	 伍二1615 身聽； 伍二1692 剸身； 伍三1857 身受賊； 伍三1867 身斷

柒一 0403
剸身

柒一 0682
剸身

柒二 1056
終身

柒二 1627
剸身

柒二 2063
剸身

衣部

衣

肆二 0060
衣食

肆二 0173
衣食

肆二 0349
衣用

肆二 0914
衣用

肆二 1240
衣食

肆二 1240
衣數

肆二 1261
衣寇

肆二 1375
衣物

肆二 1375
其衣

肆二 J30
衣食

肆二 J30
其衣

肆二 J30
衣之

肆三 0666
衣履

肆三 0666
賤衣

肆三 0669
衣履

伍一
0998+C10-4-13
衣傅

伍一
0998+C10-4-13
令衣傅之

伍二 1880
衣服

伍二 1879
衣服

伍三 1671
衣服

伍三 1671
衣服

伍三 1764
赤衣

伍三 1850
一衣

陸一 1477
衣服

陸一 1477
衣服

陸一
J29+J64–3
赤衣

陸二 2157
衣服

袍

肆三 0666
冬袍

袤

肆三 0531
袤六尺

袑

伍一 1029
袑

伍一 1029
袑

襌

肆三 0666
襌帬襦

襄

肆一 2106
襄武

肆一 2106
襄武

肆三 0519
昭襄王

襍

肆二 1266
內史襍律

肆二 1296
內史襍律

肆三 0680
相襍監

伍二 1161
雜受

	 伍二 1174 雜受印			
補	 肆二 1266 補屬者	 肆二 1376 補之	 肆二 J43 補軍吏	
卒	 肆一 1940 卒歲	 肆一 1989 卒歲	 肆一 1989 卒歲	 肆一 2158+1958 卒歲
	 肆二 1273 公卒	 肆二 1312 卒戍	 肆二 1367 公卒	 肆二 1372 卒歲
	 肆二 1373 尉卒律	 肆二 1383 重卒	 肆二 1397 尉卒律	 肆二 1405 公卒
	 肆三 0749 甕卒	 伍一 0831 卒史	 伍一 0961 卒史	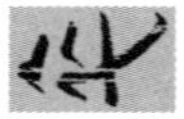 伍二 1116 廷卒令
	 伍二 1161 卒史	 伍二 1166 廷卒	 伍二 1171 苦卒	 伍二 1173 卒令
	 伍二 1602-1+1602-2 廷卒	 伍二 1680 郡卒令	 伍二 1689 卒史	 伍二 1706+1784 廷卒

 伍二 1727 廷卒	 伍二 1730 廷卒	 伍二 1737 廷卒	 伍二 1739 廷卒
 伍二 1790 卒令	 伍二 1805 卒令	 伍二 1849 吏卒	 伍二 1855 廷卒
 伍二 1876 卒令	 伍二 1878 尉郡卒令	 伍二 1887 卒令	 伍二 1906 與卒
 伍三 1899 卒史	 伍三 1924 卒史	 陸二 0153 空卒令	 陸二 2127 與卒
 陸四 1145+1735 漕卒	 陸四 1160 卒令	 陸四 1175 卒令	 陸四 1681 卒令
 陸四 1866+J71-3 卒史	 陸四 1890 卒令	 陸四 1900 卒令	 柒一 0366 郡卒令
 柒一 0376 戍卒	 柒一 0376 鄭卒	 柒一 0463 若卒史	 柒一 0468 郡卒令
 柒一 0554 卒令	 柒一 0555 郡卒令	 柒一 0590 郡卒令	 柒一 0660 卒史

柒一0689　吏卒

柒一0695　卒令

柒一0731　卒令

柒一0742　卒令

柒一1083　郡卒令

柒二1624　吏卒史

裹

裹（小篆）

柒一0653　簪裹

柒一0661　小簪裹

肆二1378　簪裹

裘部

求

肆二0798　求報

肆二1228　求盗

肆三0524　務求

伍一0965　所求

伍一1019　讂求

伍一1021　窮求

伍三1812　諆求

陸一1452+C5-9-1　求之

陸一1622　求辠人

陸二1942　有求

陸二2092　求之

陸二2092　求之

陸二2128　求捕之

耂部

老 耂	 肆一 1941 免老	 肆一 2091 老小	 肆一 2132 老	 肆二 1226 老
	 肆二 1231 老母	 肆二 1231 免老	 肆二 1235 老	 肆二 1236 老父
	 肆二 1288 老	 肆二 1290 老	 肆二 1291 老	 肆二 1291 老
	 肆二 1291 老	 肆二 1294 免老	 肆二 1371 睆老	 肆二 1397 老
	 肆二 1405 老	 肆二 1405 老	 肆三 0635 老	 肆三 0665 老
	 肆三 J44 老病	 伍一 1016 典老	 伍一 1122 典老	 伍一 1122 典老
	 伍一 1165 長老	 伍二 1692 睆老	 伍二 1692 睆老	 伍二 1855 典老

陸三 0026 長老

柒一 0451-2 晥老

耆

柒一 0661 鄰興耆

孝

伍一 1165 事父母孝

肆一 1980 不孝

尸部

居

肆一 1932 居貲

肆一 1941 居償日者

肆一 2047 居貲

肆二 0118 居隱除

肆二 0118 居貲

肆二 0118 居貲

肆二 0793 居貲

肆二 0993 日居六錢

肆二 0993 當居

肆二 0993 弗居

肆二 0994 居田舍

肆二 1231 老母居

肆二 1231 居者

肆二 1240 居之

肆二 1248 居貲

肆二 1260 居貲

 肆二 1264 居貲	 肆二 1370 居貲	 肆二 1393 居貲	 肆二 1400 居田舍
 肆二 1421 居貲	 肆二 1423 居貲	 肆二 1423 居縣	 肆二 J57 居縣
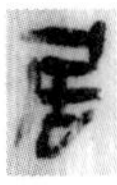 肆二 J57 居縣	 肆三 0557 同居	 肆三 0557 同居	 伍一 1023 同居
 伍一 1016 同居	 伍一 1165 居邑里	 伍二 1697 同居	 伍二 1710 同居
 伍二 1711 同居	 伍二 1783 同居	 伍二 1797 居吏	 伍三 1670 居貲
 伍三 1690 居家	 伍三 1704 居室	 伍三 1704 宮別離居	 伍三 1704 居室言
 伍三 J41 居縣	 陸一 1475 居咸陽	 陸一 1595 同居	 陸二 2098 居家室
 陸二 2157 居祠上	 陸二 2161 居室	 陸三 0026 居邑	 陸三 0155 同居

		 陸三 0155 同居	 陸三 1963 同居	 陸四 1858 居之	 陸四 1871 同居
		 陸五 1644+1648+1653 居縣	 柒一 0374 起居	 柒一 0446 居	 柒一 0449 與居
		 柒一 0501 居署	 柒一 0570 令居	 柒一 0657 已居	 柒一 0673 身居之
		 柒一 0673 身居之			
展		 肆三 0705 益展	 柒一 0374 不展		
尼		 陸二 1938 尼嘍	 陸二 1938 尼宮嘍		
屋		 柒一 0562 繕室屋	 陸二 2164 庫屋		
屏	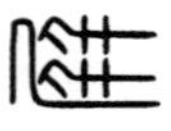	 伍二 1758 屏匿	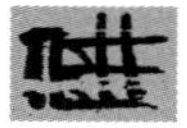 伍二 1923 屏匿	 陸一 1446 屏匿道	 陸二 2144 宮屏

陸二 2144 宮屏

尺部

尺

肆二 1229 五尺

肆二 1279 五尺

肆三 0523 尺牒

肆三 0531 六尺

伍二 1729 尺二寸

伍二 1852 尺六寸

伍三 0107 二尺

柒一 0380 六尺

柒一 0654 長尺

尾部

屬

肆一 0782 屬佐弋

肆一 1945 主私屬

肆一 1973 獄屬

肆一 2080 人屬

肆一 2085 復屬

肆二 1232 人屬弟子

肆二 1266 補屬者

肆二 1266 屬焉

 肆二 1273 數屬	 肆二 1295 屬所	 肆二 1404 縣屬	 肆三 0018 屬所
 肆三 0520 屬	 肆三 0640 屬	 肆三 0559 及屬	 伍一 1019 從人屬
 伍二 1760 上屬所	 伍二 1795 私屬	 伍二 1906 宦屬	 伍三 1704 宦屬
 伍三 1787 獄屬所	 伍三 1869 屬所	 伍三 1869 屬所	 陸二 2032 屬車署
 陸二 2098 以屬	 陸二 2131 屬車署	 陸二 2164 屬縣垣	 陸三 0125 屬所
 陸三 1948 上屬	 陸四 1781 屬所	 陸四 1866+J71-3 屬	 柒一 0333 縣屬
 柒一 0377 屬邦	 柒一 0689 屬邦	 柒二 0869 宦屬	 柒二 0875 屬鄉吏
 柒二 1077 屬所			

履部

履（履）

肆二1261
履

肆三0666
衣履

肆三0666
裘綺履

肆三0669
衣履

肙部

船（船）

柒三0108
亡船

柒三0321
船司空

柒一0584
假船

伍一1124
同船

服（服）

肆二1229
服暈車

肆二1398
當服

伍二1879
衣服

伍二1880
衣服

伍三1671
衣服

伍三1671
衣服

陸一1477
衣服

陸一1477
衣服

陸二2157
衣服

方部

方

肆二 1237
方櫭

伍二 1722
阶其方

先部

先

伍一 1007
先決論

陸三 1994
先告

柒二 1148-1+1148-2
可先智

儿部

兒

伍一 1003
嬰兒

伍一 1114
嬰兒

兄部

兄

伍一 1025
兄姊弟

伍一 1165
兄姊

兂部

簪		 肆二 1378 簪裹	 陸二 0132 及簪	 柒一 0653 簪裹	

先部

先	先	 肆二 1236 先覺	 肆二 1241 先行	 肆二 1252 先鄰	 肆二 1257 先悉
		 肆二 1269 先悉	 肆二 1285 先為	 肆二 1295 必先	 肆二 1369 豫先
		 肆二 1369 先智	 肆二 1383 先智	 肆三 0634 其先	 伍一 1034 先決
		 伍一 1007 先決	 伍一 2155+C8-1-2 必先	 伍一 2155+C8-1-2 盡先	 伍二 1621 先告
		 陸一 1127-2 必先	 陸一 1459 先決	 陸一 1461 先決	 陸二 2162 各先
		 陸四 1808 先後	 陸四 1858 令先	 陸四 1866+J71-3 先予	 柒一 0336 執瀍先

		 柒一 0578 謹先	 柒一 0733 先拜	 柒二 2095 先予	

禾部

積		 肆二 1355 積計			

見部

見		 肆二 1226 見其盜	 肆二 1226 弗見	 肆二 1257 弗見	 肆二 1288 伍人見
		 肆二 1399 見其人	 肆三 0558 見錢	 柒一 0598 伍人見	 伍一 0873+1102 弗見
		 伍一 0873+1102 弗見	 伍一 0967 弗見	 伍一 0967 見其為之	 伍一 1013 弗見
		 伍一 1013 見犯	 伍一 1016 弗見	 伍一 1016 見其	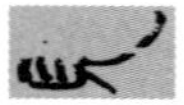 伍一 1016 見其

字頭	篆文				
		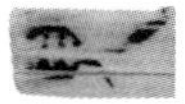 伍一 1122 弗見	 伍二 1162 旁見	 伍三 1873 見其	 陸一 1453 見存
		 陸一 1918 見錢	 陸四 1175 旁見	 柒一 0480+C10.4-5-4 弗見	 柒一 0598 弗見
		 柒二 1073-2＋1070 見毆			
視		 肆三 0640 案視	 伍三 1143 視事	 伍三 1865 視事	 伍三 1882 視事
		 陸二 2127 所視祠	 陸二 2162 治視	 陸二 2162 治視	
覽		 肆二 1236 先覽			
親		 肆一 1982 從親	 肆一 2132 從親	 肆二 1238 親父母	 肆三 0526 其親
		 伍一 0918 親所	 伍一 1001-1+1020 親撫	 伍一 1165 親弟	 伍一 1935 親所

 伍二 1710 治獄者親	 伍二 1717 治獄者親	 伍二 1783 治獄者親	 伍二 1815 親所智
 伍二 1847 親所智	 伍二 1847 親所智	 陸三 0123 親所智	 陸三 1963 親及
 柒一 0449 毋它親	 柒一 0585 及親		

欠部

欲

 肆二 1274 欲貸	 肆二 1287 欲出布	 肆二 1300 而欲	 肆二 1414-1 欲代
 伍一 1026 欲毋稼	 伍一 1123 欲有告	 伍二 1813 欲反	 伍三 1873 欲以
 陸四 1799 欲去	 陸四 1870-1+1870-2 欲令	 陸四 1870-1+1870-2 其欲	 柒一 0404 郡欲為
 柒一 0414＋0361 欲人	 柒一 0571 欲解爵	 柒一 0571 欲解爵	 柒一 0673 欲人

柒一 0684
弗欲

歔

肆三 0015
相去歔

次

伍一 1119
以次

伍一 1119
以次

伍三 1854
案次

陸二 0145
次誤

陸四 1160
次傳

陸四 1808
其次

陸四 1808
先後次

柒一 0382
潦東次

柒一 0571
當次

柒二 1075
以勞次

柒二 2095
以次

㱃部

飲

肆三 0529
飲食

伍二 1880
飲食

伍二 1880
飲食

伍二 1906
飲食

伍二 1906
飲食

陸二 2162
飲除藥

陸二 J73-3+J03
飲如令

㳄部

盜

 肆一 1946 與盜	 肆一 1974 與盜	 肆一 2047 與盜	 肆二 1226 盜賣
 肆二 1226 見其盜	 肆二 1226 告盜	 肆二 1228 求盜	 肆二 1228 若盜
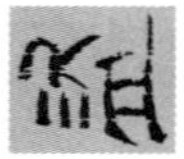 肆二 1247 害盜	 肆二 1417 故徼外盜	 伍一 0898 皆盜	 伍一 0962 或盜
 伍一 0962 盜牧馬	 伍一 1005 與盜	 伍一 1014 反盜	 伍一 1018 反盜
 伍一 1023 與盜	 伍一 1024 與盜	 伍一 1033 為盜	 伍一 1037 與盜
 伍一 1108 與盜	 伍一 1113 與盜	 伍一 1114 夫妻盜	 伍二 0833 盜律
 伍二 1086 與盜	 伍二 1098 與盜	 伍二 1164 與盜	 伍二 1164 與盜

 伍二 1167 輿盜	 伍二 1596 盜略人	 伍二 1603-1+1603-3 輿盜	 伍二 1711 盜律
 伍二 1797 盜戒	 伍三 1806 輿盜	 伍二 1862 勞盜	 伍三 1912 盜佘
 陸一 1483 輿盜	 陸一 1956 輿盜	 陸一 1970 有盜	 陸三 0148 以盜律
 陸三 0181 輿盜	 陸三 1937 輿盜	 陸三 2051 輿盜	 陸三 2051 輿盜
 陸三 2119+2110 輿盜	 陸三 2119+2110 輿盜	 柒一 0345 盜佘	 柒一 0550 有盜
 柒一 0660 有盜	 柒一 0661 辜盜	 柒二 0859-1+0859-2 有盜	 柒二 0859-1+0859-2 輿盜

第九卷　部

字頭	篆文				
顏*		 肆—0161 顏頯	 肆—0168 顏頯	 肆—0186 顏頯	 肆—1959 顏頯
		 肆—2062 顏頯	 肆—2117 顏頯		
頯		 肆—0168 顏頯	 肆—0186 顏頯	 肆—1959 顏頯	 肆—1973 顏頯
		 肆—2062 顏頯	 肆—2117 顏頯		
顧		 肆三 0317 不顧			
顫		 陸二 1938 顫鷄			
煩		 伍—1008 煩留			

字	篆				
顯	顯	 陆一 1971 顯大夫			

首部

字	篆				
首	首	 肆二 0990 黔首	 肆二 0994 黔首	 肆二 1234 黔首	 肆二 1248 黔首
		 肆二 1252 黔首	 肆二 1252 黔首	 肆二 1255 黔首	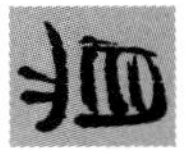 肆二 1266 黔首
		 肆二 1269 黔首	 肆二 1292 黔首	 肆二 1296 黔首	 肆二 1300 黔首
		 肆二 1301 黔首	 肆二 1362 黔首	 肆二 1400 黔首	 肆二 J28 黔首
		 肆三 0015 黔首	 肆三 0317 黔首	 肆三 0325 黔首	 肆三 0521 黔首
		 肆三 0652 黔首	 伍一 0895 新黔首	 伍一 0895 新黔首	 伍一 1012 黔首

	 伍一1013 故黔首	 伍一1026 黔首	 伍一1112 黔首	 伍一1113 新黔首
	 伍一1114 新黔首	 伍一1165 黔首	 伍一1165 黔首	 伍二1087 黔首
	 伍二1168+1192 黔首	 伍二1613 黔首	 伍二1674 黔首	 伍二1683 黔首
	 伍二1686 黔首	 伍二1894 黔首	 伍三1170+1172 黔首	 伍三1677 黔首
	 伍三2026 黔首	 陸一1158 黔首	 陸一1357 黔首	 陸一1358 黔首
	 陸一1454 黔首	 陸二1942 黔首	 陸二2098 黔首	 陸二2128 黔首
	 陸二2128 新黔首	 陸三0026 黔首	 陸三0104 黔首	 陸三0105 黔首
	 陸三0770 黔首	 陸四1145+1735 黔首	 陸四1721 黔首	 陸四1721 黔首

	 陸四 1721 黔首	 陸四 1808 黔首	 柒一 0056 新黔首	 柒一 0335 黔首
	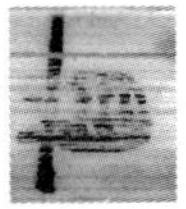 柒一 0347 新黔首	 柒一 0376 黔首	 柒一 0377 首解爵	 柒一 0562 新黔首
	 柒一 0570 貲首	 柒一 0644 新黔首	 柒一 0657 黔首	 柒一 0683 黔首
	 柒一 0750+C10.1-2-2 貲首	 柒一 0750+C10.1-2-2 新黔首	 柒一 1042 新黔首	 柒一 2028 新黔首
	 柒二 1623 黔首			

𥄉部

縣	 肆一 1928 輸縣鹽	 肆一 1962 縣道官	 肆一 1973 都縣	 肆一 1973 縣道官
	 肆一 1982 縣道官	 肆一 1990 中縣	 肆一 1992 縣道官	 肆一 1992 縣道官

縣

肆一 1996 郡都縣

肆一 2090 縣嗇夫

肆一 2107 縣道

肆一 2107 中縣道官

肆一 2132 縣道官

肆二 0060 縣官

肆二 0795 縣及署所

肆二 0993 縣官

肆二 0993 縣官

肆二 1227 縣

肆二 1238 告縣

肆二 1242 縣請

肆二 1245 縣

肆二 1245 縣

肆二 1249 縣丞

肆二 1255 縣黔首

肆二 1265 縣官

肆二 1269 縣官

肆二 1269 縣官

肆二 1271 縣官

肆二 1274 縣官

肆二 1276 縣官

肆二 1278 縣官

肆二 1289 縣官

肆二 1289 縣官

肆二 1290 故徼縣

肆二 1290 緣故徼縣

肆二 1290 它縣

肆二 1296 縣料

肆二 1300 它縣

肆二 1300 它縣

肆二 1301 縣官

 肆二 1353 縣令	 肆二 1377 縣官	 肆二 1378 縣匠	 肆二 1392 縣官
 肆二 1396 縣	 肆二 1404 郡縣	 肆二 1404 縣屬	 肆二 1410 縣官
 肆二 1415 縣官	 肆二 1417 縣	 肆二 1425 縣官	 肆二 1429 縣
 肆二 J57 居縣	 肆三 0016 縣官	 肆三 0544 縣廷	 肆三 0558 到縣
 肆三 0558 令縣	 肆三 0638 作所縣	 肆三 0640 縣	 肆三 J44 縣官
 肆三 J44 居縣	 肆三 J44 縣官	 伍一 0930 縣官	 伍一 0963 縣官
 伍一 0965 縣道官	 伍一 1003 縣官	 伍一 1007 縣官	 伍一 1014 郡縣官
 伍一 1021 縣道	 伍一 1028 巴縣	 伍一 1029 巴縣	 伍一 1034 縣官

 伍一 1123 縣官	 伍一 2108 縣官	 伍二 1142 縣官	 伍二 1161 縣官
 伍二 1161 縣令	 伍二 1166 縣道	 伍二 1613 旁縣	 伍二 1613 黔首縣
 伍二 1613 旁縣	 伍二 1680 縣官	 伍二 1683 旁縣	 伍二 1683 其縣
 伍二 1683 旁縣	 伍二 1689 縣官	 伍二 1696 縣為	 伍二 1758 縣官
 伍二 1760 縣官	 伍二 1851 縣官	 伍二 1864 令縣	 伍二 1864 縣官
 伍二 1894 縣畍中	 伍二 1928 輸縣鹽	 伍二 2013 縣獄佐史	 伍三 0058 縣道官
 伍三 1155 所縣	 伍三 1155 縣官	 伍三 1181 它縣	 伍三 1182 縣官
 伍三 1663 縣官	 伍三 1691 縣官	 伍三 1704 它縣	 伍三 1704 縣官

 伍 三 1766 巴縣	 伍 三 1787 縣官	 伍 三 1809 縣官	 伍 三 1885 縣四人
 伍 三 1885 小縣	 伍 三 1886 縣盈萬户	 伍 三 1917 縣官	 伍 三 1917 縣界
 伍 三 1925 縣廷	 伍 三 1986 其縣	 伍 三 J35+J34 縣官	 伍 三 J35+J34 縣官
 陸 一 1357 縣官	 陸 一 1433 縣官	 陸 一 1449 縣官	 陸 一 1452+C5-9-1 縣道
 陸 一 1452+C5-9-1 縣官	 陸 一 1457 縣官	 陸 一 1462 縣官	 陸 一 1462 縣官
 陸 一 1464 縣	 陸 一 1464 縣官	 陸 一 1486-1+1486-2 縣官	 陸 一 1918 到縣
 陸 一 1918 令縣	 陸 一 J67-1 +J76-12+J71-1 +J64-1+J66-6 旁縣	 陸 一 J67-1 +J76-12+J71-1 +J64-1+J66-6 居縣	 陸 二 0122-1+0122-2 令縣
 陸 二 0131 共縣	 陸 二 0132 共縣	 陸 二 0176 過縣	 陸 二 0176 縣吏

 陸二 2024 關外一縣	 陸二 2056 縣界中	 陸二 2056 其縣	 陸二 2056 縣界
 陸二 2056 縣令	 陸二 2098 縣官	 陸二 2099 毋過縣	 陸二 2128 以縣次傳
 陸二 2162 縣道	 陸二 2162 縣道	 陸四 1152-1 縣官	 陸四 1152-1 縣廷
 陸三 2103 縣為候館	 陸四 1160 以縣次傳	 陸四 1705 縣官	 陸四 1721 縣官田
 陸四 1803 縣官	 陸四 1807 中縣	 陸四 1810 縣官佐	 陸四 1811 縣官
 陸四 1858 縣官	 陸四 1870-1+1870-2 縣官田	 陸五 1644+1648+1653 居縣	 柒一 0330 中縣
 柒一 0333 縣屬郡者	 柒一 0404 琅邪縣	 柒一 0446 亦作之縣	 柒一 0448-1+0448-2 縣道
 柒一 0483 居縣	 柒一 0483 居縣	 柒一 0490 得縣禾入	 柒一 0501 縣官

柒一 0548 縣官

柒一 0568 為縣

柒一 0578 縣已傳

柒一 0644 縣官

柒一 0654 縣令

柒一 0673 縣官

柒一 0683 縣道

柒一 0689 中縣

柒二 0341 縣官

柒二 0385+1637 縣官

柒二 0399 郡縣

柒二 0869 它論縣

柒二 1063 縣官

柒二 1063 縣官

柒二 1070+C10.4-4-1 縣鹽

柒二 1080 以報縣

柒二 1688 縣鹽

須部

須 𩑛

肆二 J43 毋須時

陸四 1808 不須

彡部

弱

肆二1414-1 以弱代者

髟部

髮

陸二1942 鬄髮

陸二1942 鬄髮

陸二1999 鬄髮

鬄

陸二1942 鬄髮

陸二1942 鬄髮

陸二1999 鬄髮

柒一0402 鬄騷

髡

陸一C4.1-1-1 不髡者

司部

司

肆一0168 司寇

肆一1976 司寇

肆一1976 司寇

肆一1977 司寇

肆一1981 司寇

肆一1996 將司

肆一1997 將司

肆一2062 司寇

 肆一 2122 司寇	 肆一 2132 宮司空	 肆一 2132 右司空	 肆一 2132 左司空
 肆二 0118 司寇	 肆二 0793 司寇	 肆二 1256 司寇	 肆二 1362 司寇
 肆二 1374 司寇	 肆二 1390 司寇	 肆二 1393 司寇	 肆二 1421 司寇
 肆二 1421 司者	 肆三 0326 司寇	 肆三 0587 司寇	 肆三 0587 司寇
 肆三 0635 司寇	 伍一 0921 將司	 伍一 1022 司寇	 伍一 1036 司馬
 伍一 1109 司寇	 伍二 1156 司寇	 伍二 1596 司寇	 伍二 1606+1619 司寇
 伍二 1864 司寇	 伍二 1891 司寇	 伍三 1779 司御	 伍三 1779 司御
 伍三 1802 司寇	 陸二 0153 四司	 陸二 2005 司空	 陸二 2113 公車司馬

陸四 1145+1735 司寇

柒一 0336 叚司御

柒一 0402 疇司御

柒一 0414+0361 公車司馬

柒一 0463 司空

柒一 0578 司御

柒二 0340 公車司馬

柒二 0340 公車司馬

柒二 1627 將司之

卩部

令

肆一 1928 犯令者

肆一 1931 令出

肆一 1978 令備貲責

肆一 1982 亦令

肆一 1988 令備

肆一 1996 令春勿出

肆一 2027 令人

肆一 2057 令丞

肆二 0118 令更居之

肆二 0118 勿令

肆二 0349 令庸以逋

肆二 0350 以令

肆二 0793 令

肆二 0795 以令

肆二 0798 令署

肆二 0994 不從令

 肆二 1224 不如令	 肆二 1224 令	 肆二 1224 令它官吏	 肆二 1233 如律令
 肆二 1235 令不更	 肆二 1236 令與粟事	 肆二 1238 縣令	 肆二 1240 令居之
 肆二 1243 不從令者	 肆二 1243 令	 肆二 1245 令任除	 肆二 1249 令
 肆二 1253 不可令	 肆二 1254 從令	 肆二 1257 令	 肆二 1260 令出
 肆二 1260 令入	 肆二 1264 弗令入	 肆二 1264 令出	 肆二 1265 不從令
 肆二 1270 以令論	 肆二 1273 毋敢令	 肆二 1279 犯令者	 肆二 1282 令
 肆二 1285 令	 肆二 1285 令	 肆二 1285 令	 肆二 1288 令續署
 肆二 1291 令它里	 肆二 1292 失令	 肆二 1293 令	 肆二 1305 不從令

 肆二 1313 令	 肆二 1313 令史	 肆二 1351 而令	 肆二 1353 縣令
 肆二 1355 令	 肆二 1363 勿令	 肆二 1365 令人久	 肆二 1369 皆令
 肆二 1370 且令	 肆二 1371 令從户	 肆二 1373 令與其	 肆二 1377 毋敢令
 肆二 1383 令先智所主	 肆二 1384 犯令	 肆二 1384 令女子	 肆二 1398 令
 肆二 1398 令廄嗇夫	 肆二 1399 令人錢	 肆二 1400 不從令者	 肆二 1400 令
 肆二 1409 不從令	 肆二 1410 令	 肆二 1417 擅令	 肆二 1421 毋令
 肆二 1423 令隸臣妾	 肆二 1428 令	 肆二 J30 令居其衣	 肆二 J42 不從令
 肆二 J43 令	 肆二 J45 不令	 肆二 J46 令	 肆二 J57 以令

 肆 三 0019 勿令	 肆 三 0465 共令	 肆 三 0316 共令	 肆 三 0317 及令
 肆 三 0324 令	 肆 三 0351 共令	 肆 三 0355 共令	 肆 三 0519 令請出
 肆 三 0522 共令	 肆 三 0524 令吏	 肆 三 0525 此令	 肆 三 0531 勿令
 肆 三 0558 令到縣	 肆 三 0558 令縣	 肆 三 0558 勿令	 肆 三 0559 令史
 肆 三 0592 當令者	 肆 三 0634 令軍人	 肆 三 0663 不從令	 肆 三 0663 令
 肆 三 0665 令	 肆 三 0668 不如令	 肆 三 0680 令史	 肆 三 0680 令相監
 肆 三 0680 律令	 肆 三 0690 共令	 肆 三 0698 令覆	 肆 三 0805 獨令
 肆 三 0813 令史	 肆 三 1521 內史戶曹令	 肆 三 J70+J71+J6 共令	 伍 一 0831 而令

 伍一0831 令	 伍一0864 勿令	 伍一0865 不從令	 伍一0873+1102 令丞
 伍一0916 此令	 伍一0918 令寄	 伍一0918 令寄	 伍一0960 令夫
 伍一0962 有令	 伍一0965 令史	 伍一0967 故令	 伍一0968 令執灋
 伍一0998+C10-4-13 皆令	 伍一0998+C10-4-13 勿令	 伍一1000 如令	 伍一1007 各令
 伍一1008 其令	 伍一1008 律令	 伍一1008 不應令	 伍一1009 固有令
 伍一1009 律令	 伍一1009 以令	 伍一1009 律令	 伍一1010 令以
 伍一1012 犯令者	 伍一1013 此令	 伍一1013 以令購之	 伍一1015 此令
 伍一1022 如令	 伍一1023 前令	 伍一1024 令到	 伍一1025 犯令者

 伍—1026 謹布令	 伍—1033 犯令者	 伍—1033 吏令者	 伍—1034 皆令
 伍—1036 寃句令	 伍—1103 令人	 伍—1104 而令	 伍—1108 犯令
 伍—1112 謹布令	 伍—1125 令無辠者	 伍—1128+C4-1-11 前令	 伍—1128+C4-1-11 以此令
 伍—1130 其令	 伍—1132 令丞	 伍—1132 令史	 伍—1133+1152-2 令史
 伍—1935 如令	 伍—2059 如令	 伍—2108 犯此令	 伍—2155+C8-1-2 獨有令
 伍—2155+C8-1-2 令案	 伍—2168 令丞史	 伍=1087 謹布令	 伍=1099 前此令
 伍=1116 廷卒令	 伍=1142 令吏	 伍=1142 令丞	 伍=1151 令吏
 伍=1151 以令	 伍=1161 縣官令	 伍=1161 縣令	 伍=1161 以令

 伍二 1162 令并負	 伍二 1162 令曰	 伍二 1162 為檢令	 伍二 1163 布為令
 伍二 1163 尉郡卒令	 伍二 1166 此令	 伍二 1168+1192 令曰	 伍二 1169 令
 伍二 1173 卒令	 伍二 1174 令曰	 伍二 1613 不從令	 伍二 1615 令史
 伍二 1620 令丞	 伍二 1621 令	 伍二 1666 此令	 伍二 1667 不從令
 伍二 1674 犯令	 伍二 1674 郡卒令	 伍二 1679+1673 令曰	 伍二 1680 郡卒令
 伍二 1686 令鄉嗇夫	 伍二 1692 有令	 伍二 1696 令吏徒	 伍二 1698 令易智
 伍二 1698 勿令	 伍二 1706+1784 犯令	 伍二 1707 令約具	 伍二 1708 犯令律
 伍二 1708 令丞	 伍二 1712 律令	 伍二 1718 令可別報	 伍二 1737 令其

 伍二 1758 令曰	 伍二 1769 此令	 伍二 1772 卒令	 伍二 1786 赦令
 伍二 1789+1804 得令	 伍二 1790 卒令	 伍二 1792 令為令	 伍二 1795 令其
 伍二 1797 不從令	 伍二 1805 令曰	 伍二 1805 卒令	 伍二 1814 不從令
 伍二 1864 令縣	 伍二 1864 令曰	 伍二 1876 不從令	 伍二 1876 卒令
 伍二 1877 不從令	 伍二 1877 令曰	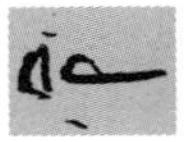 伍二 1877 卒令	 伍二 1878 令七牒
 伍二 1887 此令	 伍二 1887 卒令	 伍二 1888 律令	 伍二 1889 令丞尉
 伍二 1894 令曰	 伍二 1905 此令	 伍二 1905 卒令	 伍二 1907 為令
 伍二 1909 令耐辠以下	 伍二 1914 不從令	 伍二 1928 犯令者	 伍二 2013 有令

 伍二 2151 此令	 伍二 2151 前令	 伍二 J27 令曰	 伍三 0058 不從令
 伍三 0058 令	 伍三 0059 令史	 伍三 1091 數令	 伍三 1161 令卒史
 伍三 1177+C10-3-10 令	 伍三 1609 官令	 伍三 1609 令曰	 伍三 1660 令辛
 伍三 1662 不如令	 伍三 1670 令炊養	 伍三 1671 弗令	 伍三 1690 令居家
 伍三 1691 令曰	 伍三 1694 不從令	 伍三 1712 律令	 伍三 1738 犯令者
 伍三 1761 令曰	 伍三 1764 此令	 伍三 1766 犯令	 伍三 1768 不從令
 伍三 1768 金布令	 伍三 1768 令史	 伍三 1769 在令中	 伍三 1779 倉曹令
 伍三 1779 前令	 伍三 1780 倉曹令	 伍三 1780 令史	 伍三 1787 即令

伍三 1791 遷吏令

伍三 1802 令其官

伍三 1802 令史

伍三 1806 令曰

伍三 1854 不從令

伍三 1854 令可案

伍三 1854 令史

伍三 1861 官令

伍三 1865 令為

伍三 1874 受令

伍三 1883 備盜賊令

伍三 1884 令曰

伍三 1886 此令

伍三 1899 金布令

伍三 1904 除令

伍三 1912 不從令

伍三 1912 令可案

伍三 1912 令曰

伍三 1917 令乘傳馬

伍三 1917 令曰

伍三 1919 皆令

伍三 1920 金布令

伍三 1921 稗官令

伍三 1921 倉曹令

伍三 1924 令得

伍三 1926 共令

伍三 1954 令曰

伍三 1986 令教其縣

伍三 J22 令曰

伍三 J38 令都吏

伍三 J41 如令

伍三 J66–6 遷吏令

 陸—1154 謹布令	 陸—1154 令	 陸—1158 從令者	 陸—1158 禁令
 陸—1158 已聞令	 陸—1186 禁令	 陸—1311 令并名	 陸—1357 令到
 陸—1432 令一人	 陸—1433 聞令	 陸—1438 犯令	 陸—1442+J69-1+J75-6+J69-2 令以
 陸—1444 犯令	 陸—1446 令	 陸—1447 令初下	 陸—1448 皆令
 陸—1452+C5-9-1 令求之	 陸—1459 有令	 陸—1463 收令	 陸—1464 令削去
 陸—1476 即令	 陸—1476 毋令	 陸—1477 此令	 陸—1477 弗令
 陸—1508 令	 陸—1523 它如其令	 陸—1614 從令者	 陸—1614 勿令
 陸—1918 令到縣	 陸—1918 令縣	 陸—1934 後令	 陸—1956 從令

 陸一 J67-1+J76-12+J71-1+J64-1+J66-6 前令	 陸一 J67-3+J70-2+J71-2+J66-3+J74-1 共令	 陸二 0113 令	 陸二 0122-1+0122-2 不從令
 陸二 0122-1+0122-2 請令縣	 陸二 0126 共令	 陸二 0128 令史	 陸二 0131 從令者
 陸二 0131 令共縣	 陸二 0145 從令者	 陸二 0153 司空卒令	 陸二 0174 共令
 陸二 0175 此令	 陸二 0176 縣令	 陸二 1938 且令	 陸二 1938 勿令
 陸二 1942 令戍新地	 陸二 2000 謁者令	 陸二 2001 祠令	 陸二 2005 共令
 陸二 2018 共令	 陸二 2032 令若丞尉	 陸二 2032 令若丞尉	 陸二 2049 令若丞尉
 陸二 2056 縣令	 陸二 2058 辭式令	 陸二 2092 從令者	 陸二 2092 令
 陸二 2093 不從令	 陸二 2098 謹布令	 陸二 2098 令謹居家室	 陸二 2099 不從令者

 陸二 2113 令	 陸二 2127 不如令	 陸二 2127 令	 陸二 2128 令吏
 陸二 2147 不如令	 陸二 2154 祠令	 陸二 2161 共令	 陸二 2164 令人上
 陸二 2164 有令	 陸二 2165 共令	 陸二 J73–3+J03 如令	 陸三 0104 從令者
 陸三 0104 它如律令	 陸三 0135 令	 陸三 0136 已布令	 陸三 0146 如律令
 陸三 0155 犯令	 陸三 0188 及令	 陸三 0769 犯令	 陸三 0769 令
 陸三 0770 令	 陸三 1379 以當令者	 陸三 1379 令史	 陸三 1380 令復
 陸三 1948 令新官	 陸三 2052 令	 陸三 2103 令吏徒	 陸四 1115 如律令
 陸四 1153 令吏	 陸四 1159 令	 陸四 1160 不從令	 陸四 1160 卒令

 陸 四 1175 令并負	 陸 四 1175 為檢令	 陸 四 1175 卒令	 陸 四 1176 令史
 陸 四 1176 令史	 陸 四 1184 固有令	 陸 四 1610 令丞印	 陸 四 1676 請亟令
 陸 四 1681 卒令	 陸 四 1703 從令者	 陸 四 1705 田令	 陸 四 1788 徵令
 陸 四 1800 有令	 陸 四 1803 田令	 陸 四 1810 令泰史	 陸 四 1811 田令
 陸 四 1858 令先居之	 陸 四 1859 不人試令	 陸 四 1870–1+1870–2 欲令	 陸 四 1871 皆令
 陸 四 1872 不從令	 陸 四 1872 卒令	 陸 四 1895 犯令	 陸 四 1900 律令
 陸 四 1900 新律令	 陸 四 1900 卒令	 陸 五 1647–b 令癸	 陸 五 1647 令癸
 陸 五 1700+1749 令丁	 陸 五 1700+1749 勿令	 陸 五 1773 令印	 柒 一 0150 令丞尉

 柒一0154 令人	 柒一0154 勿令	 柒一0194-1 而令	 柒一0194-1 它如令
 柒一0302 勿令	 柒一0331 郡卒令	 柒一0346 勿令	 柒一0365 令官
 柒一0366 郡卒令	 柒一0367 令未除	 柒一0371 令尉	 柒一0372 令拾歸寧日
 柒一0376 令戍新地	 柒一0376 令曰	 柒一0376 前令	 柒一0377 它如令
 柒一0382 令略	 柒一0384 律令	 柒一0389 令内史	 柒一0403 令妻
 柒一0446 而令	 柒一0447 皆令	 柒一0448-1+0448-2 肉診令	 柒一0451-2 皆令
 柒一0451-2 令里人	 柒一0468 郡卒令	 柒一0476 令七牒	 柒一0480+C10.4-5-4 此令
 柒一0484 令吏	 柒一0485 從令者	 柒一0485 其令	 柒一0490 有令

 柒丨0495 令人伐	 柒丨0548 不致令	 柒丨0548 令行水道	 柒丨0554 卒令
 柒丨0555 郡卒令	 柒丨0569 令若丞	 柒丨0569 令史	 柒丨0570 令居
 柒丨0571 如令	 柒丨0578 令廄嗇夫	 柒丨0590 郡卒令	 柒丨0644 令
 柒丨0644 以此令告	 柒丨0654 縣令	 柒丨0656 令成荆新地	 柒丨0656 如令
 柒丨0673 令佗	 柒丨0675 不令聽	 柒丨0675 與令聽	 柒丨0676 令論之
 柒丨0676 過令者	 柒丨0677 如律令	 柒丨0682 及有令	 柒丨0695 卒令
 柒丨0707+C3-5-2 而令郡	 柒丨0731 卒令	 柒丨0733 以此令	 柒丨0742 卒令
 柒丨0750+C10.1-2-2 令成新地	 柒丨0879 令吏	 柒丨1046 令吏	 柒丨1069+0878-1 不致令

	 柒一 1069+0878-1 令史	 柒一 1083 郡卒令	 柒一 2028 令弗得	 柒一 2058 辤式令
	 柒一 C4.1-2-1 致令	 柒一 J61 此令	 柒二 0020 令罪	 柒二 0341 謹布令
	 柒二 0399 令各如其故	 柒二 0867 律令	 柒二 0870 令史	 柒二 0876 請令
	 柒二 1055 前令	 柒二 1056 令終身	 柒二 1056 如律令	 柒二 1058 犯令
	 柒二 1062 不如令	 柒二 1075 令史	 柒二 1075 為令史	 柒二 1077 律令者
	 柒二 1078 令其事	 柒二 1090 令論之	 柒二 1090 其前令	 柒二 1096-2 令都吏
	 柒二 1101 律令	 柒二 1148-1+1148-2 令司先智	 柒二 1627 令鄭身	 柒二 1629 律令
	 柒二 1631 令其吏	 柒二 1631 勿敢令	 柒二 1632 輒以令	 柒二 1635 及令

卻	 柒二 1688 後令	 柒二 2063 亦令	 柒二 2079 及令	 柒二 2095 皆令
	 柒二 2125 律令			
	 伍一 0963 輒卻	 伍一 0999 卻當	 伍一 1006 卻而	 伍一 1008 卻問之
	 伍一 2059 卻郡	 伍二 1718 爨卻	 伍二 1731 書卻	 伍二 1737 卻書
	 伍二 1737 而卻	 陸四 1152 卻論	 陸四 1152 卻論	 柒一 0364 卻咸陽三百里

印部

印	 肆二 1285 丞印	 肆二 1399 丞印	 伍二 1142 丞印	 伍二 1142 封印
	 伍二 1142 印不行	 伍二 1151 丞印	 伍二 1161 丞印	 伍二 1161 受印

伍二1161 封印

伍二1162 印章

伍二1174 受印

陸一1462 印不行

陸四1175 印章

陸四1610 令丞印

陸五1773 官印

柒一0675 印封

柒二1631 謹封印

柒二1687 官印

卯部

卿

肆一2089 卿

辟部

辟

肆二1258 辟問

肆二1397 辟其鄉里

柒二0869 辟作

勹部

旬	肆一 1940 過旬	肆二 1267 各旬	肆二 1288 旬以上	肆二 1299 四旬
	肆二 1306 各二旬	肆二 1351 過旬	肆二 1374 居旬	伍二 1685 六旬
	伍二 1891 六旬	伍二 1909 六旬	伍二 1909 六旬	伍三 1881 歸旬
	伍三 1884 旬五日	陸三 0027 六旬	陸三 0133 六旬	

勹部

包	肆一 1931 所包	肆一 1962 所包	肆一 2123 所包	伍二 1909 六包

茍部

敬	肆二 1252 奔敬	肆二 1252 奔敬	肆二 1252 奔敬律	肆二 1252 奔敬

肆二 1253 奔敬

肆二 1369 奔敬

伍一 1014 敬事

伍一 1018 有敬

伍一 1165 忠敬

陸二 1953 皆加敬

柒一 0485 不敬

鬼部

鬼 鬼

肆一 2011 鬼薪

肆二 0912 鬼薪

肆二 1362 鬼薪

肆三 0635 鬼薪

伍一 0897 鬼薪

伍一 1109 鬼薪

伍一 1114 鬼薪

伍一 2053+2050 鬼薪

伍二 0934 鬼薪

陸一 1451 鬼薪

陸一 J29+J64-3 鬼薪

山部

山 山

肆三 0638 南鄭山

伍一 1001-1+1020 相山

伍一 1104 騶翠山

伍一 1109 遠窮山

伍一1114 泰山

柒一0373 衡山郡

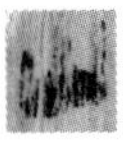
柒一0383 衡山郡

柒一0689 衡山郡

柒一0863 恒山

密

肆一2149 陰密

柒一0463 陰密

柒一0480+C10.4-5-4 陰密

广部

府

肆一0782 寺車府

肆一0796 寺車府

肆一0797 少府

肆一1975 少府

肆一1975 寺車府

肆一1975 御府

肆一1975 中車府

肆一1975 中府

肆一2149 樂府

肆一2149 樂府

肆二0993 官府

肆二1370 官守府

肆二1374 官府

肆二1382 守府

肆二1382 守府

伍一1103 官府

		 伍三 1670 官府	 伍三 1670 守府	 伍三 1854 官府	 伍三 2141 府夜治書
		 陸一 1970 府嗇夫	 陸二 0120 官府	 陸二 2093 官府	 陸二 2145 官府
		 陸二 2153 官府	 柒一 0360 官府	 柒一 0451-2 官府	 柒一 0660 守府
		 柒三 0108 官府			
廬		 柒一 0556 廬江	 柒三 0556 廬江		
庭		 伍一 0921 洞庭	 伍一 1001-1+1020 洞庭	 伍一 1017 洞庭	 柒一 0550 洞庭
廡		 柒二 0396 為廡	 柒二 0875 為一廡		
廚		 陸二 0144 及食廚			

字頭	篆文	字形	出處
庫	庫		肆一1975 特庫
			肆二1266 庫
			肆二1413 庫
廏			肆一1997 泰廏
			肆二1398 廏嗇夫
			柒一0569 廏嗇夫
			柒一0578 廏嗇夫
廣	廣		伍二1718 牘廣
			伍二1729 牘廣
			伍二1729 牘廣
			伍二1814 牘廣
廥	廥		肆一0060 都廥
			肆二1266 廥
			肆二1413 芻稾廥
庳	庳		陸二2164 庳屋
			陸二2164 庳垣
庶	庶		肆一0170 庶人
			肆一2085 庶人
			肆二1287 泰庶長
			伍一0897 庶人
			伍一0898 庶人
			伍二1156 庶人
			伍二1685 庶人
			陸三0133 庶人
			陸三0133 庶人

廢

 肆二 0913 廢

 肆二 0992 廢

 肆二 1262 廢

 肆二 1302 而廢

 伍一 1010 當廢

 伍一 1010 非廢

 伍一 1010 勿廢

 伍一 1010 勿廢

 伍一 1036 當廢

 伍一 1133+1152-2 廢

 伍一 2108 吏廢官

 伍三 1143 不當廢

 伍三 1143 當廢

 伍三 1181 廢

 伍三 1780 廢

 伍三 1865 廢

 伍三 1867 廢之

 陸一 1475 廢

 陸一 J62-2 而廢

 陸二 2092 廢

 陸四 1720 廢

 柒二 1072 廢

 柒二 2138+C8-8-1 貲廢

廟

 肆三 0624 邽廟者

 肆三 J47 行廟

 陸一 1437-1+1437-2 廟斲者

庰

 陸四 1798 已庰

廖	廖	 柒一 0481 病不廖

石部

石	石	 肆二 0060 石卅錢	 肆二 1287 一石	 肆二 1296 衡石	 肆三 0316 二千石官
		 肆三 0351 二千石官	 肆三 0465 二千石官	 肆三 0617 二千石官	 肆三 0690 二千石官
		 伍二 1161 六百石	 伍二 1161 千石	 伍二 1174 二千石	 伍二 1880 二千石
		 伍三 1150 千石	 伍三 1874 六百石	 柒一 0371 六百石	 柒一 0384 二石
		 柒一 0384 三石	 柒一 0484 六百石	 柒一 0489 +0488+0368 千石	 柒一 0492 石
		 柒一 1046 六百石	 柒二 1633 六百石		

破

破

肆三 0749 破趙軍

陸一 1463 破荊軍

柒一 0487 破荊軍

長部

長

長

肆一 1990 無少長

肆一 2057 少長

肆二 1287 泰庶長

肆二 1291 年長者

肆二 1291 長者

肆二 1405 年長

肆三 0665 里長

肆三 0749 長輓粟徒

伍一 0918 令寄長

伍一 0918 令寄長

伍一 1124 敦長

伍一 1133+1152–2 匠辦長

伍一 1165 長老

伍一 2156 匠辦長

伍二 1666 曹長

伍二 1666 曹長

伍二 1880 漕長

伍二 1914 長史

伍三 1763 長史

陸二 2145 及長垣

陸三 0026 里長

柒一 0585 長刀

柒一 0644 長刀

柒一 0654 長尺五寸

柒一 0654
長刀

柒一 1042
長吏

勿部

勿

肆一 1983
勿笞

肆一 1996
勿出

肆一 1997
勿斬

肆二 0118
勿令

肆二 1231
勿行

肆二 1253
勿予

肆二 1276
而有勿故

肆二 1286
勿嬰

肆二 1294
勿敢

肆二 1294
勿敢

肆二 1352
勿令為

肆二 1363
勿令費日

肆二 1363
勿徵贅

肆二 1371
勿與

肆二 1415
勿敢

肆三 0019
勿令

肆三 0359
勿免

肆三 0521
勿久劾

肆三 0524
勿坐

肆三 0531
勿令

肆三 0558
勿令

肆三 0588
勿假袍

肆三 0588
勿假裘

肆三 0652
勿以為員

	 肆三 0665 皆勿	 伍一 0864 勿令	 伍一 0918 勿庸別輸	 伍一 0966 勿留
	 伍一 0998+C10-4-13 勿令	 伍一 1010 勿廢	 伍一 1010 勿廢者	 伍一 1011 勿言
	 伍一 1013 勿皋	 伍一 1036 勿擅斷	 伍一 1123 勿聽	 伍二 1099 勿聽
	 伍二 1596 勿賞	 伍二 1698 勿連屬	 伍二 1698 勿令	 伍二 1739 勿更
	 伍二 1851 勿予	 伍二 1876 勿謂	 伍二 1964 勿均	 伍三 1663 勿食
	 伍三 1738 勿	 伍三 1765 勿失	 伍三 1779 皆勿給薪	 伍三 1869 勿坐
	 伍三 J22 勿擅	 陸一 1158 勿敢	 陸一 1461 勿先	 陸一 1464 勿買
	 陸一 1971 勿擅	 陸二 1938 勿令	 陸五 1700+1749 勿令	 柒一 0154 勿令

柒一 0302
勿令

柒一 0346
勿令

柒一 0394
勿行

柒一 0491
勿遣

柒一 0684
勿强

柒一 0750+C10.1–2–2
勿

柒一 C1–3–1
勿賞

柒二 0462–2
勿以為

柒二 1063
勿没

柒二 1631
勿敢令

柒二 1632
勿敢

柒二 1972
勿敢

柒二 1972
勿敢

昜

肆三 0358
久昜期

伍一 0963
道近昜具

伍二 1698
令昜智

伍二 1717
昜智

伍二 1731
昜智

伍三 1182
難昜

陸一 1311
昜責

陸一 J33+J62–1
久昜期

陸二 2092
昜得毆

而部

而

肆一0169 而能

肆一0170 而得

肆一0180 而告

肆一0185 而得

肆一0782 而亡者

肆一1930 而舍匿之

肆一1932 而得

肆一1941 而皆不

肆一1965 而年十八

肆一1976 而自出毄

肆一1976 亡而得

肆一1984 而年十八

肆一1985 而後還者

肆一1989 而得

肆一1992 而逋

肆一1997 亡而得者

肆一2009 亡而得

肆一2010 而後還者

肆一2016 已免而亡

肆一2035 而得

肆一2040 而年十八

肆一2042 而舍之

肆一2045 而弗詣

肆一2081 命而得

肆一2085 而復屬

肆一2086 命而自出

肆一2087 而自出

肆一2117 亡而得

肆一2122 弗能審而數

肆二0798 告而弗署

肆二0798 署而環

肆二1225 而舍之

 肆二 1225 而遣往	 肆二 1226 而為占質	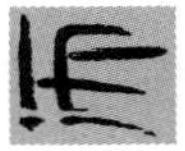 肆二 1227 而止之	 肆二 1228 而逋
 肆二 1228 而逋	 肆二 1229 而齒未盈	 肆二 1232 而不當者	 肆二 1236 而寡子
 肆二 1240 而令居之	 肆二 1240 而遠其	 肆二 1242 當行而病	 肆二 1242 而署其都發
 肆二 1244 誤而可直者	 肆二 1245 而欲解	 肆二 1249 而弗言者	 肆二 1257 告而弗劾
 肆二 1262 而除及遣者	 肆二 1264 而弗令人	 肆二 1268 而産子	 肆二 1269 而興
 肆二 1276 而有	 肆二 1282 而死	 肆二 1300 而欲行賣之	 肆二 1313 而擅發者
 肆二 1351 而令	 肆二 1351 而以	 肆二 1352 而置吏	 肆二 1362 而内作
 肆二 1369 而皆令	 肆二 1376 而用之	 肆二 1401 而無僕者	 肆二 1403 而鍇盈者

肆二 1423 而作

肆二 J28 而有

肆二 J46 而敢

肆二 J57 而環者

肆三 0317 而不顧

肆三 0520 而上牒

肆三 0544 智而弗言

肆三 0663 而丞令令史弗得

肆三 0666 而聯寒者

肆三 0668 而上

伍一 0831 而令

伍一 0864 而簮

伍一 0873+1102 告而弗奪

伍一 0895 而故貴賦

伍一 0964 而郡守丞將計者

伍一 0965 而脱

伍一 0967 而除

伍一 0967 而弗告劾

伍一 0998+C10–4–13 而有

伍一 1006 而未報

伍一 1006 卻而當論

伍一 1007 而當先決論者

伍一 1007 而上其奏

伍一 1008 而不

伍一 1010 而為

伍一 1010 而勿廢

伍一 1012 而能捕

伍一 1013 而弗捕告

伍一 1016 而弗捕告

伍一 1019 而不在讀中

伍一 1023 而令

伍一 1024 而弗環

 伍一 1024 而以	 伍一 1025 而毋得	 伍一 1026 而欲毋稼	 伍一 1034 而當上奏
 伍一 1037 而弗予	 伍一 1104 而令	 伍一 1123 而亟傳詣	 伍一 1123 而欲有告
 伍一 1125 而有辠者	 伍一 1189+C4-1-9 不當上而上	 伍一 2059 卻郡而歲郡課	 伍一 2097 而以
 伍一 2108 而没	 伍一 2155+C8-1-2 而獨有	 伍二 1099 而訟	 伍二 1605+1617 而故
 伍二 1616 而弗以	 伍二 1669 而皆没人	 伍二 1669 而有賜	 伍二 1685 而因
 伍二 1692 而當復爵	 伍二 1707 而過百牒	 伍二 1707 而為	 伍二 1708 而舍焉
 伍二 1710 而謾謂	 伍二 1712 而署律令	 伍二 1717 而謾謂	 伍二 1722 而署之
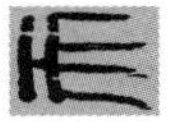 伍二 1723 而故	 伍二 1728 而不以	 伍二 1731 而復與	 伍二 1737 不具而卻

 伍二 1760 而徑告	 伍二 1792 而捕道	 伍二 1815 而故	 伍二 1847 而得
 伍二 1847 而告吏	 伍二 1862 而即	 伍二 1879 而弗飲食	 伍二 1889 而免
 伍二 1894 而得	 伍二 1907 而為令	 伍二 1964 而勿均	 伍二 2151 而得
 伍二 J27 而當論	 伍三 0024 而弗劾論	 伍三 1170+1172 而敢奸	 伍三 1662 而上奪爵者
 伍三 1671 而弗告劾	 伍三 1690 而已葬	 伍三 1738 而不為訾者	 伍三 1761 而令
 伍三 1761 而受	 伍三 1764 而解其赤衣	 伍三 1766 而弗告	 伍三 1779 而皆勿
 伍三 1787 而有辠	 伍三 1806 從而奸	 伍三 1806 而給人	 伍三 1809 而賜者
 伍三 1812 而久毄	 伍三 1812 而强辠	 伍三 1812 故而	 伍三 1850 而賜者

 伍三 1857 而能	 伍三 1875 而毋	 伍三 1915 而隤計者	 伍三 1921 而弗得
 伍三 1986 而官吏	 伍三 2025 而不當	 陸一 0196 而自當	 陸一 1311 而解爵
 陸一 1431 而後	 陸一 1444 而當刑	 陸一 1450 而	 陸一 1450 而敢予
 陸一 1456 而	 陸一 1456 而除	 陸一 1457 而當人	 陸一 1457 而請吏
 陸一 1459 而丞相	 陸一 1462 而毋將吏	 陸一 1463 而斂治者	 陸一 1477 而弗告
 陸一 1970 而弗得	 陸一 1971 而當徼捕者	 陸一 C4.1-1-1 而不髡者	 陸一 J62-2 而廢
 陸二 0114 而留之	 陸二 0175 而留致者	 陸二 1942 而不負志者	 陸二 1942 故而
 陸二 1999 而不鬄髮者	 陸二 2015 而不謹	 陸二 2024 而共	 陸二 2092 而弗得

 陸二 2164 而能偷	 陸三 0027 而得賞	 陸三 0133 而因	 陸三 0148 而告吏
 陸三 0156 而得	 陸三 0156 而故	 陸三 0769 而舍焉	 陸三 1379 而以
 陸三 1380 而重斷之	 陸三 1948 而論者	 陸三 1963 而故	 陸三 1993 而當論
 陸三 1995 而故	 陸四 1159 而弗趣追	 陸四 1180 而留弗遣	 陸四 1720 而詐
 陸四 1781 而留	 陸四 1788 而移	 陸四 1800 而言	 陸四 1807 而與
 陸四 1808 而不毆	 陸四 1870-1+1870-2 而以田	 陸四 1871 而皆令	 陸五 1657 而亡之
 陸五 1703 而署曰	 陸五 1748 而去亡	 柒一 0194-1 而令	 柒一 0302 令而後
 柒一 0336 而不給疇事者	 柒一 0378 而謁	 柒一 0384 而當二石	 柒一 0384 而欲人

 柒一 0414＋0361 而欲人	 柒一 0446 而令	 柒一 0449 而妻死	 柒一 0480+C10.4-5-4 而未出
 柒一 0485 而不敢	 柒一 0490 而欲人	 柒一 0491 而當成	 柒一 0556 而行
 柒一 0562 而帶劍	 柒一 0581 而謁益	 柒一 0598 而能捕	 柒一 0598 而欲復書
 柒一 0654 而不得	 柒一 0656 而弗能人	 柒一 0656 而遣成	 柒一 0707+C3-5-2 而令郡
 柒一 0750+C10.1-2-2 而為除	 柒一 0750+C10.1-2-2 人而丁粼者	 柒一 0863 而當成	 柒一 0872 而以當為郵人
 柒二 0396 而為廉	 柒二 1048 為新地吏而	 柒二 1081 而弗舉	 柒二 1096-1 而上奏
 柒二 1137 而告中官	 柒二 1632 而言	 柒二 1633 而	 柒二 1633 而非縣官書
 柒二 1642 而非求復治	 柒二 1643 別居而吏	 柒二 2046 而詐偽去亡	 柒二 2138+C8-8-1 而詐

耐

 柒二 2115 而有			
 肆一 0170 耐以為隸	 肆一 0187 耐為隸臣妾	 肆一 1965 耐為隸臣妾	 肆一 1988 耐罪
 肆一 2036 耐罪	 肆一 2041 耐罪	 肆一 2048 隸臣妾之耐	 肆一 2072 贖耐
 肆二 0912 耐罪	 肆二 1302 耐辠	 肆二 1314 耐辠	 肆二 1352 耐以上
 肆二 1378 羣耐子	 伍一 0857 +0871+0866 皆耐	 伍一 0873+1102 亦耐之	 伍一 1012 耐辠
 伍一 1025 耐隸臣妾	 伍一 1027 耐辠	 伍一 1034 當耐	 伍一 1112 耐辠
 伍一 1114 耐為鬼薪白粲	 伍一 1122 贖耐	 伍一 2168 皆耐	 伍二 0833 皆耐
 伍二 0833 耐者	 伍二 1695 皆耐	 伍二 1758 耐之	 伍二 1758 耐以上

伍二 1805
耐

伍二 1805
贖耐

伍二 1891
耐為司寇

伍三 1177+C10-3-10
耐為隸臣

伍三 1177+C10-3-10
贖耐

伍三 1806
耐辠

陸一 1459
耐辠

陸一 1461
耐辠

陸三 0028
耐辠

陸三 0133
耐為隸臣

陸三 2068-1+2069
耐辠

陸四 1176
贖耐

陸四 1176
贖耐

陸四 1871
耐辠

柒一 0446
贖耐

柒一 0449
耐以上

柒二 1078
耐之

豕部

豤

肆二 1229
豤田

肆二 1398
豤田

彑部

彑部

彘

肆二 1244
彘

豫

肆二 1369
豫先分善

第十卷 馬部

馬

 肆二 0990 馬牛	 肆二 1226 馬牛	 肆二 1229 牝馬	 肆二 1244 馬牛
 肆二 1263 半馬	 肆二 1274 乘馬	 肆二 1279 牡馬	 肆二 1279 牝馬
 肆二 1301 買奴卑馬	 肆二 1301 馬牛羊	 肆二 1374 養馬	 肆二 1378 牡馬
 肆二 1398 馬齒	 肆二 1410 没入馬	 肆二 1415 馬牛	 肆二 J28 一馬
 肆二 J42 馬牛	 肆三 0698 食馬	 肆三 0754 乘車馬	 伍一 0962 牧馬
 伍一 0962 牧馬	 伍一 2108 私馬	 伍二 1674 黔首馬	 伍三 1691 人馬
 伍三 1899 乘傳馬	 伍三 1917 乘傳馬	 伍三 1920 乘傳馬	 伍三 1924 乘馬

馬（續）	 伍 三 1924 乘傳馬	 陸 二 2113 公車司馬	 柒 一 0569 子馬	 柒 一 0578 善馬
	 柒 二 0340 公車司馬			
駱	 伍 一 1104 駱翠山			
騎	 柒 二 1053 承騎者			
駕	 肆 二 0792 輒駕	 肆 二 1353 輒駕	 伍 二 1730 有駕其皋	 伍 二 1923 有駕其皋
	 伍 三 1764 有駕其皋	 伍 三 1806 有駕其皋	 陸 一 1310 輒駕	 陸 一 1438 其駕者
	 陸 一 J29+J64–3 有駕其皋	 陸 二 2049 更駕所	 陸 二 2131 更駕所	 陸 四 1720 駕皋
驂	 伍 三 1924 驂駟者			

驷		 肆 二 0993 女子驷			
篤		 伍 三 1881 病篤	 伍 三 1882 病篤		
騷		 肆 二 1419 騷悍			
騺		 柒 一 0578 奔騺者			
駝*		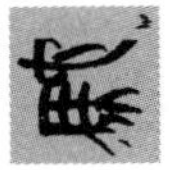 肆 二 1371 駝道			

廌部

灋		 肆 一 1932 去亡之灋	 肆 一 1965 同灋	 肆 一 1973 執灋	 肆 一 1974 同灋
		 肆 一 2041 同灋	 肆 一 2047 同灋	 肆 三 0520 執灋	 肆 三 0523 執灋

 肆三 0561 執灋	 伍一 0961 執灋	 伍一 0964 執灋	 伍一 0968 執灋
 伍一 1005 同灋	 伍一 1007 以灋	 伍一 1023 同灋	 伍一 1024 同灋
 伍一 1033 請寄人灋	 伍一 1034 執灋	 伍一 1037 同灋	 伍一 1113 同灋
 伍二 1086 同灋	 伍二 1142 執灋	 伍二 1146 同灋	 伍二 1164 同灋
 伍二 1164 同灋	 伍二 1167 同灋	 伍二 1603-1+1603-3 同灋	 伍二 1613 執灋
 伍二 1689 執灋	 伍二 1717 同灋	 伍二 1760 執灋	 伍二 1877 執灋
 伍二 J49 執灋	 伍三 1809 用灋律	 伍三 1915 同灋	 伍三 2025 執灋
 伍三 2025 執灋	 伍三 J38 執灋	 陸一 1441-1 以灋論	 陸一 1445+1441-2 執灋

陸一 1450 同灋	陸一 1483 同灋	陸一 1970 同灋	陸三 0125 執灋
陸三 1948 執灋	陸三 1948 執灋	陸三 2051 同灋	陸三 2051 同灋
陸三 2119+2110 同灋	陸三 2119+2110 同灋	陸四 1153 執灋	陸四 1872 執灋
柒二 0859–1+0859–2 灋罪	柒二 1630 同灋		

鹿部

鹿

陸一 1158 麋鹿角	

麋

陸一 1158 麋鹿角	

麗

柒二 0341 麗邑	柒二 1081 麗邑	柒二 1623 麗邑	柒二 1623 麗邑

㲋部

毚

[seal]

伍一1003 毚能行

兔部

冤

伍一1036 冤句

免*

肆一0782 免為

肆一1975 免為士五

肆一2016 已免而亡

肆一2016 免為學子

肆二1227 郡免除吏

肆二1231 免老

肆二1245 免之

肆二1247 免徙

肆二1256 若冗以免

肆二1256 夫免

肆二1264 免

肆二1268 免吏

肆二1294 免老

肆二1313 免

肆二1378 免者

肆二1389 免者

肆二 J43 免除
肆三 0359 勿免
肆三 0520 免之
肆三 0523 當免狀

肆三 0523 當免者
肆三 0592 皆免之
伍一 0898 免赦
伍二 1596 免為

伍二 1685 免為
伍二 1889 而免
伍三 1738 免其婢
伍三 1865 免為

陸三 0104 免
陸三 0133 免為
陸四 1799 詐免
陸四 1810 免之

陸四 1866+J71-3 以免
柒一 0682 毋免
柒一 0872 輒免
柒二 1056 以免

犬部

犬

肆二 1244 羊犬彘

狗

柒一 0653 虎狗一

字頭				
獷	 柒一 0492 獷平			
狀	 肆三 0523 當免狀	 伍一 1001-1+1020 狀	 伍一 C10-3-2-1 過誤狀	 陸四 1675 傳留狀
	 柒一 0403 狀者代			
犯	 肆一 1928 犯令者	 肆一 2107 犯律者	 肆二 1279 犯令者	 伍一 1012 犯令者
	 伍一 1013 見犯	 伍一 1025 犯令者	 伍一 2108 犯此令	 伍二 1708 大犯令律
	 伍一 1928 犯令者	 伍三 1738 犯令者	 伍三 1766 犯令	 陸一 1438 犯令
	 陸三 0769 大犯令	 陸三 2052 犯律者	 陸四 1788 大犯令律	 陸四 1895 犯令
獨	 肆二 1231 獨與	 肆二 1236 獨與	 肆二 1266 獨高	 肆二 1409 獨治

字頭	篆文				
		伍 一 2155+C8-1-2 獨有令	伍 二 1086 獨坐	伍 二 1164 獨坐	伍 二 1789+1804 獨得
		陸 五 1645 獨坐			
臭	臭	陸 二 0130 臭敗			
獻	獻	伍 三 1986 計獻	陸 二 2153 獻者	陸 二 2162 獻可食物	陸 二 2162 獻五日
		陸 三 0125 鞫審獻	陸 一 1994 獻廷	柒 一 0333 來獻	柒 一 0364 來獻
		柒 一 0364 獻賀	柒 一 1040 弗獻	柒 一 1083 郡獻者	柒 二 1101 獻者
類	類	陸 一 1454 相類者			

㹜部

獄

	 肆一 1976 其獄	 肆一 2087 已獄	 肆二 1268 其獄	 肆二 1392 獄論
	 肆二 1402 獄治	 肆二 1425 獄治	 肆三 0018 校獄	 肆三 0520 獄史
	 肆三 0559 獄史	 伍一 0831 獄史	 伍一 0965 獄失辠人律	 伍一 0968 餘獄
	 伍一 1125 留獄	 伍一 1125 閱獄	 伍二 1146 獄事	 伍二 1146 治獄
	 伍二 1605+1617 治獄	 伍二 1616 獄已斷	 伍二 1683 官人之獄	 伍二 1685 獄斷
	 伍二 1689 治獄	 伍二 1697 獄事	 伍二 1707 其獄	 伍二 1710 獄事
	 伍二 1717 獄事	 伍二 1717 治獄	 伍二 1723 獄論	 伍二 1723 獄不直
	 伍二 1732 治獄	 伍二 1783 獄事	 伍二 1783 治獄	 伍二 1815 治獄

	伍 二 1847 治獄		伍 二 1891 獄已斷		伍 二 1894 官人之獄		伍 二 1894 黔首獄
	伍 二 1894 治獄		伍 二 1914 治獄		伍 二 2013 獄佐史		伍 二 2013 縣獄
	伍 二 2151 獄未報		伍 三 1149+C4-3-7 獄史		伍 三 1664 獄史		伍 三 1787 獄史
	伍 三 1787 獄屬所		伍 三 1899 覆獄		伍 三 1912 于獄		伍 三 1912 獄史
	伍 三 1986 獄史		伍 三 1986 治獄		陸 一 1445+1441-2 同獄		陸 一 1614 與其獄
	陸 一 1614 獄有		陸 一 1622 詔獄		陸 一 1622 于獄		陸 一 1678 于獄
	陸 三 0123 以獄		陸 三 0123 有獄		陸 三 0133 獄斷		陸 三 0156 治獄
	陸 三 1963 以獄事		陸 三 2100+2159 論獄		陸 三 2100+2159 治獄		陸 四 1781 初獄

	 陸五 1644+1648+1653 治獄	 陸五 1700+1749 與獄	 陸五 1752 于獄	 柒二 1629 獄已決
	 柒二 2115 獄治			

能部

能	 肆一 0169 而能	 肆一 0180 不能審	 肆一 1928 能捕	 肆一 1940 弗能得
	 肆一 2045 能捕	 肆一 2122 弗能審	 肆二 0350 弗能	 肆二 0793 不能
	 肆二 1235 不能	 肆二 1245 弗能	 肆二 1260 弗能	 肆二 1260 能入者
	 肆二 1264 能入	 肆二 1272 能任者	 肆二 1286 不能	 肆二 1384 能捕
	 肆二 1399 能出	 肆二 1410 能捕告	 肆二 1420 不能	 肆二 J57 弗能

	 肆二 J57 弗能	 肆三 0359 弗能	 肆三 0359 能去妻室	 肆三 0587 不能
	 肆三 0592 不能	 伍一 0961 能捕	 伍一 1003 能行	 伍一 1012 能捕
	 伍一 1012 能捕	 伍一 1027 能捕	 伍一 1114 不能	 伍一 2108 能捕
	 伍二 1759 能捕	 伍二 1851 或能	 伍二 1851 即能	 伍二 1889 能捕
	 伍二 1928 能捕	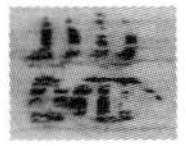 伍三 1183 能告	 伍三 1763 能捕	 伍三 1766 能捕
	 伍三 1857 而能	 伍三 1873 能捕	 伍三 1882 不能	 伍三 1986 毋能
	 伍三 1986 有能	 陸一 J23 或能	 陸二 2164 能踰	 陸四 1858 不能入
	 柒一 0332 未能	 柒一 0376 弗能	 柒一 0563 能得	 柒一 0598 能捕

	 柒一 0656 弗能人	 柒一 0656 弗能	 柒一 0673 不能	 柒一 0750+C10.1-2-2 弗能
	 柒二 0399 不能	 柒二 1630 能捕		

火部

然	 肆一 1997 如它城旦然	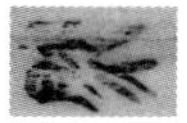 肆二 J30 如律然		
炊	 肆一 2008 炊甌	 肆一 2016 炊人	 肆一 2149 虜學炊	 伍三 1779 為炊
	 伍三 1779 自炊	 陸二 0128 私炊		
尉	 肆二 1234 尉卒律	 肆二 1249 城尉	 肆二 1249 尉史	 肆二 1257 尉史
	 肆二 1273 所尉	 肆二 1291 尉史	 肆二 1292 尉史	 肆二 1313 尉

	肆二 1313 尉史		肆二 1376 尉史		肆二 1397 尉卒律		肆二 1397 謁于尉
	肆二 1404 謁于尉		肆二 1409 尉		肆二 J43 尉		肆三 0520 尉佐
	肆三 0529 尉史		肆三 0529 尉布		肆三 0559 尉佐		伍二 1174 尉丞
	伍二 1878 尉郡卒令		伍二 1889 令丞尉		伍三 1609 令丞尉		陸二 0176 與一尉
	陸二 0176 與一尉		陸二 2032 丞尉		陸二 2032 尉共者		陸二 2049 丞尉
	陸二 2056 尉一人		陸三 1407 尉		陸四 1866+J71-3 尉以上		陸四 1866+J71-3 尉佐
	柒一 0333 尉使		柒一 0364 尉節		柒一 0371 郡尉		柒一 0371 令尉
	柒一 0371 郡尉		柒一 0371 行尉事		柒一 0376 尉段言		柒一 0414＋0361 尉史

 柒｜0484 尉丞	 柒｜0484 尉丞	 柒｜0484 尉丞	 柒｜0484 尉丞
 柒｜0484 行尉事	 柒｜0554 尉郡	 柒｜0569 與尉	 柒｜0571 尉言
 柒｜0619 尉郡	 柒｜0657 尉言	 柒｜0660 郡守尉	 柒｜0660 尉
 柒｜0661 叚尉	 柒｜0662 尉布	 柒｜0675 行尉事	 柒｜0689 尉議
 柒｜0695 尉郡	 柒｜0731 尉郡	 柒｜0742 尉郡	 柒｜1046 不與尉
 柒｜1046 為叚尉	 柒｜1046 尉丞守	 柒｜1046 尉節	 柒‖1624 尉以上
 柒‖1642 廷尉			

累部

黔

 肆二 0994 黔首	 肆二 1234 黔首	 肆二 1248 黔首	 肆二 1252 黔首
 肆二 1252 黔首	 肆二 1255 黔首	 肆二 1266 黔首	 肆二 1269 黔首
 肆二 1292 黔首	 肆二 1296 黔首	 肆二 1300 黔首	 肆二 1301 黔首
 肆二 1362 黔首	 肆二 1400 黔首	 肆三 0317 黔首	 肆三 0325 黔首
 肆三 0518 黔首	 肆三 0521 黔首	 肆三 0652 黔首	 伍一 0895 新黔首
 伍一 0895 新黔首	 伍一 1012 新黔首	 伍一 1013 故黔首	 伍一 1026 乘傳馬
 伍一 1112 黔首	 伍一 1113 新黔首	 伍一 1114 新黔首	 伍一 1165 黔首
 伍二 1087 黔首	 伍二 1168+1192 黔首	 伍二 1683 黔首	 伍二 1686 黔首

	 伍二1894 黔首	 伍三1170+1172 黔首	 伍三1694 黔首	 陸一1158 黔首
	 陸一1357 黔首	 陸一1358 黔首	 陸一1454 黔首	 陸二2098 令黔首
	 陸二2128 黔首	 陸二2128 新黔首	 陸三0026 黔首	 陸三0104 黔首
	 陸三0105 令黔首	 陸三0770 令黔首	 陸四1145+1735 黔首	 陸四1721 黔首
	 陸四1721 黔首	 陸四1721 黔首	 陸四1808 黔首	 柒一0376 黔首
	 柒一0562 新黔首	 柒一0644 新黔首	 柒一0683 黔首	 柒一0750+C10.1-2-2 新黔首
	 柒一1042 新黔首	 柒二1623 黔首		
黨 	 柒一0383 上黨			

黥	 肆一 0186 黥頟	 肆一 0186 黥之	 肆一 0187 黥為	 肆一 1959 黥之
	 肆一 1976 黥為	 肆一 1998 黥為	 肆一 2009 黥	 肆一 2011 當黥
	 肆一 2041-1 黥為	 肆一 2041 黥為	 肆一 2065 黥為	 肆一 2081 黥為
	 肆一 2091 黥之	 肆一 2117 黥顏頟	 肆二 0912 黥春	 肆二 1226 黥為
	 伍一 0916 黥為	 伍三 1738 黥城旦舂	 伍三 1766 黥城旦皋	 陸二 2144 黥為
	 陸三 2014 黥為	 陸三 2014 黥為	 柒一 0550 黥為	

赤部

赤	 伍三 1764 赤衣	 伍三 1922 赤衣	 陸一 J29+J64-3 赤衣

大部

大	大	 肆 一 1983 大枸櫝	 肆 二 1246+1395 大誤	 伍 二 1708 大犯令律	 陸 二 2145 大土功
		 陸 三 0105 大書市	 陸 三 0769 大犯令	 陸 四 1788 大犯令律	 柒 一 0485 唯大嗇夫
		 柒 一 0654 大刀			
夾	夾	 肆 三 0944 里夾			
夷	夷	 肆 一 0187 蠻夷	 肆 一 2065 蠻夷	 肆 三 0686 蠻夷	 伍 二 1606+1619 蠻夷
		 伍 二 1615 蠻夷	 伍 二 1813 蠻夷	 伍 二 2151 蠻夷	 陸 一 1956 蠻夷
		 陸 二 2128 蠻夷	 柒 一 0660 蠻夷		

亣部

亦

亣

 肆一 1982 亦令	 肆一 2008 亦復	 肆一 2033 亦耐	 肆二 0990 亦先以
 肆二 1240 亦衣食	 肆二 1259 亦筋	 肆二 1264 亦貲	 肆二 1305 亦署之
 肆三 1982 亦令	 伍一 0873+1102 亦耐之	 伍一 0964 亦上之	 伍一 1006 亦以
 伍一 1037 亦與盜同灋	 伍一 2097 亦取	 伍二 1613 亦移	 伍三 1690 亦之
 伍三 1690 亦之	 陸一 1438 亦不	 陸一 1523 亦得	 陸二 0128 亦毋敢
 陸二 0176 亦與	 陸二 J73-3+J03 亦給藥	 陸四 1808 亦嘗	 陸四 1871 亦徙之
 柒一 0370 亦上簿	 柒一 0394 亦勿行	 柒二 1636+C7.1-9-4 亦具辟	 柒二 2063 亦令

大部

幸	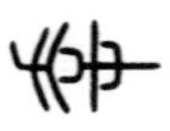	 柒二 1633 不幸			
奔		 肆二 1234 奔書	 肆二 1234 奔書	 肆二 1252 奔敬	 肆二 1252 奔敬
		 肆二 1252 奔敬律	 肆二 1252 奔敬	 肆二 1253 奔敬	 肆二 1369 奔敬
		 陸一 1356 奔劾	 陸一 1356 奔劾	 陸一 1431 奔劾	 陸一 1452+C5-9-1 奔牒
		 柒一 0578 奔鶩			

交部

交		 柒一 0879 善以交			

壹部

壹

肆二 0914 壹歸

肆二 1237 壹用

肆二 1399 月壹輸

肆二 J43 必取壹

肆三 0749 壹夫

肆三 J47 壹行

伍一 2108 壹以上

伍三 1926 過壹□

柒一 0333 二日壹候

柒一 0333 五日壹念

㚔部

執

肆一 1973 執瀍

肆一 2111 執瀍

肆三 0018 執瀍

肆三 0520 執瀍

肆三 0523 執瀍

肆三 0561 執瀍

伍一 0961 執瀍

伍一 0968 執瀍

伍一 1034 執瀍

伍一 2166+2169 執瀍

伍二 1142 執瀍

伍二 1613 執瀍

伍二 1661 執灋

伍二 1689 執灋

伍二 1760 執灋

伍二 1877 執灋

伍二 J49 執灋

伍三 1915 執灋

伍三 2025 執灋

伍三 J38 執灋

陸一 1445+1441-2 執灋

陸三 0125 執灋

陸三 1948 執灋

陸三 1948 執灋

陸四 1153 執灋

陸四 1159 執灋

陸四 1611 執灋

陸四 1611 執灋

陸四 1612 執灋

陸四 1781 執灋

陸四 1872 執灋

柒一 0336 執灋

柒一 0402 執癠

報

報

肆一 1962 報之

肆二 0798 報者

肆二 0798 求報

肆二 0798 報書

伍一 1006 未報

伍一 1103 報到

伍二 1718 可別報

伍二 2151 未報

陸一 1450 當報	陸一 1476 行報書	陸一 1622 論報	陸一 1678 論報
陸一 J67–2+J66–2+J72–4+J65–1+J66–4+J76–1+J66–1+J64–2 報書	陸一 J67–2+J66–2+J72–4+J65–1+J66–4+J76–1+J66–1+J64–2 雖報	陸一 J67–2+J66–2+J72–4+J65–1+J66–4+J76–1+J66–1+J64–2 未報	陸五 1644+1648+1653 論報
柒一 0369 報居縣	柒二 0020 論報	柒二 0385+1637 報縣官	柒二 0869 遣識者報
柒二 1080 以報縣			

夲部

奏

伍一 0964 奏之	伍一 1006 上奏	伍一 1006 奏夬	伍一 1006 奏決
伍一 1007 奏夬	伍一 1009 上奏	伍一 1034 奏當者	伍二 1163 奏
伍二 1698 請奏	伍二 1722 前奏	伍二 1737 奏者	伍二 1785 與奏偕上

伍二 1888 以奏

伍三 1857 上其奏

陸一 1461 上奏

陸一 1461 侍奏當

陸四 1900 以奏

柒二 1625 及奏

亣部

奊

伍三 0851 奊

伍三 1600-1 奊

夫部

夫

肆一 1930 夫妻

肆一 1941 未有夫

肆一 2057 鄉部嗇夫

肆一 2057 鄉部嗇夫

肆一 2057 鄉部嗇夫

肆一 2089 家嗇夫

肆一 2090 道嗇夫

肆一 2111 鄉部嗇夫

肆一 2122 縣道嗇夫

肆二 0993 官嗇夫

肆二 0994 田嗇夫

肆二 1224 官嗇夫

 肆二 1232 鄉嗇夫	 肆二 1241 鄉嗇夫	 肆二 1245 新嗇夫	 肆二 1249 鄉嗇夫
 肆二 1267 大夫	 肆二 1282 官嗇夫	 肆二 1283 夫子	 肆二 1283 其夫
 肆二 1313 鄉嗇夫	 肆二 1355 鄉嗇夫	 肆二 1396 大夫子	 肆二 1397 鄉嗇夫
 肆二 1398 廄嗇夫	 肆二 1400 田嗇夫	 肆三 0525 鄉嗇夫	 肆三 0665 嗇夫
 肆三 0671 鄉嗇夫	 肆三 0680 嗇夫	 肆三 0749 壹夫	 伍一 0960 令夫
 伍一 0965 鄉官嗇夫	 伍一 1023 姨夫	 伍一 1025 後夫	 伍一 1027 後夫
 伍一 1027 夫子	 伍一 1029 夫言	 伍一 1107 夫妻	 伍一 1107 前夫
 伍一 1107 姨夫	 伍一 1108 後夫	 伍一 1108 後夫	 伍一 1111 夫妻子

	 伍一 1114 夫妻	 伍一 1132 官嗇夫吏	 伍二 1620 鄉嗇夫	 伍二 1620 鄉嗇夫
	 伍二 1621 鄉嗇夫	 伍二 1686 鄉嗇夫	 伍二 1889 鄉嗇夫	 伍二 1889 鄉嗇夫
	 伍二 1901 鄉部嗇夫	 伍二 1910 鄉嗇夫	 伍二 1910 鄉嗇夫	 伍三 1763 嗇夫
	 伍三 1768 官嗇夫	 伍三 1780 官嗇夫	 伍三 1802 官嗇夫	 伍三 1854 官嗇夫
	 陸一 1154 嗇夫	 陸一 1446 官嗇夫	 陸一 1456 官嗇夫	 陸一 1970 府嗇夫
	 陸二 0113 官嗇夫	 陸二 0128 官嗇夫	 陸二 1938 嗇夫	 陸二 2146 官嗇夫
	 陸二 2147 嗇夫	 陸二 J73-3+J03 官嗇夫	 陸三 0155 嗇夫	 陸三 0188 嗇夫
	 陸三 1407 嗇夫	 陸三 1407 嗇夫	 陸三 1994 部嗇夫	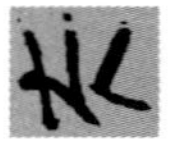 陸三 2052 嗇夫

陸三 2068-1+2069 嗇夫

陸三 2134 嗇夫

陸四 1176 官嗇夫

陸四 1176 官嗇夫

陸四 1180 官嗇夫

陸四 1180 官嗇夫

柒一 0485 嗇夫

柒一 0569 官嗇夫

柒一 0578 廄嗇夫

柒一 0653 緹夫

柒一 0654 鄉嗇夫

柒一 0675 嗇夫

竝部

竝

陸二 0176 毋竝

囟部

息

肆三 0609 其息

伍一 1113 貣息

伍二 1164 其息

伍二 1597 其息

伍二 1603-1+1603-3 其息

陸三 0181 其息

陸三 0771 其息

陸三 2051 其息

志	𢗖	 肆三 0813 上志	 陸二 1942 負志	 陸二 1942 負志	 陸二 1999 負志
應	𤸽	 伍一 1008 應令	 伍二 1162 上應署	 陸四 1175 上應署	 陸四 1676 不應律者
		 柒一 C4.1-2-1 應坐它物			
忠	𢖩	 伍一 1036 忠	 伍二 1165 忠敬		
念	𢗍	 柒一 0333 壹念	 柒一 0336 不念	 柒一 0336 當念	
慶	𢜩	 伍一 1010 慶	 伍一 1036 慶		
懷	𢣢	 肆一 2009 其懷子者			
恃	𢘀	 柒一 0374 恃人			

急	 肆 二 1250 不急	 肆 二 1250 署急輒行	 伍 二 1707 急辤	 伍 二 1876 急用
	 陸 一 1453 急責	 陸 二 0114 署急	 陸 四 1870–1+1870–2 田不急時	 陸 四 1870–1+1870–2 田急時
悍	 肆 二 1419 驕悍			
惡	 陸 一 1457 惡不如	 陸 一 1457 其惡不如	 陸 四 1721 惡吏	 陸 四 1807 惡爲吏
恐	 伍 一 0918 恐行死	 伍 三 1677 恐其		
忍	 伍 二 1686 弗忍告			

惢部

繠	 伍 二 1718 繠卻	 伍 二 1722 繠綸之

第十一卷 水部

字頭	字形	出處
水		肆二 1297 □水
		陸二 2145 備水
		陸四 1721 引水
		陸四 1721 以水
		陸四 1721 黔首水
		陸四 1808 黔首水
		柒一 0556 水道
		柒一 0684 水作
		柒二 1632 水旁
河		伍一 0864 請河
		伍一 0864 河內
		伍三 1954 河間
		柒一 0374 清河
		柒一 0383 河內署
		柒一 0492 河間
		柒一 0707+C3-5-2 河內署
		柒一 0863 請河
潼		柒一 0382 梓潼丞
江		肆二 1312 江南
		伍二 1722 江其上
		陸四 1159 江南
		柒一 0194-1 江胡郡

字頭	篆文	字例
		 柒一0383 九江郡； 柒一0480+C10.4-5-4 江胡； 柒一0556 廬江； 柒一0556 廬江
		 柒一0707+C3-5-2 江胡郡； 柒一0707+C3-5-2 九江郡
沮		 肆三0638 沮
漢		 伍一1105 漢陽關； 伍一2193 漢中
汧		 陸二2145 汧
漸		 肆二1255 漸奴苑
深		 肆三0680 宣深嗇夫
淩		 伍一1001-1+1020 淩涉

濕

伍一 2156
菌淳濕

沂

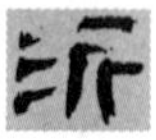
肆一 2149
沂陽

溉

陸四 1721
溉田

陸四 1721
自溉

治

肆一 0797
吏治

肆一 1976
治五十

肆一 2060
治之

肆一 2060
治之

肆二 1249
不治

肆二 1267
不足治

肆二 1276
復治

肆二 1306
治苗

肆二 1402
自治

肆二 1409
獨治

肆二 1425
獄治

伍一 0899
治之

伍一 1007
受詔治

伍一 1007
治所

伍一 1021
治從人者

伍一 1034
所治

伍一 1129
吏治

伍一 2156
治之

伍二 0833
治者

伍二 1142
治者

	伍二 1142 治所		伍二 1146 治獄		伍二 1161 治所		伍二 1161 治者
	伍二 1161 治所		伍二 1164 治者		伍二 1167 治者		伍二 1174 治者
	伍二 1597 所治		伍二 1605+1617 所治		伍二 1605+1617 治獄		伍二 1613 亟治
	伍二 1618 治它		伍二 1666 治粟		伍二 1695 治者		伍二 1695 治者
	伍二 1697 治者		伍二 1697 治者		伍二 1717 治獄		伍二 1732 治者
	伍二 1732 治獄		伍二 1783 治獄		伍二 1815 治獄		伍二 1847 治獄
	伍二 1894 治獄		伍二 1894 各治		伍二 1894 毋治		伍三 1664 治者
	伍三 1809 治事		伍三 1809 有治		伍三 1857 覆治		伍三 1869 治論

	 伍三 1986 治獄	 伍三 1986 治獄	 伍三 2025 治皋	 伍三 2141 治書
	 陸一 1449 治它	 陸一 1458 有治	 陸一 1458 治焉	 陸一 1458 覆治
	 陸一 1458 都治	 陸一 1463 治者	 陸一 1475 當治	 陸一 1475 治咸陽中
	 陸三 0136 治所	 陸三 0156 治獄	 陸三 1380 論治	 陸三 1937 告治者
	 陸三 1963 治者	 陸三 1963 治獄	 陸三 1963 治者	 陸三 1963 治獄
	 陸三 1995 治者	 陸三 1995 治者	 陸三 1995 治者	 陸三 1995 治者
	 陸三 2051 治者	 陸三 2051 治者	 陸三 2100+2159 治獄	 陸三 2103 守治
	 陸三 2119+2110 治者	 陸三 2119+2110 治者	 柒一 1042 吏治	 柒二 1059 治毆

字頭	小篆	字形			
（續）		 柒二1065 有治	 柒二1065 告治	 柒二1077 治者	 柒二1642 治者
		 柒二0339 復治	 柒二2115 獄治		
演		 陸二2145 演			
浮		 伍二1729 好浮書			
洞		 伍一0921 洞庭	 伍一1001-1+1020 洞庭	 柒一0550 洞庭	
清		 陸二0116 絜清	 陸二0132 不絜清	 陸二0145 清絜	 柒一0374 清河
渠		 陸二2145 渠			
決		 伍一0968 不決者	 伍一0968 署不決	 伍一1006 奏決	 伍一1006 決論之

		 伍一 1007 決論  伍一 1007 決論  伍一 1123 辠已決  伍一 1125 不決
		 陸四 1900 日決  柒二 1629 獄已決
没		 柒二 1063 勿没
潦		 陸四 1810 潦東  陸四 1871 潦東  陸四 1871 潦東
湯		 肆一 0782 湯
沐		 伍三 1764 沐浴
浴		 伍三 1764 沐浴  陸二 2144 浴者
汲		 肆二 1255 汲池

淳		 伍一 2156 薗淳濕			
泰		 肆一 1975 泰宫	 肆一 1997 泰廄	 肆一 2132 泰匠	 肆二 1238 泰父母
		 肆二 1287 泰庶長	 肆三 0479 泰上皇	 伍一 1114 泰山守	 伍二 1729 泰半寸
		 伍三 1884 泰父母	 陸四 1807 泰抵	 陸四 1810 泰史	 柒一 0194-1 泰原
		 柒一 0371 泰守	 柒一 0371 泰守	 柒一 0707+C3-5-2 泰原	 柒一 1083 泰守府
		 柒二 1634 泰守	 柒二 1957-2 泰抵	 伍三 J35+J34 泰徒	
灦		 柒二 1625 卒灦			
減		 肆一 0169 減罪	 肆一 2087 不得減	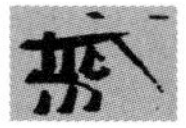 伍一 0961 辠減	 伍一 1005 減辠

		 伍一 1112 皆減  伍一 1122 辠減焉
漕		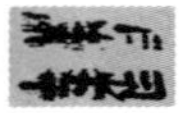 伍二 1171 漕長  伍二 1880 漕長  伍二 1880 漕長  陆四 1145+1735 漕卒
池		 肆二 1255 汲池  肆二 1297 為池  肆二 1297 為池
污		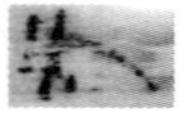 陸二 0145 肉污

沝部

流		 柒一 0335 流死  柒二 1623 流材
涉		 伍一 1001-1+1020 淩涉

巜部

鄰

- 肆二1252 先鄰
- 肆三0640 鄰牒
- 柒一0750+C10.1-2-2 丁鄰

巛部

川

- 伍一0864 參川
- 伍一0864 潁川
- 柒一0194-1 參川
- 柒一0194-1 潁川
- 柒一0194-1 四川郡
- 柒一0487 參川
- 柒一0707+C3-5-2 參川
- 柒一0707+C3-5-2 潁川

灥部

原

- 柒一0194-1 泰原
- 柒一0707+C3-5-2 泰原

谷部

谷

- 肆一2106 函谷關
- 肆一2106 函谷關
- 柒一0562 善谷

容*

柒二0877
能容

仌部

冬

肆三0666
冬袍

肆三0669
冬夏賤衣

雨部

雨

肆二0793
雨不作

伍三1155
雨

伍三1177+C10-3-10
水雨

雲部

云

柒二1148-1+1148-2
入者云

柒二2022
其罪云某

魚部

燕

燕

陸二 1938 燕

非部

非

非

肆二 0992 非乏事

肆二 1290 非緣故徼

伍一 1010 非廢

伍一 2168 其非

伍二 1769 非此物

伍二 1792 及非

伍三 1802 非遣

伍三 1812 甚非

陸四 1788 皆非

陸四 1808 甚非

柒一 0562 非善

柒二 1633 而非

柒二 1642 而非

柒二 2022 非諭

第十二卷

部

不

 肆一 1932 不會

 肆一 1941 不用

 肆一 1984 不告

 肆一 1988 不盈

 肆一 1989 不會

 肆一 1990 不告

 肆一 1990 不智

 肆一 1997 不將司

 肆一 2009 不得

 肆一 2016 不盈

 肆一 2035 不盈

 肆一 2044 不會

 肆一 2072 不得

 肆一 2083 不仁

 肆一 2087 不得

 肆一 2091 不當

 肆二 1224 不給

 肆二 1224 不如令

 肆二 1232 不當

 肆二 1235 不更

 肆二 1247 不更

 肆二 1250 不急

 肆二 1265 不從令

 肆二 1266 不從

 肆二 1267 不脩

 肆二 1267 不足

 肆二 1269 不先悉

 肆二 1289 不用

肆二 1293 不更

肆二 1294 不從

肆二 1296 不用

肆二 1298 不謁

肆二 1305 不從令

肆二 1351 不質

肆二 1351 不質

肆二 1354 不得

肆二 1370 不足

肆二 1371 皆不

肆二 1378 不得

肆二 1384 不當

肆二 1393 不得

肆二 1400 不從令

肆二 1403 不如

肆二 1409 不從令

肆二 1420 不能

伍一 0865 不從令

伍一 0899 不讎

伍一 0968 不決

伍一 0968 不決

伍一 1008 不可

伍一 1008 而不

伍一 1014 不用

伍一 1019 而不

伍一 1024 不分

伍一 1024 雖不

伍一 1033 不守

伍二 1099 不券

伍二 1099 不券

伍一 1114 不更

伍一 1114 不能

	 伍一 1103 不可	 伍一 1124 不亡	 伍一 1125 不決	 伍一 1125 不善
	 伍一 2059 不具	 伍一 2168 不當	 伍一 C10-3-2-1 不讎	 伍二 1166 不用
	 伍二 1613 不從令	 伍二 1686 不時	 伍二 1692 不事	 伍二 1708 不當
	 伍二 1723 不直	 伍二 1723 不直	 伍二 1736 不為	 伍二 1737 不具
	 伍二 1814 不中	 伍二 1905 不用	 伍二 1914 不從令	 伍三 1143 不當
	 伍三 1690 不過	 伍三 1738 而不	 伍三 1761 不用	 伍三 1854 不從令
	 伍三 1865 不盈	 伍三 1865 不視事	 伍三 1882 不能	 伍三 1924 不備
	 陸一 1918 不禁	 陸四 1721 不事田	 陸四 1807 不入	 陸四 1807 不入

 陆四 1808 不毆	 陆四 1808 不須	 陆四 1858 不能人	 陆四 1859 不人
 陆五 1703 不嘗	 陆五 1753 有不	 柒一 0371 不存	 柒一 0374 不展
 柒一 0380 不盈	 柒一 0402 不中	 柒一 0403 不可	 柒一 0485 不敬
 柒一 0485 不從	 柒一 0489 +0488+0368 不為	 柒一 0548 不致令	 柒一 0548 不通
 柒一 0556 不厌	 柒一 0556 不通	 柒一 0562 不勉	 柒一 0569 馬不
 柒一 0654 不得	 柒一 0673 不能	 柒一 0675 不令聽	 柒一 0684 不作
 柒一 0879 不善	 柒一 1046 不與	 柒一 J21 不得	 柒一 J61 不用
 柒二 0397+0390 不善	 柒二 0868 不善	 柒二 1627 不可	

部

至

肆二1229 至四以下

肆二1267 以下至

伍一0968 至計

伍一1125 或至

陸一1463 至今

陸一1463 以至

陸二0131 行至

陸四1900 至某縣官

到

肆一1966 到贖死

肆一2041 到耐罪

肆二1247 到士五

肆二1271 及到

肆二1271 宜到

肆二1397 到十月

肆二J43 書到

肆三0558 令到

伍一1103 報到

伍二1161 到六百

伍二1689 到縣官

陸一1918 令到

陸四1859 到胡陽

陸四1893 到廿日

陸四1176 到三日

柒一0369 到署所

柒一0684 到署

臺 

 陸 二 2161 安臺

 部

西 

 肆 三 0587 西工室

 肆 三 0638 西工室

 肆 三 0638 西工室

 肆 三 0638 西工室

 部

鹽 

 肆 一 1928 縣鹽

 伍 一 1028 巴縣鹽

 伍 二 1928 縣鹽

 伍 三 1766 巴縣鹽

 部

户 

 伍 一 1189+C4–1–9 千户

 伍 三 1986 萬五千户

 陸 三 0136 以户時

 陸 三 1510 千户

扁 

 肆 二 1237 扁甬口

門部

門

門

肆二 1277 門

肆三 0466 里門

肆三 0466 益為門

陸一 1127 門籍

陸三 0105 門

闟

闟

柒二 1687 闟諜

閒

閒

肆二 1242 閒時

肆二 1267 閒時

肆三 0318 閒時

伍二 1596 為閒

伍二 1596 為閒

伍二 1792 為閒

伍三 1954 河間守

伍三 1954 河間

柒一 0863 河間

柒二 0399 閒能

柒二 0399 其閒

闌

闌

肆一 1945 闌亡

肆一 1989 以闌癖

肆一 1990 闌亡

肆一 2122 闌亡

閉	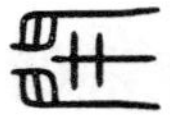	 伍 一 1103 封閉	 伍 一 2155 +C8–1–2 封閉		
關		 肆 一 2106 函谷關	 肆 二 1265 關市律	 肆 二 1428 關外	 肆 三 0325 關外
		 伍 一 1105 出關	 陸 一 1970 關同濮	 陸 二 0176 關內	 陸 二 2024 關外
		 柒 一 0480+C10.4–5–4 出關			
閱	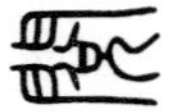	 肆 二 1228 已閱	 肆 二 1228 會閱		
闖*		 伍 三 1170+1172 祠未闖			
𦣞部					
聯		 肆 三 0666 聯寒			

字頭				
聽	 肆一 1998 吏聽	 肆二 1404 尉聽	 肆二 J43 聽之	 肆三 0638 聽西工室
	 伍二 1099 勿聽	 柒一 0675 令聽	 柒一 0675 不令聽	 柒二 0385+1637 報縣官聽
	 柒二 1687 縣聽			
職	 肆三 0524 紡久職者	 伍一 1033 葆職	 陸二 0131 謹為職	
聞	 伍一 1003 聞反者	 伍一 1006 央聞	 伍一 1125 聞獄	 伍三 1809 聞其
	 伍三 J22 告聞	 陸一 0779 以聞	 陸一 1433 已聞	 陸一 1971 告聞
	 陸三 1993 以聞	 柒二 0340 以聞	 柒二 1957-2 聞毆	
聶	 肆二 1238 輒聶	 肆二 1363 聶行	 肆二 1386 以聶	

手部

手

肆二 0798 某手

柒一 0374 病兩手

捧

肆二 1256 已捧免

柒一 0710 及捧後

柒一 0733 先捧

柒一 0733 捧爵者

抵

陸一 1307 抵削

陸四 1807 泰抵

操

陸五 1645 操書

陸五 1657 操券書

柒一 0684 操土攻

挾

肆二 1252 挾符

肆二 1285 各挾一辦

伍一 1016 挾舍

伍一 1016 挾舍匿者

伍一 1122 挾舍匿者

陸一 1357 私挾

陸一 1433 私挾

柒一 0347 挾毋過

柒一 0644 有挾劍

柒一 0654 挾它兵

柒一 0676 挾兵

柒一 0347 挾毋過

	 柒一 0562 挾兵	 柒一 0644 挾劍	 柒一 0644 挾劍	 柒一 0654 挾它兵
	 柒一 0654 挾兵	 柒一 0676 挾兵		
擇	 伍二 1903 擇歸	 陸四 1788 或擇	 陸四 1858 角擇	
抱	 伍一 1003 抱負			
承	 柒二 0341 所承	 柒二 1623 勉承	 柒二 1632 賞承	 柒二 2125 多承
撫	 伍一 1001–1+1020 親撫			
投	 肆一 980 投殺	 肆一 1980 投殺	 柒二 0399 投宿	
舉	 陸二 0131 循行舉	 陸二 0175 弗舉	 陸二 2120+2139 舉	 陸二 2120+2139 弗舉

		 陸 二 2127 舉論之	 陸 二 2152 弗舉劾		
擒		 陸 一 1614 擒制	 陸 一 1678 擒制		
擅	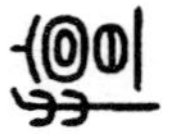	 肆 二 1232 擅傳	 肆 二 1261 擅桎杵	 肆 二 1294 擅興	 肆 二 1294 擅傳
		 肆 二 1313 擅發	 肆 二 J54 擅毆	 伍 一 1036 擅斷	 伍 三 1671 擅弗令
		 伍 三 1764 擅者	 伍 三 1896 擅斷	 伍 三 1922 冒擅	 伍 三 J22 勿擅
		 陸 一 1477 擅弗令	 陸 一 1971 擅徵	 柒 二 1082 擅去	
失		 肆 二 0992 失期	 肆 二 1292 失令	 伍 一 0965 失辠人	 伍 三 1182 失期
		 伍 三 1765 勿失	 陸 一 1356 有失	 陸 一 1445+1441−2 獄失	 陸 一 J37 論失

字頭	字例			
捕	肆一 1940 捕之	肆一 2045 能捕	肆二 1233 捕告	肆二 1384 能捕
技	伍三 0806 技能			
攣	柒一 0487 臑攣			
拔	陸二 2146 拔去			
援	伍三 0851 不援			
拾	肆一 2080 拾逋事	肆二 1225 拾日	肆二 1423 拾日	肆二 1429 拾日
	柒一 0182 拾日	柒一 0372 令拾		
	陸四 1187 失時			

 肆三 0525 捕者	 伍一 0897 捕城日春	 伍一 1012 有能捕	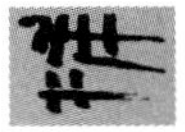 伍一 1012 捕耐辠
 伍一 1013 能捕	 伍一 1013 捕告	 伍一 1119 捕署	 伍二 1156 其捕
 伍二 1166 捕者	 伍二 1596 捕道	 伍二 1759 捕詷	 伍二 1792 捕道
 伍二 1851 能捕	 伍三 1677 為人捕	 伍三 1763 能捕	 伍三 1766 能捕
 伍三 1787 往捕	 伍三 1787 捕者	 伍三 1802 往捕	 伍三 1873 能捕
 伍三 J22 徼捕	 陸一 1622 徼捕	 陸一 1971 徼捕	 陸二 2128 捕之
 陸三 1994 捕毄	 陸五 1644 +1648 +1653 徼遝捕	 柒一 0585 能為捕	 柒一 0598 能捕
 柒一 0480+C10.4-5-4 捕告	 柒二 0969 捕告	 柒二 1120 能捕	 柒二 1138 捕告

柒二 1147 能捕

柒二 1630 能捕

扞

伍一 1105 扞關

女部

嫁

伍一 0960 已傅嫁

伍一 0962 蹂其嫁

伍一 1023 嫁入

伍一 1028 嫁者

伍一 1107 嫁

伍二 1099 嫁女

婦

伍二 1099 婦嫁女

母

肆一 1930 父母

肆一 1980 父母

肆一 1980 父母

肆二 1231 老母

肆二 1238 親父母

肆三 0557 父母

伍一 0918 父母

伍一 1025 母

		 伍 一 1108 母更嫁	 伍 一 1108 母之後夫	 伍 一 1165 父母	 伍 一 1935 父母
		 伍 二 1621 父若母	 伍 二 1686 父母	 伍 三 1884 父母	 伍 三 1884 父母
		 陸 三 0188 父母	 陸 三 0770 父母	 陸 三 0770 父母	 陸 三 0770 父母
		 陸 三 1994 父母	 陸 三 2014 主母	 陸 三 2119+2110 父母	 陸 四 1871 父母
		 柒 一 0660 父母			
威		 陸 四 1788 宦威	 陸 四 1808 以威		
姊		 伍 一 1025 姊弟	 伍 一 1165 兄姊		
姨		 伍 一 1023 姨夫	 伍 一 1107 姨夫		

婢

肆一 0186 奴婢	肆一 1965 奴婢	肆一 1966 奴婢	肆一 1980 奴婢
肆一 1980 奴婢	肆一 2041 奴婢	肆一 2062 奴婢	肆一 2122 奴婢
肆二 J28 一婢	伍一 1112 奴婢	伍一 1113 奴婢	伍二 1795 奴婢
伍三 1738 免其婢	陸三 0028 奴婢	柒二 1082 奴婢	

奴

肆一 0168 奴妻	肆一 0186 奴婢	肆一 1945 免奴	肆一 1965 奴婢
肆一 1980 奴婢	肆一 1980 奴婢	肆一 2122 奴婢	肆二 1255 奴苑
肆二 1300 奴卑	肆二 1301 奴卑	肆二 1378 人奴	肆二 J28 一奴
肆二 J42 奴卑	伍一 1112 奴婢	伍一 1113 奴婢	伍二 1795 奴婢

		 陸三 0028 奴婢			
好		 伍二 1729 好浮			
委	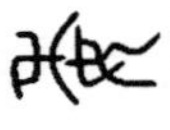	 肆二 1257 委輸			
如		 肆一 1932 如居貲贖	 肆一 1985 如律	 肆一 1996 如城旦舂	 肆一 1997 如它城旦
		 肆一 2010 如律	 肆一 2089 如律	 肆一 2111 如此律	 肆二 1224 不如令
		 肆二 1231 老如免老	 肆二 1249 如城尉	 肆二 1256 皆如	 肆二 1269 如律
		 肆二 1296 如用者	 肆二 1403 不如律	 肆二 J30 如律然	 肆二 J57 如律
		 肆三 0525 盡如	 肆三 0668 不如令者	 肆三 0680 如監令史	 伍一 1000 如令

 伍一 1022 如令	 伍一 1129 盡如	 伍一 1935 如令	 伍二 1099 如廷律
 伍二 1099 如內史律	 伍二 1759 如它人	 伍二 1862 如鼎	 伍三 1779 它如
 伍三 1865 如吏	 陸一 1457 如程	 陸一 1457 如程者	 陸二 J73–3+J03 如令
 陸三 0026 如此	 陸三 0104 它如律令	 陸三 0179 如律	 陸三 1943 如此
 陸四 1788 如此	 陸四 1808 如此	 柒一 0302 它如請	 柒一 0375 如其
 柒一 0377 它如令	 柒一 0446 如居倌	 柒一 0463 處如等	 柒一 0571 如令
 柒一 0579 如段言	 柒一 0656 如令	 柒一 0677 它如律令	 柒一 0710 如鼎
 柒一 0750+C10.1–2–2 如倌首	 柒二 1054 如令	 柒二 1056 如律令	 柒二 1062 不如令

柒二 1630 如律

嬰

嬰

肆二 1286 各嬰其賈

肆二 1286 勿嬰

伍一 1003 嬰兒

伍一 1114 嬰兒

伍一 2097 嬰筭

伍三 1812 嬰粲

奸

奸

伍一 1107 相與奸者

伍一 1108 所與奸者

伍一 0864 奸

伍三 1170+1172 敢奸

伍三 1806 從而奸

陸一 1456 與人奸

陸一 1456 囚奸

毋部

毋

毋

肆一 1978 毋以智

肆一 1982 毋得

肆二 0994 毋敢

肆二 1234 毋奔書

肆二 1240 毋過

肆二 1263 毋質

肆二 1264 毋過

肆二 1266 毋下

	 肆二 1279 毋得	 肆二 1282 有罪毋後	 肆二 1291 毋長者	 肆二 1291 毋以
	 肆二 1294 毋敢	 肆二 1296 毋段	 肆二 1351 毋出錢	 肆二 1370 毋以
	 肆二 1376 毋更置	 肆二 1396 毋秩	 肆二 1400 毋敢	 肆二 1405 毋害
	 肆二 1421 毋令	 肆二 J43 毋須時	 肆三 0319 毋賴	 肆三 0531 毋過
	 肆三 0557 皆毋	 肆三 0669 毋衣履	 伍一 0898 毋得	 伍一 1025 毋敢
	 伍一 1025 毋敢	 伍一 1107 毋得	 伍一 1109 毋得	 伍一 1119 毋以次
	 伍二 1086 毋辠	 伍二 1616 毋行	 伍二 1669 毋行	 伍二 1689 毋敢
	 伍二 1729 毋過	 伍二 1731 毋過	 伍二 1732 毋辠	 伍二 1737 毋與

	 伍二 1782 禁毋	 伍二 1792 毋律	 伍二 1847 毋皋	 伍二 1848 毋下
	 伍三 0058 毋傳	 伍三 1694 毋敢	 伍三 1779 其毋	 伍三 1802 毋害
	 伍三 1812 毋皋	 伍二 1875 而毋	 伍三 1986 毋過	 陸一 1358 毋巨皋
	 陸一 1458 毋下	 陸一 1462 毋將吏	 陸一 1462 毋縣官印	 陸一 1476 毋令
	 陸一 1622 毋敢	 陸二 0122-1+0122-2 毋下百步	 陸二 0176 毋竝	 陸二 0176 毋過
	 陸二 2032 毋過	 陸二 2032 毋過	 陸二 2099 毋過縣	 陸二 2128 毋敢舍
	 陸二 2131 毋過	 陸二 2131 毋	 陸三 0104 毋敢罰	 陸三 0105 毋巨罪
	 陸三 1510 毋過	 陸三 1963 毋罪	 陸三 2119+2110 毋罪	 陸四 1800 毋徒

陸五 1752
毋曰

柒一 0154
毋敢

柒一 0347
毋過

柒一 0449
毋它尤

柒一 0451-2
毋下

柒一 0578
馬毋

柒一 0673
毋得以

柒一 0675
毋得

柒一 0676
毋過

柒一 0676
毋得

柒一 0682
毋免

柒一 0733
毋過

柒二 1056
毋得

柒二 1082
毋得

柒二 1627
毋得

柒二 1641-1
亦毋得

柒二 2046
避毋

柒二 2063
毋得去

乀部

弗

肆一 1940
弗能得

肆一 1965
弗坐

肆一 1966
弗坐

肆一 2072
弗傅

肆一 2045
弗輸

肆一 2122
弗能審

肆二 0798
弗告

肆二 0798
弗署

肆二 0798 弗告

肆二 0994 弗得

肆二 1224 弗得

肆二 1226 弗見

肆二 1245 弗能任

肆二 1249 弗為

肆二 1257 弗見

肆二 1264 弗令入

肆二 1278 弗入

肆二 1289 弗得

肆二 1290 弗告

肆二 1304 弗亟遣

肆二 1313 弗均

肆二 1313 弗請

肆二 1400 弗得

肆二 1410 弗得

肆二 1428 弗得

肆二 J42 弗坐

肆二 J57 弗能

肆三 0544 弗言

肆三 0663 弗智

肆三 0663 弗得

伍一 0967 弗告劾

伍一 1008 弗署

伍一 1013 而弗

伍一 1013 弗見

伍一 1016 弗捕告

伍一 1016 弗見

伍一 1024 弗環

伍一 1037 弗予

伍一 2168 弗上

伍二 1621 弗先告

 伍二 1621 弗得	 伍二 1708 弗得	 伍二 1710 弗與	 伍二 1732 弗為
 伍二 1783 弗與	 伍二 1855 弗智	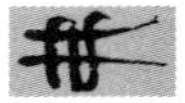 伍二 1855 弗智	 伍二 1855 弗告
 伍三 1181 弗論	 伍三 1671 弗令	 伍三 1671 而弗	 伍三 1671 弗智
 伍三 1766 弗告	 伍三 1766 弗智	 伍三 1780 弗得	 伍三 1921 弗得
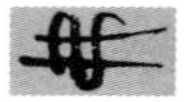 陸一 1446 弗得	 陸一 1477 弗令	 陸一 1477 弗傳衣服	 陸一 1484 弗劾
 陸一 1484 弗智	 陸二 2015 弗為	 陸二 2023 弗得	 陸二 2092 弗得
 陸二 2152 弗舉劾	 陸三 0155 弗告	 陸三 0769 弗得	 陸三 1510 弗上
 陸三 1963 弗為	 陸三 1963 弗與	 陸三 1995 弗言	 陸三 2052 弗得

柒一 0585 弗詣

柒一 0480+C10.4-5-4 弗見

陸四 1159 而弗

陸四 1159 弗遺

柒一 0750+C10.1-2-2 弗能償

柒一 0684 弗欲

柒一 0656 弗能入

柒一 0656 弗能償

柒二 1075-1 弗主紀數

柒一 1042 及弗

柒一 1042 弗智

柒一 1040 弗輸

柒二 1643 吏弗

𠂆部

弋

肆一 0782 佐弋

肆一 0782 佐弋

氏部

氏

陸一 1463 雍氏軍

戈部

戟

陸一 0198+2189 縣官戟

陸一 1357 官戟

陸一 1464 戟

戍

肆二 0914 羣戍卒

肆二 1267 戍律

肆二 1299 戍律

肆二 1299 戍者

肆二 1299 除戍

肆二 1299 遣戍

肆二 1299 戍在署

肆二 1305 繇戍

肆二 1420 繇戍

肆二 1423 當戍

肆三 J44 當戍

伍二 1909 其戍

伍三 1865 及戍

伍三 1873 戍若

伍三 1873 列戍

陸一 1486-1+1486-2 貲戍

陸二 1942 令戍

陸二 1999 戍二歲

柒一 0302 戍

柒一 0369 戍者

柒一 0376 戍卒

柒一 0376 令戍

柒一 0380 更戍

柒一 0414＋0361 若戍

柒一 0446
當戍

柒一 0487
後戍

柒一 0491
當戍

柒一 0492
若戍

柒一 0506
戍數

柒一 0570
當戍

柒一 0580
除戍

柒一 0653
繇戍

柒一 0656
遣戍

柒一 0657
可戍

柒一 0657
戍九月

柒一 0689
當戍

柒一 0689
當戍者

柒一 0689
當戍

柒一 0706+0694
戍未備

柒一 0750+C10.1-2-2
戍新地

柒一 0750+C10.1-2-2
列戍

柒一 0863
當戍

柒一 0863
各戍

柒二 0462-2
戍日

戰

戰

伍二 1849
與吏卒戰

伍三 1600-1
戰北

柒一 0487
戰痍

戲

戲

柒一 0568
戲言

或

或

肆一 1930
或有罪

肆一 2085
或亡

肆二 0793
或病

肆二 1226
或告盜

肆二 1288 或告之

肆二 1293 或復

肆三 0317 或者

伍一 0899 或節

伍一 0899 或下劾吏

伍一 0961 或偏捕告

伍一 0961 或能捕

伍一 1003 或嬰兒

伍一 1013 或告之

伍一 1016 或告之

伍一 1125 或至

伍一 1165 或事

伍二 1697 或以

伍二 1697 或以

伍二 1889 或能

伍三 1809 或即

陸一 1158 或以

陸一 1454 有或

陸一 1463 或自

陸二 0130 或留

陸三 0155 或偏告

陸四 1721 或奪

柒一 0562 或不勉

柒一 0598 人或

武

肆一 2106 襄武

肆一 2106 襄武

我部

義

肆二 0990 取義

肆二 1301 義者

乚部

直

肆二 1371 不直更

伍二 1723 不直

伍二 1723 不直

伍三 1723 不直辠

伍三 1850 直其賜

伍三 1850 直千錢

陸一 1956 直賈

陸二 0114 直錢

陸三 0123 不直律

陸三 0123 不直罪

陸三 2100+2159 不直

陸四 1808 直以威

柒一 0376 直千錢

柒一 0684 直錢

亾部

亡

肆一 0169 亡日錢數

肆一 0782 亡者

肆一 1932 去亡

肆一 1945 闌亡

	 肆一 1977 闌亡	 肆一 1981 亡	 肆一 1981 踐更者亡	 肆一 1985 羣亡人
	 肆一 1990 闌亡	 肆一 1992 去亡	 肆一 1997 亡而得者	 肆一 1997 復亡
	 肆一 2008 籍亡日	 肆一 2008 復亡	 肆一 2009 亡而得	 肆一 2035 籍亡
	 肆一 2035 復亡	 肆一 2040 其亡	 肆一 2044 亡律	 肆一 2048 亡律
	 肆一 2054 亡律	 肆一 2065 亡故塞	 肆一 2085 或亡	 肆一 2087 去亡
	 肆一 2117 亡而得	 肆二 1227 死亡	 肆二 1234 諸亡者	 肆二 1234 奔書及亡
	 肆二 1282 亡	 肆二 1372 闌亡	 肆二 1397 死亡者	 肆二 1402 諸亡
	 伍一 0921 亡所	 伍一 1124 送道者亡	 伍一 1124 不亡	 伍一 1124 道亡

 伍一1005 亡

 陸一1453 死亡

 陸五1657 亡之

 陸五1748 去亡

 柒二0400 隸亡

 柒二0869 有亡

 柒二1082 亡所

 柒二1627 不可亡

 柒二2046 去亡

望

 肆二1230 望日

無

 肆一1990 無少長

 肆一2057 無少長

 肆二1267 無復不復

 伍一1125 無辠者

匸部

匿

 肆一1930 舍匿

 肆一1930 舍匿

 肆一1930 敝匿

 肆一2017 匿之

 肆一2041 主匿

 肆一2072 匿户

 肆一2072 匿敖童

 肆一2072 匿者

		 肆一 2072 所匿	 肆一 2088 匿亡人	 伍一 1016 匿之	 伍一 1016 舍匿者
		 伍一 2168 匿弗上	 伍二 1758 屏匿	 伍二 1923 屏匿	 陸一 1446 屏匿道
		 陸二 0122-1+0122-2 作匿	 柒二 1630 匿弗言		
匽		 柒二 1074 匽居			
匹		 柒三 J15 一匹			
匠		 肆一 2132 泰匠	 肆二 1378 縣匠	 伍一 1133+1152-2 匠辦長	 伍一 2156 匠辦長
		 陸二 0117 匠書	 陸二 2015 匠為	 陸二 2164 匠	 陸二 2164 匠

㔾部

瓦		 肆二 1233 瓦土
甑		 伍三 1663 甗甑
甗		 伍三 1663 甗甑
甕*		 肆二 1277 甕

弓部

弓		 陸一 0198+2189 弓	 陸一 1357 刃没弓	 陸一 1433 弓弩	 陸一 1464 弓
引		 陸二 2056 一人引	 陸四 1721 引水		
弩		 肆二 1232 弩	 肆三 0525 發弩	 肆三 0717 發弩	 陸一 0198+2189 弩

發

𤼵

陸一 1357
弩者

柒一 0346
弩事者

肆二 1238
繇發

肆二 1242
都發

肆二 1269
發繇

肆二 1285
發蹠

肆二 1295
發繇

肆二 1300
發其傳

肆二 1313
擅發者

肆二 1355
發吏

肆二 1385
發徵

肆三 0525
趨發

肆三 0717
發弩

伍二 1877
發徵

伍二 1689
發卒史

伍三 1912
盜賊發

陸四 1872
發徵

柒一 0733
發吏

柒一 0733
發冗募

柒二 1059
乃發

系部

繇

䌛

肆二 1232
繇律

肆二 1232
興繇

肆二 1238
繇發

肆二 1255
繇律

 肆二 1269 興繇	 肆二 1305 及繇	 肆二 1313 繇已盈員	 肆二 1355 繇多員
 肆二 1363 繇徒	 肆二 1386 行繇數徒	 肆二 1393 券繇	 肆三 0317 繇黔首
 陸一 1444 徒出繇	 柒一 0485 繇使	 柒一 0506 除繇	

第十三卷

糸部

給

陸一 1158 以盜給人

絶

肆二 1266 絶之

肆三 0531 解絶

柒一 0548 敗絶

柒一 0556 敗絶

續

肆二 1248 居貲續

肆二 1288 續署

肆三 0652 續責

級

伍二 1168+1192 一級

伍二 1849 二級

柒一 0360 一級

柒一 0378 一級

柒一 0580 一級

柒一 0581 一級

柒一 0733 二級

約

肆三 0531 約兩敦

伍二 1162 堅約之

伍二 1707 各約

伍二 2013 有約日

陸四 1175 堅約之

柒一 0501 約佐居署

柒一 0570 為書約

柒一 0733 拜爵者約

	 柒 一 0501 半其約			
繚	 陸 二 2164 屬繚垣	 柒 一 0580 繚前		
給	 肆 二 1224 不給	 肆 二 1235 自給	 肆 二 1257 給邑中事	 肆 二 1260 給之
	 肆 二 1370 給之	 肆 二 1370 不足以給	 肆 二 J45 不給	 伍 三 1917 給毆
	 陸 二 0120 給事	 陸 二 0126 給共令	 陸 二 2162 給比食官	 陸 二 2167 給藥
	 陸 三 0404 所以給	 陸 三 0404 給寺	 陸 三 2103 置給	 陸 四 1800 有所給
	 柒 一 0578 給車			
終	 伍 二 1692 終身	 柒 一 0403 終身	 柒 一 0481 終不可作	 柒 二 2063 終身

纏		 陸二 2015 纏			
綰		 柒一 0194-1 綰	 柒一 0389 綰	 柒一 0707+C3-5-2 綰	
緹		 柒一 0653 緹	 柒一 0653 緹		
紅		 伍三 0806 緡紅			
緣		 肆二 1290 緣故徼縣	 肆二 1290 緣故徼縣	 肆二 1404 緣故徼縣	
袴		 肆三 0666 裘袴履			
縱		 陸一 1444 縱自爵皋	 陸一 1484 以縱	 陸一 C5-9-3+0024 縱皋人	 陸二 2152 以縱罪人
繕		 肆二 1273 繕之	 肆二 1273 繕城塞	 肆三 0395 補繕	 柒一 0562 繕室屋

編
伍二1712 當比編
伍二1712 同編

繁
肆二1277 繁

緍
伍三0806 緍紅

絜
陸二0116 絜清
陸二0132 絜清
陸二0145 清絜
陸二2157 絜清

率部

率
柒二1625 率瀸及奏

虫部

雖
肆一1985 雖前死
肆二1298 雖當相代
肆二J43 雖後時
伍一0873+1102 及雖

伍一1013 雖弗見

伍一1016 雖弗見

伍一1124 雖不亡

伍二1098 雖弗

伍二1605+1617 雖毋枉

伍三1857 雖不

陸一1456 雖和之

陸一1458 雖不

陸三1380 雖重罪

强

肆二1415 勿敢强

伍三1806 强與人奸

伍三1812 强皋

陸一1456 强與人奸

蜀

肆三0589 蜀邑

伍一1105 蜀巴

伍一1123 輸蜀巴

柒一0550 取蜀

柒二0199-1+0199-2 巴蜀

柒二1627 皆輸蜀

蠻

伍二1606+1619 蠻夷

伍二1615 蠻夷

伍二1813 蠻夷

伍二1908 蠻夷

伍二2151 蠻夷

陸二2128 蠻夷

柒一0374 瘟蠻

柒一0660 蠻夷

部

蟲

柒一 0345
蟲獸

部

風

柒一 0371
風

部

它

肆一 1940
它人

肆一 1982
它縣道官

肆一 1992
為它作務

肆一 1997
它城旦

肆一 2123
它縣道官

肆一 2132
它官徒

肆一 2132
它縣

肆二 1224
它官吏

肆二 1266
它垣

肆二 1273
它事

肆二 1290
它縣

肆二 1291
它里

 肆二 1291 它里	 肆二 1300 它縣	 肆二 1300 它縣	 肆三 0588 它有等比
 肆三 0680 它有等比	 伍一 0895 它物	 伍一 1007 它吏	 伍一 1014 它郡
 伍一 1024 以它巧	 伍一 1037 它物	 伍一 1103 它不可	 伍一 1120+C4-2-1 它嫁
 伍二 1098 它物	 伍二 1167 它物	 伍二 1597 它物	 伍二 1603-1+1603-3 它物
 伍二 1618 它官獄	 伍二 1692 它人	 伍二 1696 它	 伍二 1732 它物
 伍二 1759 它人	 伍二 1789+1804 它郡	 伍二 1815 它物	 伍二 1851 它人
 伍二 1862 它人	 伍二 1877 為它事	 伍二 1891 它辠	 伍二 1894 它論
 伍三 1149+C4-3-7 若有它	 伍三 1181 它縣	 伍三 1704 它縣	 伍三 1779 它如

 伍 三 1787 它官	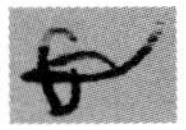 伍 三 1787 它縣官	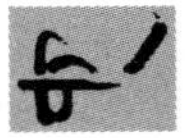 伍 三 1850 它物	 伍 三 1873 它人
 伍 三 1875 它官	 伍 三 1899 它有	 伍 三 1919 它所	 伍 三 2141 它比
 伍 三 2141 諸它	 伍 三 J35+J34 它官	 伍 三 J35+J34 它縣官	 陸 一 1445+1441–2 與它
 陸 一 1449 治它	 陸 一 1458 它官	 陸 一 1459 它官	 陸 一 1476 它人
 陸 二 0132 它官	 陸 二 1953 它時	 陸 二 2154 及它	 陸 三 0104 它如律令
 陸 三 0146 它	 陸 三 0769 它不得	 陸 三 2051 它物	 陸 三 2051 它
 陸 三 2100+2159 它物	 陸 三 2105 它物	 陸 四 1720 故為它	 陸 四 1798 它官
 陸 四 1799 它吏	 陸 四 1872 它事	 陸 四 1895 與它論	 柒 一 0302 它如請

 柒一 0330 它郡人	 柒一 0334 及它	 柒一 0363 它有	 柒一 0375 它有
 柒一 0377 它如令	 柒一 0401 及它郡者	 柒一 0403 它有比	 柒一 0414＋0361 它物
 柒一 0449 毋它	 柒一 0481 它有	 柒一 0490 它物	 柒一 0491 它罪
 柒一 0579 它有	 柒一 0606 它有	 柒一 0654 挾它兵	 柒一 0661 它
 柒一 0673 它物	 柒一 0676 挾它兵	 柒一 0677 它如律令	 柒一 0682 它人
 柒一 1512 有它	 柒一 J21 它人	 柒一 C4.1-2-1 坐它物	 柒二 0869 它論縣
 柒二 1056 它如	 柒二 2046 為它	 柒二 2064-1 它縣官	 柒二 2125 它小物
 柒二 2138+C8-8-1 為它			

二部

二				
	 肆一 0914 二歲	 肆一 1940 二甲	 肆一 1958 二甲	 肆一 1966 二甲
	 肆一 1988 廿二錢	 肆一 1991 二甲	 肆一 2036 二甲	 肆一 2040 二甲
	 肆一 2083 二甲	 肆一 2090 二甲	 肆二 0792 二甲	 肆二 0913 二甲
	 肆二 0992 二甲	 肆二 0994 二甲	 肆二 1224 二甲	 肆二 1228 二甲
	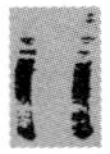 肆二 1244 二鯢	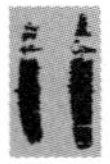 肆二 1249 二甲	 肆二 1250 二甲	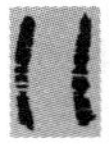 肆二 1257 二甲
	 肆二 1261 二甲	 肆二 1262 二甲	 肆二 1264 二甲	 肆二 1264 二甲
	 肆二 1277 二席	 肆二 1284 二甲	 肆二 1298 二甲	 肆二 1302 二甲

 肆二 1306 二旬	 肆二 1313 二甲	 肆二 1313 二甲	 肆二 1353 二甲
 肆二 1353 二月	 肆二 1384 二甲	 肆二 1400 二甲	 肆二 1428 二甲
 肆二 J46 二甲	 肆二 J54 二甲	 肆三 0316 二千石官	 肆三 0324 二甲
 肆三 0351 二千石官	 肆三 0465 二千石官	 肆三 0522 二千石官	 肆三 0529 二甲
 肆三 0531 二寸	 肆三 0559 二歲	 肆三 0617 二千石官	 肆三 0681 二年
 肆三 0690 二千石官	 肆三 0717 二甲	 肆三 J70+J71+J67 二千石官	 伍一 0831 二甲
 伍一 0865 二甲	 伍一 0897 二人	 伍一 0916 二	 伍一 0967 二甲
 伍一 1025 十二月	 伍一 1027 二千	 伍一 1112 二人	 伍一 1119 二千

	伍一 1119 千二百		伍一 1132 二甲		伍一 2168 二甲		伍二 1173 丙二
	伍二 1174 二千石		伍二 1613 二甲		伍二 1618 甲二		伍二 1621 二甲
	伍二 1674 己十二		伍二 1674 二甲		伍二 1706+1784 二甲		伍二 1711 二甲
	伍二 1729 二寸		伍二 1731 廿二		伍二 1732 二甲		伍二 1782 二甲
	伍二 1793+1801 二甲		伍二 1805 二日		伍二 1805 二甲		伍二 1849 二級
	伍二 1852 二寸	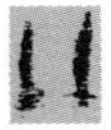	伍二 1855 二甲		伍二 1889 二甲		伍二 1914 二歲
	伍二 1914 二甲		伍二 1914 二歲		伍三 1181 二甲		伍三 1181 二甲
	伍三 1182 二甲		伍三 1671 二甲		伍三 1694 二甲		伍三 1738 二兩

 伍三 1766 二兩	 伍三 1768 二甲	 伍三 1775 二甲	 伍三 1780 二甲
 伍三 1780 二甲	 伍三 1869 二甲	 伍三 1885 二人	 伍三 1926 二歲
 伍三 1986 二人	 陸一 0880 二甲	 陸一 1308+C5-2-3+1507 二歲	 陸一 1357 盈二月
 陸一 1443 二甲	 陸一 1444 二甲	 陸一 1446 二甲	 陸一 1451 二兩
 陸一 1475 二甲	 陸一 1484 二甲	 陸一 1486-1+1486-2 二枚	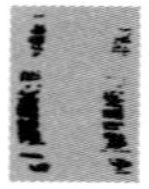 陸一 1508 二甲
 陸一 1595 二甲	 陸一 1970 二甲	 陸一 J62-2 二甲	 陸一 J62-2 十二
 陸一 J67-3+J70-2+J71-2+J66-3+J74-1 二千石	 陸二 0113 二甲	 陸二 0113 二	 陸二 0122-1+0122-2 二甲
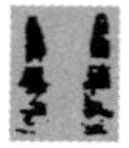 陸二 0127 二甲	 陸二 0145 二甲	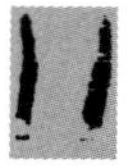 陸二 0145 廿二	 陸二 1999 二歲

 陸二 2032 二人	 陸二 2049 二人	 陸二 2092 二甲	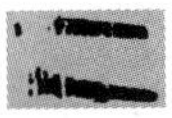 陸二 2093 二甲
 陸二 2099 二人	 陸二 2099 二甲	 陸二 2127 二甲	 陸二 2146 二甲
 陸三 0028 二人	 陸三 0104 二甲	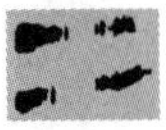 陸三 0179 二甲	 陸三 0188 二甲
 陸三 0769 廿二	 陸三 1994 二甲	 陸三 2068–1+2069 二甲	 陸四 1153 二甲
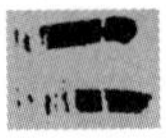 陸四 1176 二日	 陸四 1176 二甲	 陸四 1180 二日	 陸四 1239 二甲
 陸四 1611 二日	 陸四 1682 十二	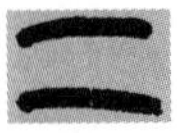 陸四 1811 廿二	 陸四 1858 二甲
 陸四 1900 卅二	 陸四 C8–5–2+1726 二甲	 柒一 0347 各二劍	 柒一 0348 二人
 柒一 0370 十二月	 柒一 0382 二歲	 柒一 0384 二石	 柒一 0450 二歲

	 柒一 0492 二歲	 柒一 0506 二	 柒一 0568 二甲	 柒一 0598 二人
	 柒一 0733 二級	 柒一 0733 二級	 柒一 1511 二兩	 柒一 J61 二歲
	 柒一 C8-6-1+C8-2-4 十二	 柒二 1058 二甲	 柒二 1072 二甲	 柒二 1634 二甲
	 柒二 1636+C7.1-9-4 二			

亟

亟	 肆二 1271 亟告	 肆二 1304 亟遣	 肆二 1369 亟走	 肆三 0558 亟予之
	 肆三 0558 亟予之	 肆三 1918 皆亟	 伍一 1023 亟相與	 伍一 1123 亟傳詣
	 伍二 1613 亟治	 伍二 1661 亟論	 伍二 1728 不亟	 陸一 1357 亟詣吏
	 陸一 1452+C5-9-1 亟聽告	 陸一 1918 皆亟	 陸三 1948 亟論	 陸四 1781 弗亟

字頭	字形	出處	辭例
		柒一 0644	亟詣吏
		柒二 0341	亟舉
		柒二 1629	亟輸之
		柒二 1632	亟載取
恒		陸二 0132	恒弗
		柒二 1061-1+1061-2	以為恒
凡		肆二 1294	凡免老
		陸二 2032	凡毋過
		陸四 1807	凡八百

土部

字頭	字形	出處	辭例
土		肆二 1233	瓦土
		陸二 2145	大土功者
		柒一 0684	操土攻
地		肆三 0624	廟便地
		伍一 0895	新地吏
		伍一 1010	新地吏
		伍一 1018	新地
		伍二 1914	新地吏
		伍二 2013	新地
		伍三 1149+C4-3-7	新地
		伍三 1865	新地吏
		伍三 J38	新地吏
		陸二 1942	新地
		陸二 2145	其地
		陸四 1159	新地吏

陸四 1798
新地

陸四
1866+J71-3
新地

柒一 0367
新地吏

柒一 0375
新地吏

柒一 0376
新地

柒一 0401
新地

柒一
0414＋0361
新地吏

柒一 0485
新地守

柒一 0492
新地吏

柒一 0568
田地

柒一 0656
新地

柒一
0750+C10.1-2-2
戍新地

柒一 0863
新地

柒一 1049
新地吏

柒二 1048
新地

柒二 2046
新地吏

均

肆二 0913
均者

肆二 0914
均人史

肆二 1313
弗均

肆二 1355
以均

伍一 0898
均處

伍二 0831
均新地

伍二 2013
均故徼

陸四 1808
為均

陸四 1808
當以其均

柒一 0367
均

柒一 0486
以官均

柒一 0489
+0488+0368
除均

柒一 0492
當均

柒一
1069+0878-1
均

垣		 肆二 1266 它垣	 肆三 0466 隔垣	 陸二 2015 殿垣	 陸二 2145 長垣
		 陸二 2164 庳垣	 陸二 2164 高垣	 陸二 2164 繚垣	
堵		 柒二 1635 環堵			
堂		 陸二 1938 堂上	 陸二 2146 宫堂下		
在		 肆一 2149 及在	 肆二 1252 右在	 肆二 1252 左在	 肆二 1299 戍在署
		 伍一 0965 在其	 伍一 1019 不在	 伍二 1174 在郡	 伍二 1769 不在
		 柒一 0480+C10.4-5-4 留在	 柒二 0340 不在	 柒二 0461-1+0461-2 在宫	 柒二 0877 在鄉邑
		 柒二 1138 在所			

坐

 肆一1946 坐逋錢	 肆一1965 弗坐	 肆一1966 弗坐	 肆一2047 坐其
 肆一2089 坐之	 肆一2111 坐之	 肆二1249 坐城不治	 肆二1302 弗坐
 肆二1405 坐之	 肆二1423 坐辠	 肆二J42 弗坐	 肆三0525 坐之
 肆三0680 坐	 肆三J44 坐姤春	 伍一0961 當坐者	 伍一0961 當坐者
 伍一1033 犯令者坐	 伍一1037 坐所	 伍一1109 坐此物	 伍一1113 皆坐
 伍一1122 坐之	 伍二1086 獨坐	 伍二1164 獨坐	 伍二1797 坐之
 伍三1921 坐	 陸一1432 皆坐	 陸一1444 弗坐	 陸一1445+1441-2 坐之
 陸一1450 坐其	 陸一1457 皆坐	 陸一1459 所坐	 陸一1461 當坐官

陸一 J23 當坐者
陸一 J40+J73–5 當坐者
陸二 2023 吏坐者
陸三 0155 當坐者

陸三 2051 獨坐
陸三 2119+2110 獨坐
陸四 1153 坐之
陸四 1187 請坐

陸四 1187 所坐物
陸五 1645 獨坐之
柒一 0382 坐課
柒一 0490 坐課

柒一 0585 坐此物
柒一 0598 坐此物
柒一 C4.1–2–1 坐它物
柒二 0397+0390 諸坐

柒二 0850 坐人
柒二 2022 某坐

封

肆二 1285 丞印封
肆二 1399 封齕
伍一 1103 封閉
伍一 1104 所封刊

伍一 2155+C8–1–2 封閉
伍二 1142 封印
伍二 1151 丞印封
伍二 1161 封印

伍三 0058 寄封
伍三 1787 當封
伍三 1802 當封
伍三 J35+J34 移封牒

城

城

 柒一 0675 及印封	 柒二 0340 重封	 柒二 1064 并封	 柒二 1631 完其書封
 柒二 1631 謹封印	 柒二 1631 不封者	 柒二 1972 不封者	
 肆一 0185 城旦舂	 肆一 0186 城旦舂	 肆一 0186 城旦	 肆一 0187 城旦舂
 肆一 1928 刑城旦	 肆一 1959 城旦	 肆一 1976 城旦舂	 肆一 1976 城旦舂
 肆一 1977 城旦舂	 肆一 1996 城旦舂	 肆一 1996 城旦舂	 肆一 1997 城旦
 肆一 1997 城旦	 肆一 1997 城旦	 肆一 1998 城旦舂	 肆一 2009 城旦舂
 肆一 2009 城旦舂	 肆一 2011 城旦舂	 肆一 2039 城旦舂	 肆一 2044 城旦舂
 肆一 2065 城旦舂	 肆一 2080 城旦舂	 肆一 2091 城旦	 肆二 1248 治城

 肆二 1249 離城	 肆二 1249 坐城不治	 肆二 1249 城尉	 肆二 1267 城塞
 肆二 1273 城塞	 肆二 1362 城旦	 肆二 1419 城旦	 肆二 1421 城旦
 肆三 0523 城旦	 肆三 0635 城旦	 肆三 0635 城旦舂	 伍一 0897 城旦舂
 伍一 0897 城旦舂	 伍一 0916 城旦	 伍一 0921 完城旦舂	 伍一 0998+C10-4-13 城旦舂
 伍一 1003 城旦舂	 伍一 1012 城旦	 伍一 1022 城旦	 伍一 1027 完城旦
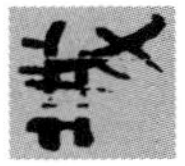 伍一 1029 城旦	 伍一 1109 城旦	 伍一 2053+2050 城旦舂	 伍二 1621 完城旦
 伍二 1792 城邑	 伍二 1813 城邑	 伍二 1813 城旦舂	 伍二 1855 城旦舂
 伍二 1855 城旦舂	 伍二 1615 城邑	 伍二 1792 城邑反	 伍二 1928 城旦

伍二 2151
城旦

伍二 2151
城旦

伍三 1738
城旦舂

伍三 1766
黥城旦

陸一 1451
城旦

陸二 2015
城旦

陸三 0028
城旦舂

陸三 1994
當完城

陸三 2014
城旦舂

柒一 0348
若城旦

柒一 0550
城旦舂

塞

塞

肆一 2065
故塞

肆二 1248
城塞

肆二 1267
城塞

伍二 1606+1619
故塞

伍二 1758
壅塞

伍二 1792
故塞

伍二 1792
故塞

伍二 1908
故塞

伍二 2151
故塞

柒一 0660
故塞

毀

毀

陸一 0198+2189
折毀

陸四 1610
其封毀

壞

壞

肆一 2149
壞德

肆二 1267
阸壞

肆三 0624
輒壞

伍一 1133+1152–2
其壞

垍*

肆三 0559 贅垍

墼*

肆一 1988 墼日

壅*

伍二 1758 壅塞

里部

里

里

肆一 1973 不仁邑里

肆一 1978 不仁邑里

肆一 2083 不仁邑里

肆二 1226 里人

肆二 1291 它里

肆二 1291 它里

肆二 1372 里

肆二 1373 里

肆二 1397 鄉里

肆二 1405 必里相誰

肆二 1405 其里

肆三 0466 同里

肆三 0634 里人

肆三 0665 里長

肆三 0944 里中

肆三 0944 里夾

肆 三 0944
相同里

伍 一 1165
居邑里

伍 二 1903
五十里

伍 三 1182
道里

伍 三 1884
五百里

伍 三 1925
百里

陸 一 1356
道里

陸 一 1458
三百里

陸 一 1475
三百里

陸 一 J67-1+J76-12
+J71-1+J64-1
+J66-6
三百里

陸 三 0026
里長

陸 三 1379
里

柒 一 0364
三百里

柒 一 0451-2
令里人

柒 一 0654
里即贅

野

伍 一 1001-2
樹木野美

田部

田

肆 一 1965
田典

肆 一 1984
田典

肆 二 0994
田律

肆 二 0994
居田舍者

肆 二 0994
田嗇夫

肆 二 1229
豤田

肆 二 1241
田時

肆 二 1255
除田

 肆二 1274 田律	 肆二 1276 田律	 肆二 1276 田宇	 肆二 1277 田律
 肆二 1278 田律	 肆二 1306 歸田農	 肆二 1398 狠田	 肆二 1400 田舍
 肆二 1400 田嗇夫	 肆三 0317 以田	 伍二 1686 不田作	 陸三 0770 不田作
 陸四 1187 田事	 陸四 1705 田令	 陸四 1721 縣官田	 陸四 1721 其田
 陸四 1721 不事田	 陸四 1721 溉田	 陸四 1800 以田	 陸四 1788 其田
 陸四 1803 田令	 陸四 1808 縣官田	 陸四 1811 田令	 陸四 1870–1+1870–2 田急時
 柒一 0446 歸田	 柒一 0451–2 田典	 柒一 0562 田作	 柒一 0568 田地
 柒一 0598 田典	 柒二 0875 田典	 柒二 1063 田典	

疇

 伍二 1692 疇吏

 柒一 0302 棄疇

 柒一 0336 疇事

 柒一 0402 疇司御

 柒一 0578 疇司

 柒一 0710 疇者

畛

 伍一 0965 官畛中

 伍二 1863 畛中

 伍三 1704 畛中

 伍三 1917 縣界

 陸二 2056 縣界

 陸二 2056 界中

 陸四 1152-1 畛中

 柒二 1138 縣界

略

 伍二 1596 盜略人

 伍二 1615 盜略

 伍二 2151 盜略

 柒一 0382 略

當

 肆一 1962 當復詣

 肆一 1981 諸當

 肆一 1981 當踐更者

 肆一 1981 當冗作

 肆一 1981 當踐更

 肆一 1992 當入

 肆一 2011 當黥

 肆一 2045 當復詣

 肆一 2091 不當刑者

 肆一 2094 當輸

 肆二 0060 當責者

 肆二 0993 當居

 肆二 1228 當為求盜	 肆二 1232 不當	 肆二 1236 當行粟	 肆二 1252 當奔敬
 肆二 1293 未當事	 肆二 1298 當相代	 肆二 1375 當衣	 肆二 1384 不當繇
 肆二 1386 當聶	 肆二 1419 當輸	 肆二 1420 當繇戍	 肆二 1423 當戍
 肆三 0319 當就食	 肆三 0523 當免	 肆三 0523 署當免狀	 肆三 0526 當就食
 肆三 0591 諸當	 肆三 0592 當守	 肆三 0592 當今者	 肆三 0640 當賞
 肆三 0705 當食	 肆三 1918 當得	 伍一 0857 +0871+0866 當耐	 伍一 0864 當署
 伍一 0960 不當收	 伍一 0961 當坐者	 伍一 0961 當坐	 伍一 0999 卻當
 伍一 1005 當隸臣妾	 伍一 1006 上奏當	 伍一 1006 當論	 伍一 1006 其當

 伍一1007 而當	 伍一1008 當某	 伍一1008 當之	 伍一1009 當各署
 伍一1009 當者	 伍一1009 當者	 伍一1010 當廢	 伍一1105 不當出關
 伍一1109 當收	 伍一1123 當傳	 伍一1029 皆當	 伍一1034 當上
 伍一1034 當耐	 伍一1034 奏當	 伍一1036 當廢	 伍一1114 當為收
 伍一1123 當署	 伍一1189+C4-1-9 當上	 伍一1189+C4-1-9 不當上	 伍一2155+C8-1-2 當案行
 伍一2168 當不當	 伍一2168 當不當	 伍二1162 當以	 伍二1685 皆當
 伍二1692 而當	 伍二1708 不當	 伍二1712 當某某	 伍二1712 當比編
 伍二1731 所當	 伍二1758 罪當署	 伍二1786 而當	 伍二1797 諸當

 伍二 1797 錢當	 伍二 1863 當即者	 伍二 1892 當賜者	 伍二 1903 告當行
 伍二 J27 當論	 伍二 J52 當治論	 伍三 0024 當為	 伍三 0107 當使者
 伍三 1143 不當	 伍三 1143 當廢	 伍三 1691 當稟者	 伍三 1704 當封
 伍三 1787 當封	 伍三 1802 當封	 伍三 1867 不當	 伍三 1875 當為
 伍三 1922 當錯	 伍三 2025 不當	 伍三 J35+J34 當封	 陸一 0196 自當
 陸一 1438 不當	 陸一 1438 當論	 陸一 1444 而當刑	 陸一 1445+1441-2 不當
 陸一 1445+1441-2 當相遝	 陸一 1445+1441-2 皆當	 陸一 1450 當稟	 陸一 1450 當報
 陸一 1451 諸當	 陸一 1451 當盜戒	 陸一 1457 當入	 陸一 1459 請當

 陸一1461 當坐官	 陸一1461 當者	 陸一1461 當上奏	 陸一1475 當治
 柒一0483 當歸居	 柒一0483 不當	 柒一0489+0488+0368 不當	 柒一0490 當為
 柒一0491 當戍	 柒一0492 當均	 柒一0548 當行	 柒一0568 當以
 柒一0570 當戍	 柒一0585 當署	 柒一0598 當署	 柒一0682 當復
 柒一0689 當戍	 柒一0689 當戍	 柒一0689 道當戍	 柒一0706+0694 當戍
 柒一0707+C3-5-2 當戍	 柒一0710 當拜爵	 柒一0863 當戍	 柒一1069+0878-1 當之
 柒一1069+0878-1 不當	 柒二0339 自當	 柒二0339 不當	 柒二1050+1050（2） 不當
 柒二1077 不當	 柒二1101 不當	 柒二1120-2 以當	 柒二1642 當殹

留

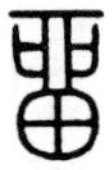

柒二 1957–2
所當

肆二 1269
不可留

肆二 1304
及留

肆二 1353
留過二月

伍一 0966
勿留

伍一 1008
煩留

伍一 1125
多留

伍一 1125
久留

伍一 1125
留獄

伍二 1805
留半日

伍三 0058
毋敢留

伍三 1155
留日數

伍三 1663
留過十日

伍三 1915
留乏办徵

陸一 1438
留書

陸一 1438
偕留

陸一 1944
不留

陸一 1944
不留

陸一 J40+J73–5
留者

陸二 0114
留之

陸二 0114
負留者

陸二 0114
留及

陸二 0130
或留

陸二 0130
致者留

陸二 0175
留致者

陸二 2152
遲留

陸三 1948
留者

陸四 1152–1
留者

陸四 1159
智官留

字頭	篆文	字形	出處	字形	出處	字形	出處	字形	出處
			陸四 1675 別留		陸四 1675 傳留狀		陸五 1703 簿留日		陸四 1781 而留
			柒一 0480 留在		柒二 1097 留日者		柒二 1632 留難		
畜			伍一 1113 畜産						

部

字頭	篆文	字形	出處	字形	出處	字形	出處	字形	出處
男			肆一 1940 男女		肆一 1990 男女		肆二 0993 男子		柒一 0683 男子

部

字頭	篆文	字形	出處	字形	出處
力			肆二 1249 力不足		肆二 1355 力足
功			肆一 2132 作功		陸二 2145 大土功者

助		 肆二 1224 助之	 肆二 J45 助之	 陸四 1153 助徒	 陸四 1612 求助
務		 肆一 0797 作務	 肆一 1992 作務	 肆一 2111 作務	 伍一 1023 作務
勉		 柒一 0562 或不勉	 柒二 1623 勉承		
勝		 肆二 1376 勝任	 柒一 0872 不勝		
勶		 伍二 1698 勶之	 伍三 1854 日勶		
勞		 肆一 0170 巧及勞	 肆一 2085 巧及勞	 肆三 2148 勞吏員	 伍二 1669 勞論
		 伍二 1669 勞論	 伍二 1669 勞論	 伍二 1862 勞盜	 柒一 0710 勞盈
勴		 柒一 0879 勴之			

加		 陸二 1953 加敬			
飭		 肆二 1401 郵為飭	 柒一 0154 飭産		
劾		 肆二 1225 劾已	 肆二 1257 弗劾	 肆二 J46 劾已	 肆三 0524 久劾
		 肆三 0524 劾久職之	 肆三 0524 劾久職者	 伍一 0899 下劾吏	 伍一 0899 劾節不讎
		 伍一 0899 舉劾	 伍一 0963 下劾	 伍一 0967 告劾	 伍一 1129 告劾
		 伍二 1864 劾其郡名	 伍二 J27 劾言	 伍三 1671 告劾論	 伍三 1671 告劾
		 伍三 2025 告劾揲	 陸一 1356 奔劾	 陸一 1431 劾之	 陸一 1431 奔劾者
		 陸一 1444 告劾	 陸一 1477 劾論	 陸一 1484 弗劾	 陸三 1948 寫劾

		 陸三 1993 所舉劾　 陸二 2152 弗舉劾　 柒二 1050+1050(2) 劾論　 柒二 1097 劾者
		 柒二 1623 久劾　 柒二 1630 久劾
募		 肆二 0795 冗募　 伍三 1668 冗募　 柒一 0376 冗募　 柒一 0733 冗募
		 柒一 C10.3-2-3 冗募
勢		 柒二 1074 以為勢

第十四卷　金部

金

金

肆一 2036 購金

肆二 1229 金布律

肆二 1233 購金

肆二 1286 金布律

肆二 1287 金布律

肆二 1289 金布律

伍一 1012 購金

伍一 1012 購金

伍二 1167 錢金

伍二 1597 錢金

伍二 1603-1+1603-3 賤金

伍二 1732 錢金

伍三 1738 購金

伍三 1738 購金

伍三 1768 金布令

伍二 1815 錢金

伍二 1889 購金

陸一 1451 購金

陸一 1451 購金

陸三 2051 錢金

陸三 2051 錢金

陸三 2100+2159 錢金

陸三 2104 購金

陸三 2105 錢金

柒一 1511 購金

鐵	 肆二1296 鐵錢金	 肆三0521 鐵器			
鑄	 肆三0524 鑄為				
錮	 柒二1056 錮之				
錢	 肆一0169 錢數	 肆一0169 錢數	 肆一0180 錢數	 肆一1946 錢財	
	 肆一1974 六錢	 肆一1981 六錢	 肆一1988 廿二錢	 肆一1992 錢財	
	 肆一2047 錢數	 肆二1244 六百六十錢	 肆二1264 受錢	 肆二1264 日八錢	
	 肆二1280 十六錢	 肆二1286 各一錢	 肆二1288 賈錢	 肆二1351 主錢	
	 肆二1351 出錢	 肆二1399 入錢	 肆二1402 百廿錢	 肆二1403 鈲錢	

	 肆二 1411 人錢	 肆二 1287 十六錢	 肆三 0525 人舍錢	 肆三 0558 見錢
	 肆三 0634 錢酒肉	 伍一 0895 錢財	 伍一 1023 錢財	 伍一 1027 購錢
	 伍一 1033 日六錢	 伍一 1037 錢數	 伍一 1119 購錢	 伍二 1164 錢金
	 伍二 1732 錢金	 伍二 1736 收錢	 伍二 1782 旁錢	 伍二 1849 購錢
	 伍二 1851 購錢	 伍三 1761 錢財	 伍三 1850 千錢	 陸一 1357 予錢
	 陸一 1918 見錢	 陸二 0114 直錢	 陸三 1937 貣錢金	 陸三 2051 貣錢
	 陸三 2100+2159 錢金	 柒一 0376 千錢	 柒一 0506 受錢	 柒一 0568 貲錢
	 柒一 0570 錢數	 柒一 0598 購錢	 柒一 0683 千錢	 柒一 0684 直錢

錐

錐

肆二 1277 錐

鋬*

鋬

肆二 1277 鋬

几部

處

処

伍一 0898 處蒼梧

伍一 0898 均處

伍一 0921 洞庭守處

伍一 1105 處蜀巴

陸二 2024 數處

陸肆 1871 處之

柒一 0463 處如等

柒一 0463 處如等

柒二 1082 去處

柒二 1082 蜀處

柒二 1138 處所

柒二 1627 蜀守處

且部

且

且

伍三 0119 且令

伍三 1677 若且

陸二 1938 且令

陸肆 1781 且以

柒二 2079
且下

斤部

斤

肆二 1277
斤

肆二 1287
十五斤

斧

肆二 1277
斧

所

肆一 0797
所為

肆一 1962
薯所

肆一 1962
所包有罪

肆一 1973
所執灋

肆一 2011
坐所

肆一 2045
薯所

肆一 2072
所匿

肆一 2123
所包其有罪

肆二 1240
計所官

肆二 1240
計所官

肆二 1242
所為日數

肆二 1245
所任

肆二 1248
所繕用徒

肆二 1288
所販

肆二 1295
屬所

肆二 1352
所任

肆二 1362
計所官

肆二 1369
害所

肆二 1369
所主

肆二 1369
所主

肆二 1383
所主

肆二 1386
徙所

肆二 1404
所之

肆三 0018
屬所

肆三 0099
屬所

肆三 0317
所謂

肆三 0523
所執灋

肆三 0526
所智

肆三 0624
潔清所

肆三 0638
作所縣

肆三 0698
所過縣

伍一 0898
少人所

伍一 0899
其所

伍一 0918
親所

伍一 0921
膣亡所

伍一 0961
其所

伍一 0966
署輸所

伍一 1007
治所

伍一 1007
所自受

伍一 1009
所用

伍一 1009
所以

伍一 1033
其所

伍一 1034
所治

伍一 1037
所年

伍一 1108
所與奸者

伍一 1113
所受

伍一 1123
恒署所

伍一 1124
及所私載

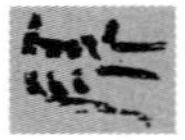 伍一 1129 所召	 伍一 2059 所移	 伍一 2155+C8-1-2 其所	 伍二 1140 所除
 伍二 1142 治所	 伍二 1161 治所	 伍二 1161 治所	 伍二 1167 所受財
 伍二 1167 所段	 伍二 1597 所治	 伍二 1605+1617 所治	 伍二 1613 所下
 伍二 1669 其所	 伍二 1710 所智	 伍二 1731 所當	 伍二 1758 所屏匿
 伍二 1758 其所	 伍二 1760 屬所	 伍二 1783 所智	 伍二 1794+1856-1 前所
 伍二 1815 所智	 伍二 1847 所智	 伍二 1847 所智	 伍二 1851 所予
 伍二 1880 輓所	 伍二 1880 所飲食	 伍二 1880 所以	 伍二 1906 所飲食
 伍二 1907 所上	 伍二 J27 所遣	 伍二 J27 其所	 伍三 0119 署所

 伍三 1155 所縣	 伍三 1677 所與	 伍三 1690 事所	 伍三 1704 作所
 伍三 1738 主所	 伍三 1787 獄屬所	 伍三 1809 所以	 伍三 1857 所遣
 伍三 1919 它所	 伍三 J35+J34 作所	 陸一 1450 所致	 陸一 1457 所請
 陸一 1458 所都治	 陸一 1459 所坐	 陸一 1462 有所	 陸一 1475 其所
 陸一 1476 所官	 陸一 1956 所買	 陸一 C4.1-1-1 諸所	 陸一 J37 官所
 陸二 0120 所者	 陸二 0122-1+0122-2 所去	 陸二 0131 所以	 陸二 0132 所以
 陸二 2032 置食所	 陸二 2049 中食所	 陸二 2092 舍所	 陸二 2131 更駕所
 陸二 2167 置所	 陸三 0123 所智	 陸三 0125 屬所	 陸三 0156 所智

 陸三 1937 以所	 陸三 1943 所以	 陸三 1948 所執灋	 陸三 1993 所舉劾
 陸四 1781 屬所	 陸四 1800 所給	 陸四 1858 署所	 陸五 1701 有所
 陸五 1753 其所治	 柒一 0463 恒署所	 柒一 0504 署所	 柒一 0578 所以
 柒一 0585 恒署所	 柒一 0585 所智	 柒一 0684 署所	 柒一 1040 輸所官
 柒一 1083 所物	 柒一 C1-3-1 所新	 柒二 0020 所以	 柒二 0339 所復
 柒二 0341 所承	 柒二 1048 所任	 柒二 1056 輸所	 柒二 1065 其所
 柒二 1080 作所官	 柒二 1082 亡所	 柒二 1137 作所官	 柒二 1138 作所
 柒二 1632 所近	 柒二 1687 作所縣	 柒二 1972 所上書	

斯		 伍 一 1129 斯	 伍 一 1129 斯		
斷		 肆 二 1268 夫斷	 肆 三 0589 斷臯	 伍 一 1036 擅斷	 伍 二 1616 獄已斷
		 伍 二 1685 獄斷	 伍 三 1896 擅斷	 陸 三 1380 輕斷	
新		 肆 三 0559 新為	 肆 二 1245 新嗇夫	 肆 二 1362 鬼新	 肆 二 1386 新券
		 伍 一 0895 新黔首	 伍 一 0895 新黔首	 伍 一 0895 新地吏	 伍 一 1010 新地吏
		 伍 一 1010 新地吏	 伍 一 1012 新黔首	 伍 一 1018 新地	 伍 一 1113 新黔首
		 伍 一 1114 新黔首	 伍 一 1114 鬼新	 伍 二 1914 新地吏	 伍 三 1865 新地吏
		 陸 二 1942 新地	 陸 二 2128 新黔首	 陸 三 1948 新官	 陸 四 1159 新地吏

陸四 1866+J71-3 新地

陸四 1720 新地

陸四 1798 新地

柒一 0375 新地吏

柒一 0376 新地

柒一 0402 新傅

柒一 0485 新地守

柒一 0490 新地吏

柒一 0492 新地吏

柒一 0562 新黔首

柒一 0644 新黔首

柒一 0676 新黔首

柒一 0733 新地

柒一 0750+C10.1-2-2 戍新地

柒一 0750+C10.1-2-2 新黔首

柒一 1042 新黔首

柒一 1042 新

柒二 1048 新地

柒一 C1-3-1 所新

柒二 2046 新地吏

斗部

斗

肆二 1296 斗甬

肆三 0664 斗甬

料

肆二 1296 縣料

車部

車 車

肆 一 0782 寺車府	肆 一 0796 寺車府	肆 一 1975 中車府	肆 一 1975 寺車府
肆 二 1229 輂車	肆 二 1232 車牛	肆 二 1269 車牛	肆 二 1269 車
肆 二 1269 車	肆 二 1294 車牛	肆 二 1393 閒車	肆 二 1394 重車
肆 二 1394 空車	肆 二 1398 輂車	肆 三 0754 乘車馬	伍 二 1142 乘車吏
伍 二 1666 車軍	伍 二 1666 車軍	伍 二 1879 重車	伍 二 1906 軺車
伍 二 1906 牛車	伍 三 0107 車	伍 三 1874 乘車	陸 二 0176 乘車
陸 二 2032 屬車	陸 二 2049 車乘	陸 二 2131 屬車置	陸 二 2131 乘車

陸四 1866+J71-3
乘車

陸四 1870-1+1870-2
車牛

陸四 1870-1+1870-2
車牛

柒一 0414＋0361
公車司馬

柒一 0578
給車

柒二 0340
公車司馬

柒二 0340
公車司馬

軺 軺

伍二 1906
軺車

輕 輕

陸三 0123
罪輕

陸三 1380
輕罪

陸三 1380
輕斷之

輒 輒

肆二 0792
輒駕

肆二 1234
輒筋爵

肆二 1250
署急輒行

肆二 1250
不輒行

肆二 1270
輒以令論

肆二 1351
輒予

肆二 1382
輒伐之

肆二 1389
輒傳

肆二 1403
輒輸之

肆二 J14
輒駕

肆三 0016
輒罷歸

肆三 0624
輒壞

伍一 0963
輒卻

伍一 0963
輒移

伍一 1017
輒以

伍一 1021
得輒

伍一1935 輒輸之

伍一1129 輒請之

伍一2156 輒稍善

伍二1142 輒受

伍二1174 輒言

陸一1310 輒駕

陸一1357 輒予錢

陸一1463 吏弗輒

陸二2145 輒各

陸三2052 輒以

陸四1781 輒上

柒一0644 輒入

柒一0750+C10.1–2–2 輒歸之

柒二1137 輒詣

暈

肆二1229 暈車

肆二1398 暈車

載

肆二1279 載以買市

肆二1279 就載

肆二1279 就載

肆二1398 就載

柒二1063 所載

軍

肆二J43 有軍

肆二J43 從軍

肆二J43 軍吏

肆三0015 有軍

輸

	 肆三 0634 軍人	 肆三 0749 趙軍	 伍一 1029 趙將軍	 伍二 1666 車軍
	 伍二 1666 軍罷去	 伍二 1666 軍初到	 伍二 1880 居軍	 陸一 1186 軍已歸
	 陸一 1308 +C5-2-3+1507 軍者	 陸一 1463 雍氏軍	 陸一 1463 破荆軍	 柒一 0487 移軍人
	 柒一 0487 破荆軍			
輸	 肆一 1928 輸縣鹽	 肆一 2045 弗輸	 肆一 2132 輸宮司空	 肆二 1257 傳送委輸
	 肆二 1399 月壹輸	 肆二 1403 輒輸之	 肆二 1425 輸	 肆三 0589 輸署
	 伍一 0918 别輸	 伍一 0918 輸之	 伍一 1029 輸巴縣鹽	 伍一 1110 盡輸
	 伍一 1123 輸蜀巴	 伍一 1935 輸之	 伍三 1765 輸巴縣鹽	 伍二 1928 輸縣鹽

（續）

柒二 1054　輸如令

柒二 1056　輸所

柒二 1138　輸官

軵

肆一 2008　軵盈三月

肆一 2035　軵數

輪

伍一 0921　輪其

伍一 0966　䍗輪所

伍一 1022　皆輪

伍一 1029　論輪

柒一 0334　輪蜀巴

柒一 1040　輪所官

柒一 1040　弗輪者

柒二 1082　輪所

輓

陸三 0180　輓日

陸三 0180　輓稟

斬

肆一 1997　斬其左止

伍二 2151　斬其

伍二 2151　斬為

柒一 0447　斬筋

𠂤部

官

肆一 0782　中官

肆一 0782　內官

肆一 1962　縣道官

肆一 1962　縣道官

 肆｜1973 官者	 肆｜1973 縣道官	 肆｜1975 泰官	 肆｜1975 官隸臣
 肆｜1975 隱官	 肆｜1978 官	 肆｜1982 道官	 肆｜1982 縣道官
 肆｜1984 官舍	 肆｜1992 縣道官	 肆｜1992 縣道官	 肆｜1998 道官
 肆｜2107 縣道官	 肆｜2132 官徒	 肆｜2033 付其官	 肆｜2040 官舍
 肆｜2085 隱官	 肆｜2085 內官	 肆｜2085 中官	 肆｜2096 縣道官
 肆｜｜0793 隱官	 肆｜｜0793 隸官	 肆｜｜0993 食縣官	 肆｜｜0993 官府
 肆｜｜0993 食縣官	 肆｜｜0993 官嗇夫	 肆｜｜1224 官吏	 肆｜｜1224 官嗇夫
 肆｜｜1227 都官	 肆｜｜1240 所官者	 肆｜｜1255 都官	 肆｜｜1265 縣官

 肆二 1269 縣官	 肆二 1274 縣官	 肆二 1276 縣官	 肆二 1276 縣官
 肆二 1278 縣官	 肆二 1282 官嗇夫	 肆二 1288 縣官	 肆二 1289 縣官
 肆二 1289 縣官	 肆二 1296 諸官	 肆二 1296 計其官	 肆二 1297 官中
 肆二 1297 官旁	 肆二 1299 守官	 肆二 1301 縣官	 肆二 1352 都官
 肆二 1362 計所官	 肆二 1370 官守府	 肆二 1371 冗官者	 肆二 1382 官
 肆二 1389 居官	 肆二 1392 縣官	 肆二 1401 縣官	 肆二 1410 縣官
 肆二 1413 實官	 肆二 1415 縣官	 肆二 1429 縣官	 肆二 J45 官吏
 肆二 J54 致官	 肆三 0016 縣官	 肆三 0316 二千石官	 肆二 0351 二千石官

 肆三 0465 二千石官	 肆三 0587 隱官	 肆三 0617 二千石官	 肆三 0669 材官
 肆三 0690 二千石官	 肆三 0522 二千石官	 肆三 J44 縣官	 肆三 J44 縣官
 伍一 0963 縣官	 伍一 1003 縣官	 伍一 1007 縣官	 伍一 1014 郡縣官
 伍一 1018 為官	 伍一 1021 縣道官	 伍一 1022 左材官	 伍一 1022 材官
 伍一 1034 縣官	 伍一 1103 官府	 伍一 1103 其官	 伍一 1112 官徒
 伍一 1123 縣官	 伍一 2108 廢官	 伍一 2108 縣官	 伍一 2155+C8-1-2 其官
 伍二 1618 它官	 伍二 1618 都官	 伍二 1661 故官	 伍二 1683 官人
 伍二 1683 都官	 伍二 1683 都官	 伍二 1689 縣官	 伍二 1728 吏官

 伍 二 1758 縣官	 伍 二 1760 縣官	 伍 二 1851 縣官	 伍 二 1894 都官
 伍 二 1894 官人	 伍 三 1155 縣官	 伍 三 1182 縣官	 伍 三 1663 縣官
 伍 三 1691 縣官	 伍 三 1704 官屬	 伍 三 1768 官嗇夫	 伍 三 1780 官嗇夫
 伍 三 1787 縣官	 伍 三 1787 它官	 伍 三 1802 其官	 伍 三 1802 作官
 伍 三 1802 官嗇夫	 伍 三 1809 縣官	 伍 三 1854 官府	 伍 三 1854 官嗇夫
 伍 三 1885 都官	 伍 三 1869 吏官	 伍 三 1917 縣官	 伍 三 1925 稗官
 伍 三 1926 內史官	 伍 三 J35+J34 縣官	 伍 三 J35+J34 它官	 陸 一 1357 縣官
 陸 一 1446 官嗇夫	 陸 一 1447 符官	 陸 一 1449 縣官	 陸 一 1450 為符官

	 陸一 1450 致所官	 陸一 1452+C5-9-1 官	 陸一 1452+C5-9-1 縣官	 陸一 1454 官兵
	 陸一 1457 縣官者	 陸一 1458 它官	 陸一 1459 諸官	 陸一 1459 它官
	 陸一 1461 當坐官	 陸一 1475 都官	 陸一 1476 所官	 陸一 1476 官曰
	 陸二 0113 官嗇夫	 陸二 0114 官遣	 陸二 0120 諸官府	 陸二 0128 諸食官
	 陸二 0131 食官	 陸二 0132 泰官言	 陸二 0132 假食官	 陸二 0132 它官
	 陸二 2015 官嗇夫	 陸二 2145 官府	 陸二 2162 官吏	 陸二 2162 官給
	 陸二 2162 比食官	 陸二 J73-3+J03 官嗇夫	 陸三 1948 吏徙官	 陸三 1948 故官
	 陸三 1948 令新官	 陸四 1152-1 縣官	 陸四 1153 縣官	 陸四 1159 官

 陸四 1176 官嗇夫	 陸四 1675 官別留	 陸四 1705 縣官	 陸四 1721 縣官
 陸四 1788 官威	 陸四 1798 它官	 陸四 1799 其官	 陸四 1808 縣官
 陸四 1810 縣官佐	 陸四 1811 縣官	 柒一 0332 官未能	 柒一 0347 官大夫
 柒一 0365 令官	 柒一 0501 縣官	 柒一 0548 官事	 柒一 0548 徙官
 柒一 0563 縣官	 柒一 0569 官嗇夫	 柒一 0644 縣官	 柒一 0654 官大夫
 柒一 0673 官糴自食	 柒一 0673 縣官	 柒二 0341 縣官	 柒二 0385+1637 縣官
 柒二 0461-1+0461-2 有事官	 柒二 0869 官屬	 柒二 1063 縣官	 柒二 1075-1 其官
 柒二 1080 作所官	 柒二 1080 斡官	 柒二 1137 作所官	 柒二 1138 輸官

	柒二 1623 縣官；柒二 1632 鄉官；柒二 1633 縣官；柒二 1687 諸幹官
	柒二 2022 置縣官；柒二 2064-1 它縣官；柒二 2125 縣官材；柒二 2125 官材
	柒二 C4.1-7-2 材官

𨸏部

陵	陸四 1858 延陵
陰	肆一 2149 陰密；柒一 0463 陰密；柒一 0480+C10.4-5-4 陰密
陽	肆一 1945 將陽；肆一 1945 將陽；肆一 1989 將陽；肆一 1990 將陽
	肆一 2088 將陽；肆一 2149 杜陽；肆一 2149 沂陽；肆二 1234 將陽

		 伍一 1105 漢陽關	 陸一 1475 咸陽	 陸一 1475 咸陽	 陸四 1859 胡陽
		 柒一 0364 咸陽	 柒一 0414＋0361 南陽	 柒一 0489+0488+0368 南陽	 柒一 0563 南陽
		 柒一 0661 南陽	 柒一 0689 陽平		
隮	隮	 伍三 1882 隮以為	 伍三 1915 隮計		
隄	隄	 陸二 2145 隄			
隔	隔	 肆三 0466 隔垣			
隱	隱	 肆一 1975 隱官	 肆一 2085 隱官	 肆二 0793 隱官	 肆三 0587 隱官
隃	隃	 肆二 0990 大隃取義	 陸二 2164 能隃		

陳		 伍一 1014 彼陳去敵			
陶		 伍一 1036 定陶			
除		 肆一 1989 笞及除	 肆一 2043 除	 肆二 1227 郡免除吏	 肆二 1245 任除
		 肆二 1247 除不更	 肆二 1255 諸除有為	 肆二 1262 而除	 肆二 1264 除居貲
		 肆二 1299 除戍	 肆二 1371 除郵道	 肆二 1384 為除	 肆二 1396 益除
		 肆二 1397 徒除	 肆二 J43 免除	 伍一 0897 除其辠	 伍一 0961 相除
		 伍一 0967 除其故令	 伍一 1033 隱除	 伍二 1140 所除	 伍二 1616 免除
		 伍二 1616 免除	 伍二 1909 不得除	 伍二 1910 除鄉嗇夫	 伍三 1671 除徒

伍三 1873
除貲

伍三 1873
除它人

陸一 0880
所除

陸一 1311
以除責

陸一 1453
以除責

陸一 1456
而除

陸二 2162
除藥

陸三 0133
以賞除

陸三 0155
除鄉部嗇夫

陸三 1379
除其牒

陸四 1858
除為

柒一 0360
以除為

柒一 0378
以除

柒一 0378
以除

柒一 0489
+0488+0368
除均

柒一 0490
以除者

柒一 0506
除繇

柒一 0506
除繇

柒一 0598
除毆

柒一 0606
除貲

柒一 0653
除一歲

柒一 0682
以除

柒一 J21
除親

柒一 J21
自為除

陛

肆二 1267
陛鄣

陜*

肆二 1267
陜壞

厽部

絫

伍三 1812 嬰絫

四部

四

肆一 0187 十四歲

肆一 1996 十四歲

肆二 1299 四旬

肆二 1377 十四歲

伍一 0967 廿四

伍一 0998+C10-4-13 十四

伍一 1003 十四

伍一 1012 四兩

伍一 1029 廿四人

伍一 1134 四篇

伍二 1669 四歲

伍二 1685 四

伍二 1851 四千

伍二 1851 四千

伍三 1738 四兩

伍三 1768 乙四

伍三 1885 四人

伍三 1873 四歲

伍三 J38 四歲

陸一 1357 十四

	 陸 一 1486-1+1486-2 四歲	 陸 二 2000 四謁者令	 陸 二 2005 四司空	 陸 二 2032 四人
	 陸 四 1159 四歲	 陸 四 1159 四歲	 陸 四 1160 丙四	 陸 四 1810 四歲
	 柒 一 0194-1 四川郡	 柒 一 0302 四	 柒 一 0336 四	 柒 一 0370 四月
	 柒 一 0580 四	 柒 一 0707+C3-5-2 四川郡	 柒 二 0462-2 四歲	 柒 二 1624 廿四年
	 柒 二 1624 四月	 柒 二 2020 四以上		

𠄡部

五 𠄡	 肆 一 0782 士五	 肆 一 1975 士五	 肆 一 2085 士五	 肆 一 2088 廿五年
	 肆 二 1229 五尺	 肆 二 1229 五寸	 肆 二 1236 十五歲	 肆 二 1247 士五

 肆二 1252 五寸符	 肆二 1273 十五	 肆二 1279 五尺五寸	 肆二 1279 五寸
 肆二 1287 十五斤	 肆二 1392 五日	 肆二 1405 十五	 肆二 J14 五日
 肆三 0805 八十五	 伍一 0898 十五	 伍一 0910 廿五	 伍一 1000 五
 伍一 1037 十五歲	 伍一 1119 五百	 伍二 1849 五萬	 伍二 1849 五萬
 伍二 1903 五十里	 伍三 1884 五日	 伍三 1884 五百里	 伍三 1884 五日
 伍三 1986 五千	 陸三 0134 五	 陸二 0176 五十人	 陸二 2162 五日
 陸四 1681 乙五	 柒一 0333 五日	 柒一 0571 五	 柒一 0606 卅五
 柒一 0654 五寸	 柒一 J21 卌五		

巾部

六

巾								
		肆一 0169 六百		肆一 1974 六錢		肆一 2091 六歲		肆二 0993 六錢
		肆二 1287 十六錢		肆三 0531 六尺		伍一 0964 卅六		伍一 0999 十六
		伍一 1018 六歲		伍一 1018 廿六年		伍一 1025 廿六年		伍二 1161 六百石
		伍二 1685 六旬		伍二 1727 甲十六		伍二 1729 廿六		伍二 1909 六旬
		伍三 1780 弟乙六		伍三 1874 六百石		伍三 1913 卌六		陸一 1358 六
		陸一 1970 十六		陸一 J23 十六		陸一 J73–6 +J70–3+J65–3 廿六		陸二 1938 六
		陸二 2152 十六		陸三 0027 六旬		陸三 0133 六旬		柒一 0380 六尺

 柒一 0380 六尺	 柒一 0382 六	 柒一 0484 六百石	 柒一 0501 盈六歲
 柒一 0550 六	 柒一 0750+C10.1-2-2 日六錢	 柒一 J61 十六	

七部

七

 伍一 0865 十七	 伍一 1104 廿七	 伍二 1878 七牒	 伍二 1889 七兩
 伍二 1927 廿七	 伍二 J49 卅七	 陸一 1438 廿七年	 陸二 2146 七
 陸三 0104 十七	 陸四 1859 丙廿七	 柒一 0375 七	 柒一 0380 七寸
 柒一 0394 七寸	 柒一 0476 令七牒	 柒一 0491 年十七	 柒二 1076 廿七

九部

九

九

伍一 0966
十九

伍一 1022
九

伍二 1736
十九

伍二 1887
丙九

伍三 1920
第乙九

陸四 1859
廿九年

柒一 0383
九江郡

柒一 0707+C3-5-2
九江郡

柒二 1634
廿九

禸部

萬

伍二 1168+1192
萬錢

伍二 1849
五萬

伍二 1849
五萬

伍三 1886
萬户

伍三 1986
萬五千

柒一 0581
過萬錢

禹

柒一 0414＋0361
禹辤

柒一 0489+0488+0368
以禹入粟

柒一 1069+0878-1
禹

柒一 1069+0878-1
禹不當

甲部

甲

 肆一 1940 二甲	 肆一 1984 一甲	 肆一 1988 一甲	 肆一 1990 一甲
 肆一 1991 二甲	 肆一 2036 二甲	 肆一 2036 一甲	 肆一 2040 二甲
 肆一 2042 一甲	 肆一 2057 一甲	 肆一 2072 一甲	 肆一 2083 二甲
 肆一 2090 二甲	 肆一 2090 二甲	 肆二 0792 一甲	 肆二 0913 二甲
 肆二 0993 一甲	 肆二 0994 二甲	 肆二 1224 二甲	 肆二 1228 二甲
 肆二 1243 各一甲	 肆二 1249 二甲	 肆二 1254 一甲	 肆二 1257 二甲
 肆二 1257 一甲	 肆二 1262 二甲	 肆二 1264 二甲	 肆二 1264 二甲
 肆二 1265 一甲	 肆二 1282 一甲	 肆二 1284 二甲	 肆二 1290 一甲

肆二 1292 一甲

肆二 1293 一甲

肆二 1298 一甲

肆二 1298 二甲

肆二 1298 二甲

肆二 1313 二甲

肆二 1313 二甲

肆二 1314 一甲

肆二 1314 二甲

肆二 1351 一甲

肆二 1353 二甲

肆二 1353 二甲

肆二 1355 一甲

肆二 1377 一甲

肆二 1384 二甲

肆二 1400 二甲

肆二 1400 一甲

肆二 1403 一甲

肆二 1409 一甲

肆二 1410 一甲

肆二 1410 二甲

肆二 1428 一甲

肆二 J14 一甲

肆二 J45 一甲

肆二 J46 二甲

肆二 J46 一甲

肆二 J54 二甲

肆二 J57 一甲

肆三 0019 二甲

肆三 0324 二甲

肆三 0324 一甲

肆三 0529 二甲

 肆 三 0529 一甲	 肆 三 0663 一甲	 肆 三 0717 一甲	 伍 一 0831 二甲
 伍 一 0865 二甲	 伍 一 1132 二甲	 伍 一 1132 一甲	 伍 一 1133+1152–2 二甲
 伍 一 2168 二甲	 伍 二 1116 甲	 伍 二 1157 廷甲	 伍 二 1613 二甲
 伍 二 1620 廷甲	 伍 二 1621 一甲	 伍 二 1621 一甲	 伍 二 1685 廷甲
 伍 二 1708 一甲	 伍 二 1708 廷甲	 伍 二 1727 甲十六	 伍 二 1732 二甲
 伍 二 1739 甲十一	 伍 二 1760 一甲	 伍 二 1772 一甲	 伍 三 1780 二甲
 伍 二 1805 二甲	 伍 二 1805 一甲	 伍 二 1855 二甲	 伍 二 1855 二甲
 伍 二 1877 一甲	 伍 二 1889 廷甲	 伍 二 1889 一甲	 伍 二 1889 二甲

 伍二 1901 廷甲	 伍二 2013 一甲	 伍二 J52 廷甲	 伍三 1181 二甲
 伍三 1671 二甲	 伍三 1768 二甲	 伍三 1780 二甲	 伍三 1874 一甲
 伍三 1921 甲井	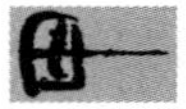 伍三 1925 一甲	 陸一 1154 一甲	 陸一 1310 一甲
 陸一 1444 二甲	 陸一 1446 一甲	 陸一 1463 移甲	 陸一 1475 二甲
 陸一 1595 二甲	 陸一 J62-2 二甲	 陸二 0113 二甲	 陸二 0121 二甲
 陸二 0122-1+0122-2 貲二甲	 陸二 0129 甲	 陸二 0145 二甲	 陸二 1938 一甲
 陸二 2005 甲	 陸二 2018 甲	 陸二 2092 二甲	 陸二 2093 二甲
 陸二 2099 二甲	 陸三 1407 二甲	 陸三 2052 一甲	 陸二 2127 二甲

	 陸二 2146 甲二	 陸二 2146 甲二	 陸二 J73-3+J03 甲一	 陸三 0104 甲二
	 陸三 1407 甲二	 陸三 1407 甲二	 陸四 1153 甲二	 陸四 1176 甲一
	 陸四 1239 甲二	 陸四 1681 甲一	 陸四 1705 甲十六	 陸四 C8-5-2+1726 甲一
	 陸四 C8-5-2+1726 甲二	 陸四 1803 甲十八	 陸四 1811 甲廿二	 陸四 1811 甲廿二
	 陸四 1893 甲一	 柒一 0336 甲二	 柒一 0464 甲	 柒一 0480 甲一
	 柒一 0568 甲二	 柒一 0619 甲	 柒一 0674 甲一	 柒一 0683 甲一
	 柒一 0480+C10.4-5-4 甲一	 柒二 0753+1072-2 甲一	 柒二 0870 甲一	 柒二 1058 甲二
	 柒二 1072 甲二			

乙部

乙

〜

肆三 0690 第乙

肆二 0994 第乙

伍二 1602-1+1602-2 乙廿一

伍二 1730 乙廿一

伍二 1855 乙廿一

伍二 1876 乙廿三

伍二 1877 乙八

伍三 1768 乙四

伍三 1780 弟乙六

伍三 1899 第乙

伍三 1920 第乙九

陸一 1438 乙卯

陸二 0126 乙

陸二 0174 乙

陸二 2001 乙

陸四 1681 乙五

陸四 1872 乙八

柒一 0366 乙

亂

伍一 0864 奸亂

伍一 0865 亂

丙部

丙

 肆三 0522 第丙
 伍一 1018 丙申
 伍二 1162 丙三
 伍二 1173 丙二

 伍三 1913 第丙
 陸一 1594 丙辰
 陸二 2000 丙
 陸二 2113 丙

 陸二 2161 丙
 陸四 1160 丙四
 陸四 1175 丙三
 陸四 1859 丙廿七

 柒一 0555 丙
 柒一 0731 丙

宀部

丁

 肆二 1291 丁者
 伍二 1923 廷丁
 柒一 0403 若丁
 柒一 0742 丁

 柒一 0750+C10.1-2-2 丁鄰者
 柒一 1083 丁
 柒二 1624 丁卯

戌部

戊

肆一 2088 戊戌

伍一 1025 戊寅

伍一 1134 戊

伍三 1926 弟戊

陸四 1682 戊十二

柒一 0468 戊

柒一 0554 戊

成

陸二 2145 己成

己部

己

肆三 0316 第己

伍一 1134 己

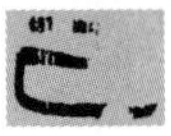
伍二 1674 己十二

伍二 1680 己十三

陸一 1357 己丑

陸四 1612 己丑

柒一 0571 己巳

巴部

巴

伍一 1028 巴縣鹽

伍一 1123 輸蜀巴

伍三 1765 巴縣

柒二 0199-1+0199-2 巴蜀

庚部

庚

- 肆三1131 第庚
- 伍一1131 第庚
- 伍一1134 庚

辛部

辛

- 伍二1099 辛丑
- 伍三1660 令辛
- 柒一0402 辛丑

辠

- 肆一1928 刑城旦辠
- 肆一1928 署辠
- 肆二1233 署辠
- 肆二1268 有辠
- 肆二1276 有辠
- 肆二1302 贖辠
- 肆二1302 耐辠
- 肆二1302 刑辠
- 肆二1302 有辠
- 肆二1352 有辠
- 肆二1352 有辠
- 肆二1423 坐辠
- 肆三0558 巨辠
- 肆三0589 斷辠
- 伍一0082 死辠
- 伍一0857+0871+0866 其奠辠

伍一 0897 除其皋

伍一 0897 白粲皋

伍一 0897 死皋

伍一 0961 皋人律

伍一 0961 皋減焉

伍一 0967 同皋

伍一 1003 有皋

伍一 1005 減皋

伍一 1012 捕耐皋

伍一 1012 城旦皋

伍一 1013 勿皋

伍一 1013 皋人

伍一 1014 同皋

伍一 1016 同皋

伍一 1019 同皋

伍一 1027 舂皋

伍一 1027 耐皋

伍一 1027 告皋

伍一 1034 皋人

伍一 1034 其皋

伍一 1036 有皋

伍二 1086 毋皋

伍一 1109 以有皋

伍一 1112 耐皋

伍一 1123 有皋

伍一 1123 皋已決

伍一 1125 無皋者

伍一 1125 無皋

伍二 0833 其皋

伍二 1602-1+1602-2 磿皋

伍二 1616 皋人

伍二 1695 其皋

 伍二 1712 皋人	 伍二 1723 不直皋	 伍二 1723 皋重	 伍二 1730 其皋
 伍二 1732 毋皋	 伍二 1783 毋皋	 伍二 1855 同皋	 伍二 1889 死皋
 伍二 1923 屏匿皋	 伍二 1923 屏匿皋	 伍二 1928 城旦皋	 伍二 1928 署皋
 伍三 0024 皋人	 伍三 1671 自爵皋	 伍三 1704 有皋	 伍三 1738 署皋
 伍三 1738 黥城旦舂皋	 伍三 1763 其皋	 伍三 1764 駕皋	 伍三 1766 同皋
 伍三 1787 有皋	 伍三 1806 耐皋	 伍三 1806 其皋	 伍三 1812 毋皋
 伍三 1812 强皋	 伍三 1812 毋皋	 伍三 1869 存者之皋	 伍三 1896 其皋
 伍三 2025 治皋	 陸一 0196 皋若曰	 陸一 0196 言皋	 陸一 1358 毋巨皋

辜 辭

辠（續）

陸一 1431 定辠
陸一 1431 辠人
陸一 1444 縱自爵辠
陸一 1446 與同辠

陸一 1448 與同辠
陸一 1451 辠一人
陸一 1459 耐辠以下
陸一 1461 耐辠以下

陸一 1481 耐辠以下
陸一 1481 其辠
陸一 1484 以從辠人律
陸一 1486-1+1486-2 城旦辠

陸一 1595 舂辠
陸一 1622 辠人
陸一 C5-9-3+0024 縱辠人
陸一 J29+J64-3 其辠

陸一 J73-6+J70-3+J65-3 辠減焉
陸四 1159 同辠
陸四 1720 署辠
陸四 1871 署辠

陸四 1871 耐辠
陸四 1900 減益辠
陸四 1900 辠名

辜

陸二 2015 辜為

辭

伍二 1615 告辭
伍二 1731 辭所當
伍二 1758 止辭
伍三 2025 告劾辭

 陸四 1800 為辭

 柒一 0414+0361 禹辭

 柒二 1059 辭訟

壬部

壬

 肆三 1131 今壬

 伍一 1131 今壬

 柒一 0331 壬

癸部

癸

 陸五 1647-b 今癸

子部

子

 肆一 0168 其子

 肆二 1232 人復復子

 肆二 1232 人屬弟子

 肆二 1236 寡子

 肆二 1236 史子

 肆二 1256 子乃産

 肆二 1256 懷子

 肆二 1258 子

	肆二 1267	弟子
	肆二 1267	復子
	肆二 1268	夫子
	肆二 1283	吏子
	肆二 1283	夫子
	肆二 1295	人弟子
	肆二 1295	復子
	肆二 1299	君子
	肆二 1299	君子
	肆二 1378	君子
	肆二 1378	羣耐子
	肆二 1384	女子
	肆二 1389	羣耐子
	肆二 1389	贖子
	肆一 1930	子
	肆一 1930	子
	肆一 1980	主子
	肆一 1980	告子
	肆一 1980	子殺傷
	肆一 2009	懷子
	肆一 2016	學子
	肆三 0557	妻子
	肆二 0993	女子
	肆二 0993	男子
	伍一 0864	女子
	伍一 1003	反者子
	伍一 1027	前夫子
	伍一 1028	其子
	伍一 1107	有子
	伍一 1107	前夫子
	伍一 1108	後夫子
	伍一 1114	子當

 伍三 1670 女子
 伍三 1738 有子
 伍三 1761 女子
 伍三 1884 子

 陸一 1456 女子
 陸二 0117 女子
 陸四 1871 妻子
 柒一 0344 告子

 柒一 0449 弟及子
 柒一 0578 御子
 柒一 0683 男子

字

 肆二 1246+1395 脱字
 伍二 1729 廿六字
 伍二 1731 廿二字

穀

 肆二 1397 穀

存

 肆一 1965 室人存
 肆一 1984 存而
 肆二 1242 不存
 肆二 1392 存所縣官

 伍一 1023 見存
 伍三 1869 存者
 柒一 0371 不存
 柒一 0484 不存

 柒一 1046 不存

㐬部

疏

伍二 1722 用疏

丑部

丑

伍二 1099 辛丑

陸一 1357 己丑

柒一 0402 辛丑

寅部

寅

伍一 1025 戊寅

卯部

卯

陸一 1438 乙卯

柒二 1624 丁卯

部

辰	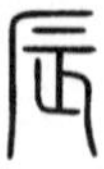	 陸一1594 丙辰
辱		 肆二1261 以辱之　 柒二1065 辱之

部

以		 肆一0169 以錢數　 肆一0168 以其子　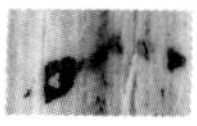 肆一0168 以上　 肆一0168 以上
		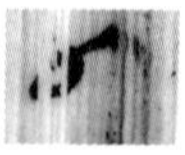 肆一0168 以庶人　 肆一0187 以上　 肆一0797 以　 肆一1928-1 以下
		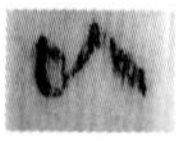 肆一1928 以下　 肆一1960 以上　 肆一1962 以下　 肆一1981 以日六錢
		 肆一1981 皆以　 肆一1985 以為　 肆一1985 以來　 肆一1988 以下

 肆 一 1989 以闢癖	 肆 一 1990 以律	 肆 一 2008 以為	 肆 一 2012 以上
 肆 一 2016 以為	 肆 一 2033 以上	 肆 一 2044 以亡律論	 肆 一 2048 皆以
 肆 一 2054 以亡律論	 肆 一 2057 以上	 肆 一 2060 以自出	 肆 一 2062 以亡
 肆 二 0118 以上	 肆 二 0350 以貲贖	 肆 二 0350 以令日	 肆 二 0793 以平賈
 肆 二 0795 以令	 肆 二 J57 以令	 肆 一 2088 以來	 肆 二 1225 以告將吏
 肆 二 1228 以上	 肆 二 1229 以上	 肆 二 1234 以為	 肆 二 1235 以下
 肆 二 1236 以上	 肆 二 1238 以平其繇	 肆 二 1240 各以	 肆 二 1242 以閒時
 肆 二 1244 以上	 肆 二 1247 以下	 肆 二 1256 以免	 肆 二 1259 以為

肆二 1259 以上

肆二 1260 以居貲責

肆二 1261 以辱之

肆二 1264 以為

肆二 1267 以閒時

肆二 1267 以下

肆二 1269 以發繇

肆二 1270 以令論

肆二 1274 縣以

肆二 1276 以賞予人

肆二 1279 毋得以

肆二 1279 以上

肆二 1279 載以賈市

肆二 1283 以收

肆二 1285 以

肆二 1288 以上

肆二 1291 毋以

肆二 1291 毋敢以

肆二 1293 以不更

肆二 1296 以鐵

肆二 1299 以上

肆二 1301 以縣官

肆二 1302 以上

肆二 1305 以上

肆二 1312 以卒戍

肆二 1314 以下

肆二 1351 而以

肆二 1352 以上

肆二 1353 以下

肆二 1355 以均

肆二 1363 以畀

肆二 1367 以上

 肆二 1370 毋以	 肆二 1370 以居貲責	 肆二 1373 以下	 肆二 1373 以上
 肆二 1386 以聶	 肆二 1398 以上	 肆二 1405 以其里	 肆二 1417 以郵行
 肆二 1424 以出日傳之	 肆二 1428 以私馬	 肆二 J42 皆以	 肆二 J43 以上
 肆三 0016 以書	 肆三 0019 以便	 肆三 0317 以田	 肆三 0318 必以
 肆三 0358 以所貸	 肆三 0479 以前	 肆三 0518 以貸	 肆三 0518 以上
 肆三 0519 以為恒	 肆三 0523 以尺牒	 肆三 0523 史以上	 肆三 0558 以見錢
 肆三 0559 以上	 肆三 0640 恒以	 肆三 0705 以當食	 伍一 0897 以為庶人
 伍一 0899 以來	 伍一 0899 以使	 伍一 0962 自今以來	 伍一 0965 以論

伍一1005 以六十

伍一1006 乃以

伍一1007 以瀍

伍一1008 以某

伍一1008 以此

伍一1009 以令

伍一1009 所以

伍一1013 以況

伍一1013 以令

伍一1014 以反盜

伍一1014 以反盜

伍一1017 自今以來

伍一1018 以上

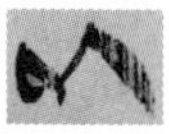
伍一1019 以益讂求

伍一1021 以智巧

伍一1021 謹以

伍一1021 以智巧

伍一1023 以嫁入

伍一1025 以來

伍一1033 以請

伍一1036 以上

伍一1107 以其

伍一1108 以其財

伍一1109 以有辠

伍一1124 皆以

伍一1124 皆以

伍一2059 以使

伍二0833 以盜律論

伍二0833 以重者

伍二0833 以盜律論

伍二1098 以告

伍二1099 以來

 伍二 1142 以下	 伍二 1146 或以	 伍二 1156 以□	 伍二 1161 以令
 伍二 1162 當以	 伍二 1167 以所	 伍二 1167 以所段	 伍二 1173 以郵行
 伍二 1605+1617 以所治	 伍二 1605+1617 以來	 伍二 1620 以律論	 伍二 1685 各以
 伍二 1685 以賞除	 伍二 1685 以獄斷	 伍二 1689 以下	 伍二 1692 以上
 伍二 1697 以枉事	 伍二 1697 或以	 伍二 1697 以告	 伍二 1708 皆以
 伍二 1710 以獄事	 伍二 1711 以盜律論	 伍二 1711 以告	 伍二 1711 以盜律論
 伍二 1712 以此	 伍二 1723 以臧	 伍二 1723 以不直律論	 伍二 1723 以其
 伍二 1728 不以	 伍二 1728 以實	 伍二 1731 以別	 伍二 1737 以為恒

 伍二 1758 以其	 伍二 1758 以上	 伍二 1783 以獄事	 伍二 1785 以為恒
 伍二 1786 以來	 伍二 1792 捕以	 伍二 1792 謀以	 伍二 1813 以城邑反
 伍二 1847 以財	 伍二 1880 所以	 伍二 1909 以下	 伍二 1914 以上
 伍二 1928 以下	 伍二 1928 以下	 伍二 2151 以為	 伍二 2151 以此
 伍三 1143 以上	 伍三 1182 各以	 伍三 1671 皆以	 伍三 1691 以實
 伍三 1691 以傳	 伍三 1694 以上	 伍三 1725 以聞	 伍三 1738 以為妻
 伍三 1764 以作	 伍三 1764 以上	 伍三 1802 以下	 伍三 1806 以下
 伍三 1809 所以	 伍三 1812 以繫系	 伍三 1812 以苦之	 伍三 1850 以上

	伍三 1873 以下		伍三 1873 欲以		伍三 1874 以上		伍三 1882 以為
	伍三 1884 以上		伍三 1886 以上		伍三 1896 以上		伍三 1921 不以
	伍三 1922 皆以		伍三 1954 以岐		伍三 J22 以詔		陸一 0198+2189 以為
	陸一 0779 以聞		陸一 1158 或以		陸一 1311 以除責		陸一 1357 以來
	陸三 1379 而以		陸一 1431 以縱		陸一 1444 皆以		陸一 1446 以上
	陸一 1447 以來		陸一 1451 皆以		陸一 1459 以下		陸一 1461 以下
	陸一 1476 以書告		陸一 1484 以縱		陸一 1486-1+1486-2 以上		陸一 1595 以上
	陸一 1614 以撟制		陸三 1943 所以		陸三 1948 以發		陸一 1956 以其

 陸三 1963 以獄事	 陸一 1971 以其逮	 陸三 1993 以律論	 陸三 1993 以聞
 陸三 1994 以上	 陸三 1995 以告	 陸一 J29+J64–3 以作	 陸一 J29+J64–3 以上
 陸一 J62–2 以下	 陸二 0114 以行制書	 陸二 0114 以下	 陸二 0131 所以
 陸二 0132 所以	 陸二 0145 以清絜	 陸二 0175 皆以	 陸二 0176 以下
 陸二 2015 稱以	 陸二 2024 以下	 陸二 2131 以下	 陸二 2145 以其
 陸二 2145 以備水	 陸二 2152 以縱罪人	 陸三 0027 得以	 陸三 0123 以臧
 陸三 0123 以財	 陸三 0133 以獄斷	 陸三 0133 以賞除	 陸三 0135 以收
 陸三 0148 以臧	 陸三 0769 皆以	 陸三 2052 以來	 陸三 2052 輒以

 陸三 2100+2159 以其故	 陸三 2100+2159 以其故	 陸三 2103 以來	 陸三 2119+2110 以告子
 陸四 1153 謹以	 陸四 1159 以上	 陸四 1160 以郵行	 陸四 1175 可以
 陸四 1720 以免	 陸四 1721 以害黔首稼	 陸四 1721 以自溉	 陸四 1788 以
 陸四 1808 以其	 陸四 1808 以威多奪	 陸四 1866+J71–3 以下	 陸四 1866+J71–3 以免
 陸四 1871 以罰	 陸四 1872 以下	 陸四 1900 皆以	 柒一 0347 以上
 柒一 0360 以除為	 柒一 0365 以其	 柒一 0370 以書言	 柒一 0370 以為恒
 柒一 0371 以守	 柒一 0371 以上	 柒一 0378 以來	 柒一 0382 以故秩
 柒一 0402 恒以傅	 柒一 0449 以上	 柒一 0484 以上	 柒一 0489 +0488+0368 以丞相

 柒一 0490 以來	 柒一 0490 以除	 柒一 0492 以除	 柒一 0501 以上
 柒一 0548 以縣官	 柒一 0550 以來	 柒一 0562 以上	 柒一 0568 當以
 柒一 0570 皆以	 柒一 0578 所以	 柒一 0644 以此	 柒一 0654 以下
 柒一 0673 以它物	 柒一 0675 以其名	 柒一 0676 以新黔首	 柒一 0682 以除
 柒一 0682 以上	 柒一 0683 以上	 柒一 0683 各以其	 柒一 0683 以
 柒一 0684 以為貲	 柒一 0872 以上	 柒一 0872 而以	 柒一 1046 以上
 柒一 J21 以下	 柒一 J21 以上者	 柒二 0020 所以	 柒二 0340 皆以
 柒二 0397+0390 以有罪	 柒二 0462–2 有以	 柒二 0850 以署	 柒二 1055 以來

 柒二 1056 以免	 柒二 1065 即以	 柒二 1624 尉以上	 柒二 1624 以上
 柒二 1627 以上	 柒二 1632 蓓以令	 柒二 1633 以上	 柒二 2020 以下者
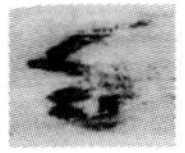 柒二 2020 以上	 柒二 2046 以避毋	 柒二 2095 以次	 柒二 2138+C8-8-1 以免
 柒二 2115 以來			

午部

午	
	 肆二 1296 鐵午

未部

未				
	 肆一 1941 小未傳	 肆一 1941 未有	 肆一 1976 獄未鞫	 肆一 1989 未盈

	肆一 1992 未人		肆一 1996 未盈		肆一 2047-1 未備		肆二 1229 未盈
	肆二 1236 未傳		肆二 1268 未斷		肆二 1293 未當事		肆二 1403 未盡
	伍一 0918 未盈		伍一 0998+C10-4-13 未盈		伍一 1003 未盈		伍一 1006 未報
	伍一 1018 未盈		伍一 1114 未可事		伍三 1170+1172 祠未闋		伍三 1874 未有
	陸四 1720 日未備		陸三 0027 未過		柒一 0480 未出		柒一 0585 未行
	柒一 0656 未備		柒一 0661 未等		柒一 0661 未與		柒一 0661 未置後
	柒一 0480+C10.4-5-4 未出		柒二 0399 故未		柒一 1042 未習事		柒二 1065 未已
	柒二 2115 未蝕						

申部

申	申	 伍 一 1018 丙申			
曳	曳	 柒 二 2079 屌曳者			

酉部

酉	酉	 肆 三 0525 酉肉			
酒	酒	 肆 三 0529 酒肉	 肆 三 0634 酒肉	 肆 二 0994 醢酒	 肆 二 1400 醢酒
		 伍 一 0895 酒肉	 伍 二 1697 酒肉食	 伍 二 1710 酒肉食	 伍 二 1711 酒肉食
		 伍 二 1717 酒肉食	 伍 二 1732 酒肉食	 伍 二 1847 酒肉食	 伍 三 1761 酒肉

陸二 0130
酒食

陸三 0123
酒肉食

陸三 2100+2159
財酒

酎

酉

陸二 0120
酎所

醢*

肆二 0994
醢酒

肆二 1400
醢酒

戌部

戌

戌

陸四 1859
甲戌

肆一 1985
戊戌

肆一 2010
戊戌

肆一 2089
戊戌

未識字

 肆三 0801 當□	 伍一 0910 其□	 伍一 0916 有□□除	 伍一 1001-2 □見
 陸一 0779 得□見	 陸二 0117 有□隃	 陸三 0105 門□	 柒一 0447 □賡
 柒一 0449 □解□	 柒一 0580 □	 柒二 0859-1+0859-2 吏□	 柒二 2124 吏□

合文

日月

肆二1271 日月

肆二1425 日月

肆二1425 日月

陸四1675 日月

大辟

肆一2081 大辟罪

大夫

伍一1036 顯大夫

伍一1129 顯大夫

伍三J22 顯大夫

柒一0347 公大夫

柒一0347 官大夫

柒一0562 公大夫

柒一0654 官大夫

柒二1624 公大夫

五十

肆一1976 五十

肆一2080 五十

肆一2008 五十

七十

伍二1878 七十六

九月

肆一1985 後九月

肆二1362 盡九月

肆三0588 盡九月

符　號

•	 肆二 0994 ·第乙	 肆二 1256 ·傅律	 肆二 1295 ·繇律	 肆三 0681 ·二年
	 伍一 1004 ·廿一	 伍二 1173 ·卒令	 伍三 1779 ·内史	 陸四 1115 ·曰可
	 陸四 1872 ·卒令			
=	 肆一 1974 踐更日 =	 肆一 1998 道 = 官	 肆一 2091-1 毄八 = 歲	 肆一 2132 它 = 縣
	 肆二 1252 黔首 =	 肆二 1257 尉 = 史	 肆二 1291 貲尉 =	 肆二 1362 城旦 =
	 肆二 1393 食牛 =	 肆二 1428 令 = 史		
乚	 肆一 1940 乚舍之	 肆二 0798 弗告乚	 肆二 J42 弗坐乚	 伍一 1027 子乚

■　—

	 伍二 1707 百牒者」	 伍二 1903 五十里」	 伍三 1924 傳馬」	 陸一 1432 同瀍」
	 陸三 1993 御史請」	 陸四 1160 於署」	 柒一 0371 泰守」	
■	 伍一 1131 ■	 陸二 0126 ■給共令	 陸二 2018 ■食官	 柒一 0331 ■郡卒令
—	 伍一 0865 —	 伍一 1035 —		
	 伍一 1128 —	 伍三 0005 —		

附録：

拼音檢索表

讀音不確定字

筆畫檢索表

七畫

八畫

九畫

圖書在版編目（CIP）數據

嶽麓書院藏秦簡（肆—柒）文字編 / 陳松長等編．
—上海：上海辭書出版社，2023
ISBN 978-7-5326-6073-5
Ⅰ．①嶽…　Ⅱ．①陳…　Ⅲ．①簡（考古）—彙編—中國
—秦代　Ⅳ．①K877.5

中國國家版本館 CIP 數據核字（2023）第 090304 號

嶽麓書院藏秦簡（肆—柒）文字編

陳松長　謝偉斌　周俊卿等　編

責任編輯　趙　航
裝幀設計　黄　駿
責任印製　王亭亭
出版發行　上海世紀出版集團
上海辭書出版社®（www.cishu.com.cn）
地　　址　上海市閔行區號景路159弄B座（郵編 201101）
印　　刷　上海盛通時代印刷有限公司
開　　本　889毫米×1194毫米　十六開
印　　張　四十二點五
字　　數　四十五萬
版　　次　二〇二三年九月第一版　二〇二三年九月第一次印刷
書　　號　ISBN 978-7-5326-6073-5/K · 1245
定　　價　叁佰陆拾圓